高职高专教师科研长周期评价研究

陈海莉 著

湖南大學出版社
·长沙·

图书在版编目（CIP）数据

高职高专教师科研长周期评价研究 / 陈海莉著. 长沙：湖南大学出版社，2025. 5. -- ISBN 978-7-5667-4185-1

Ⅰ. G718.5

中国国家版本馆CIP 数据核字第2025580CA1号

高职高专教师科研长周期评价研究

GAOZHI GAOZHUAN JIAOSHI KEYAN CHANGZHOUQI PINGJIA YANJIU

著　　者：陈海莉
责任编辑：龚仪
印　　装：长沙创峰印务有限公司
开　　本：710 mm × 1000 mm　1/16　**印　　张**：21.5　**字　　数**：363千字
版　　次：2025年5月第1版　**印　　次**：2025年5月第1次印刷
书　　号：ISBN 978-7-5667-4185-1
定　　价：69.00元

出 版 人：李文邦
出版发行：湖南大学出版社
社　　址：湖南·长沙·岳麓山　**邮　　编**：410082
电　　话：0731-88822559（营销部）　88821594（编辑部）　88821006（出版部）
传　　真：0731-88822264（总编室）
网　　址：http://press.hnu.edu.cn

前言

FOREWORD

科学研究是高等学校的五大职能之一，高等职业学校和高等专科学校（以下简称“高职高专”）作为高等学校的有机组成部分，也承担着科学研究的职能，高职高专教师也需要具备科学研究的能力。当前高职高专院校为了提高学校的科研水平，提高教师的科研工作积极性，衡量教师的科研能力，为科研管理寻找决策依据，纷纷制定了教师科研评价的制度并开展了教师科研评价的活动。由于大多数高职高专院校在科研方面的起步相对较晚，没有充足的经验，加之各级教育行政主管部门也没有制定高职高专的科研评价标准，高职高专院校多是借鉴一些本科院校的科研指标以及评价方法，大多以项目或论文等科研业绩的量化作为主要评判标准，在评价的周期上也是以年度为周期的短期评价。很显然，高职高专科研评价体系没有体现出高职高专办学规律和科研的特点，未能真正发挥出高职高专院校科研工作对实际教育教学的指导作用、对行业企业生产实践发展的引领作用。目前的唯项目、唯论文、唯数量等现象加剧了教师科研行为急功近利、浮夸浮躁的不良科研风气。为破除教育评价中唯项目、唯论文、唯数量等“五唯”问题，2020 年 10 月，中共中央、国务院印发的《深化新时代教育评价改革总体方案》提出要改进高校教师科研评价，探索长周期评价。

基于党和国家对教育评价改革的政策要求及高职高专教师科研评价改革的现实需求，高职高专院校应该如何找准自身的科研定位？高职高专院校的科研评价能否简单参照本科院校的评价指标和模式？如若不能，应该如何明确高职高专的科研评价改革方向，如何构建属于高职高专的科研评价体系，让科研评价发挥其应有的功能，真正服务于高职高专教师科研水平的提高？这正是本书想要解决的核心问题。

本书根据高职高专教育特色和其科研的特点，构建符合高职高专自身特色的教师科研评价体系，在此基础上对高职高专教师科研评价体系进行实证研究，并有针对性地提出完善高职高专教师科研评价体系的对策建议，以此清除和解决高职高专院校科研评价中的“五唯”等急功近利现象和科研评价体系不健全的问题，不仅可以丰富职业教育评价理论，也可为高职高专院校科研管理和决策提供科学依据和理论基础，为实现科研评价体制机制创新以及如何进一步明确高职院校科研改革方向提供参考。

感谢所有为本书撰写提供宝贵意见和建议的专家、学者以及一线教师，是你们的智慧和努力使得本书得以顺利完成。同时，也期待本书能够成为推动高职高专教师科研评价改革的一份参考，为培养更多优秀的技能型人才，服务经济社会发展贡献绵薄之力。

目录

CONTENTS

第一章

绪论

自 20 世纪 80 年代我国专科层次学校诞生以来，经过 40 多年的发展，专科层次学校也划分为了高等职业学校和高等专科学校，截止到 2024 年 6 月，全国专科层次学校为 1 547 所（教育部发展规划司，2024），其办学规模日益扩大。高职高专办学在其办学性质上既体现了职业性又具有高等性，高职高专的职业性特点日益凸显，其高等性却没有得到广泛的认可，有学者认为阻碍高等职业教育院校高等性得到认可的重要因素是研究的缺乏（徐国庆，2011）。众所周知，本科院校是我国高校科研创新的主力军，那么高职高专院校应该如何找准自身的科研定位？高职高专院校的科研评价能否简单参照本科院校的评价指标和模式？如若不能，应该如何明确高职高专的科研评价改革方向，如何构建属于高职高专的科研评价体系，让科研评价发挥其应有的功能，真正服务于高职高专教师科研水平的提高？这正是本书想要解决的核心问题。

《《《 第一节 》》》

研究背景

一、国家教育评价综合改革的需要

党的十八届三中全会以来，党中央对深化教育领域综合改革作出一系列战略部署，党的十九大、二十大进一步提出要深化教育领域综合改革。早在

2013 年，教育部发布的《教育部关于深化高等学校科技评价改革的意见》就明确指出：“根据科技活动类型、学科特征，结合人事聘用合同、项目过程的要求，适当延长评价周期，注重评价实效。科技活动人员的评价周期原则上不少于 3 年，对青年科技人员实施聘期评价，创新团队和平台基地的评价周期原则上不少于 5 年。”2018 年中共中央、国务院发布的《关于全面深化新时代教师队伍建设改革的意见》、2020 年教育部等六部门发布的《关于加强新时代高校教师队伍建设改革的指导意见》等文件也不断指出对高校教师的科研评价要“合理设置考核评价周期，探索长周期评价”等。为切实落实高校教师的科研评价改革，2020 年 10 月中共中央、国务院印发的《深化新时代教育评价改革总体方案》又再一次提出：“改进高校教师科研评价……根据不同学科、不同岗位特点，坚持分类评价，推行代表性成果评价，探索长周期评价，完善同行专家评议机制，注重个人评价与团队评价相结合。”党和政府力图通过一系列的政策措施不断深化高校教师科研考核评价制度改革，提升高校教师队伍的科研水平。

二、高职高专院校科研评价改革的现实需要

1998 年《中华人民共和国高等教育法》颁布，其中规定高等学校应当以人才培养为中心，开展教学、科学研究和社会服务；高等学校教师要具备相应职务的教育教学能力和科学研究能力；高等专科学校实施专科教育。法律文件的规定就说明了科学研究是高校的一项基本职能，而作为高等学校有机组成部分的高职高专院校也承担着科学研究的职能，高职高专教师作为高校教师也要具备科学研究的能力。当前，高校为了衡量教师的科研能力，为科研管理寻找决策依据，纷纷制定了教师科研评价的制度并开展了教师科研评价的活动。但从高校科研评价实际来看，评价中忽视区域差异和高等教育不平衡、不充分的问题，采用相对单一的评价方法，特别是一些量化的评价方式，导致出现唯论文等异化现象，一定程度上使高校偏离了教学和人才培养的初心与使命（王顶明、黄葱，2021）。与此同时，高职高专院校也意识到了科研工作的重要性，为了提高学校的科研水平，激发教师的科研工作积极性，高职高专院校也开展了对教师的科研评价，纷纷将与科研相关的考核指

标纳入教师职称评审、岗位晋升、绩效工资、科研奖励等内容之中。但大多数高职高专院校在科研方面起步相对较晚，没有充足的经验，这使得各级教育行政部门和高职高专院校都没有一套根据高职高专特点制定的科研评价体系。高职高专院校多是借鉴一些本科院校的科研考核指标以及评价方法，大多以项目和论文作为主要评判标准，导致目前的唯项目、唯论文、唯数量等现象的发生（孔冀，2022）。高职高专院校是职教一线的应用科研和技能教学的场域，研究内容有教育理论研究、职业教育教学研究、行业类的专业研究、院校发展和职教政策研究等，具有综合性、区域性和行业应用性特点（王雅静，2022）。从对教师层面的科研能力评价来看，现有研究对高职高专院校教师科研能力的评价多是基于学术导向的科研评价标准，对于高职高专院校教师科研能力的要求与研究型大学并没有实质性区别，主要考察的是其学术研究能力（郝天聪、石伟平，2021）。很显然，高职高专科研评价体系没有体现出高职高专办学规律和科研的特点，未能真正发挥出高职高专院校科研工作对于实际教育教学的指导作用、对行业企业生产实践发展的引领作用，造成了教师科研行为急功近利、浮夸浮躁的不良科研风气，高职高专院校教师科研评价改革是实现其科研评价体制机制改革的必要途径。

三、贵州省推动高职高专院校高质量发展的内在需求

2022 年印发的《国务院关于支持贵州在新时代西部大开发上闯新路的意见》指出，要将贵州作为西部大开发综合改革示范区。2021 年 12 月出台并实施的《教育部贵州省人民政府关于建设技能贵州推动职业教育高质量发展的实施意见》明确，教育部与贵州省人民政府决定建设技能贵州，推动职业教育高质量发展，为西部地区技能型社会建设提供“贵州经验”。作为西部经济欠发达地区的贵州在第七次全国人口普查中全国 15 岁以上人口平均受教育年限调查中结果为 8.75 岁，排名倒数第八。2023 年贵州省出台了《贵州省支持职业教育发展的若干意见》，希望将发展职业教育作为促进人口素质整体提升的重要切入方式，启动建设“技能贵州”，推动职业教育高质量发展和人口素质的提升，做西部地区职教改革的典型探索者。通过对教师进行科研评价促进教师科研能力提高，从而推动高职高专院校整体科研水平的提升，是实现高等职业

教育高质量发展的有力抓手。而目前贵州省还没有制定出针对高职高专院校科研工作的评价标准，为深入推进落实《深化新时代教育评价改革总体方案》，中共贵州省委办公厅、省人民政府办公厅印发了《贵州省深化新时代教育评价改革重点任务责任清单》《贵州省深化新时代教育评价改革负面清单》，贵州省教育厅印发了《省教育厅关于深化新时代教育评价改革试点申报的通知》，希望借由试点的方式实现教育评价改革，本研究就是在本次试点立项项目的基础上进行的。

面对高等职业教育评价改革的现实需要和高职高专高质量发展的内在需求，本书将根据贵州省高职高专教育特色和其科研的特点，构建符合贵州省自身特色的高职高专教师科研评价体系，在此基础上对高职高专教师科研评价体系进行实证研究，并有针对性地提出提高贵州省高职高专教师科研评价水平的对策建议，以此解决高职高专院校科研评价中的“五唯”等急功近利的现象和科研评价体系不健全的问题，不仅可以丰富职业教育评价理论，也可为高职高专院校科研管理和决策提供科学依据和理论基础，为贵州省实现科研评价体制机制创新以及进一步明确高职院校科研改革方向提供指引。

《《《 第二节 》》》
研究目的和意义

一、研究目的

本研究旨在通过文献分析和问卷调查厘清贵州省高职高专教育及其科研工作的内容和特点，分析高职高专科研评价工作的目的，采用科学的方法建构贵州省高职高专教师科研评价指标和权重体系，并在试点学校实施教师科研评价体系，通过编制科研水平调查问卷进行科研评价体系验证，探究建构的高职高专教师科研评价体系存在的问题，剖析问题的原因，提出完善高职高专教师科研评价体系的对策建议，为高职高专院校教师科研发展和学校科研管理、决策提供科学依据和理论基础，为贵州省实现科研评价体制机制创新，以及为进一步明确高职院校科研改革方向提供指引。

二、研究意义

（一）理论意义

（1）丰富和完善对高等教育评价的理论研究。通过开展此项研究，对高职高专教师科研工作水平和特征进行分析，探索其科研评价体系建构，能丰富和完善对高等教育评价的理论研究。

（2）丰富高校教师发展相关理论。对高职高专教师科研评价的概念进行界定，通过高职高专教师科研评价体系测定，促进教师科研水平和能力提升，丰富人们对于教师科研能力发展的认知，丰富高校教师发展的相关理论。

（二）实际应用意义

（1）能够为贵州省教育主管和行政部门制定符合贵州省高职高专院校自身特色的科研评价标准，实现科研评价体制机制创新，为进一步明确高职院校科研改革方向提供理论依据。对高职高专院校教师科研评价体系的构建，以及对评价指标和权重的分析，能为高职高专院校教师科研评价标准的制定、人社部门的人才建设和管理等提供一定的理论支撑和决策依据。

（2）能够为高职高专院校科研管理提供决策理论依据和技术支持。科学的管理决策需要以大量真实的实证数据为依据，而数据的获取需要有效的支持工具，以及开发这种工具所依据的科学模型。对于高职高专科研管理部门，要通过科研评价管理来提升高职高专院校的科研水平，提高教师科研能力，就要弄清高职高专院校科研工作的特点、教师的科研评价的概念和目的、包含的评价要素。通过实证应用验证评价体系的效果、问题，以及如何完善才能取得最大成效，可以加强高职高专科研管理者对教师的科研水平及科研执行情况的了解，为高职高专院校科研规划和科研管理提供决策理论依据和技术支持。

（3）能够为高职高专院校教师的科研发展提供指引。高职高专院校教师科研评价体系是针对高职高专院校教师科研工作提出的一系列标准，教师可以针对自身科研工作，对照科研评价体系标准，发现自身科研工作的欠缺之处，选择有针对性的学习培训和科研实践，不断提升自身科研能力和水平，实现科研自主发展。

第三节 文献综述

当前，已经有大量的学者开始对教师科研评价进行研究，本部分内容主要围绕本研究的核心概念，从科研评价、高校科研评价、高职高专院校教师科研评价三个主题进行文献整理和分析总结，以为后续研究打下坚实基础。

一、关于科研评价的研究

通过超星图书馆、中国知网、维普中文科技期刊网以及施普林格（Springer）外文电子期刊全文数据库、学术谷歌等对关于科研评价的文献资料进行检索和搜集，发现关于科研评价的讨论主题较为丰富，以下从科研评价内涵、科研分类和科研评价体系构建三个方面进行梳理和分析。

（一）关于科研评价的内涵研究

通过对科研评价内涵的文献进行梳理，发现学者们从科技评价和学术评价上对科研评价进行了内涵定义。

1. 科技评价

科技评价亦称学术评估或科研评估，是高校科研管理工作中的重要环节，是指科研评价主体为达到对科研活动的管理、监督和调控的目的，以一定的科研目标为导向，运用科学合理的多元评价方法，对学校教师的科研活动及科研成果进行价值判断的评估活动，评价结果将作为教师年度科研奖励、教师职称或职务晋升、接受科研拨款的主要依据（汪静，2012）。科研评估活动起源于英国，1665 年英国皇家学会创办了《哲学学报》，由此产生了审稿问题，这正是今天的同行评议制度最早在科学活动中的雏形与实践（韦莉莉、孙晶，2006）。20 世纪 90 年代中期，中华人民共和国国家科学技术委员会（后改名为科学技术部）率先提出用“第三只眼睛”对政府资助的科技计划、项目等开展独立评估。这种以科技研究为评价客体，将科研机构、人才与科研成果作为其主要评价对象的考量评选的程序在中国被称为科技评价，其中就包含了对高校和科研机构开展的学术评价活动，评价内容主要包含进展方向、机构设置、课题分配、成果水平、晋升职称等。国际上也用科研评估来表达，其内涵虽相似，但更多的是指政府所资助的大学和科研机构等的科研评价活动，包含科研评价和技术评价两方面内容，而前者主要是针对高校和科研机构的科技评价，更多的是指科研评价（徐芳、李晓轩，2022）。

2. 学术评价

有的学者提出了学术评价的概念，朱剑（2015）认为学术评价对象是多元的，学术成果(作品)、作者、期刊、出版机构、科研机构等都可归入评价对象，但只有对学术成果(作品)的评价是基础性的，对其余各种对象的评价都是建立在对学术成果(作品)评价的基础上的，所以，核心的评价是对学术成果(作品)的评价。苏新宁等（2018）认为学术评价是指针对学术成果的学术贡献、学术创新、学术价值、学术影响以及社会影响、应用价值、经济效益等方面的评估。

总结学者们对科研评价的界定，可以发现他们从科研评价的范围和评价的内容等不同角度入手，偏重点各有差异。从科技评价着手的学者认为科研评价不仅包含对高校和研究机构的评价，还包含对科研人才及科研成果的评价，而科研人才及科研成果这两个评价对象的内容不仅包括科研成果水平，还有科研进展情况、课题分配和职称晋升等。提出学术评价的部分学者认为学术评价更多的是对学术成果的评价，其中就包含学术成果的价值等。科技评价和科研评价的范畴很明显包含了学术评价。

（二）关于科研评价分类的研究

通过对科研评价的文献进行梳理，发现学者们主要从科研评价政策、科研绩效评价等角度展开研究。

1. 科研评价政策

我国目前的科研评价政策是对现有科研评价中出现的问题的改革，主要包括对科技评价方法出现的问题所采取的改革政策，如2018年科技部等五个部门联合印发的《科技部 教育部 人力资源社会保障部 中科院 工程院关于开展清理“唯论文、唯职称、唯学历、唯奖项”专项行动的通知》、2018年教育部印发的《教育部办公厅关于开展清理“唯论文、唯帽子、唯职称、唯学历、唯奖项”专项行动的通知》和2020年中共中央、国务院印发的《深化新时代教育评价改革总体方案》等就力图通过“破五唯”“破四维”来探索高校、科研机构、资助机构等的科研评价方法的改革。还有就是对科研人员价值导向的管理制度问题的改革，如2017年国务院办公厅印发的《关于深化科技奖励制度改革方案的通知》、2010年国务院发布的《国家中长期人才发展规划纲要（2010—2020年）》、2018年国务院印发的《关于优化科研管理提升科研绩效若干措施的通知》等，就是从科技奖励制度、科技人才计划及科研经费管理等方面进行制度改革。

2. 科研绩效评价

有学者认为需要重视科研绩效评价。首先，科研绩效评价是通过学术评价促进科研创新能力的有效途径，为了提高科研效率与全面管理水平就要采取科研绩效评价，并采用相关管理方式，但绩效评估缺乏完整、科学的框架和相应的有效实施工具。其次，绩效评价需要以构建科研创新能力为基础。最后，现有的评价体系没有充分考虑学者的兴趣，缺乏促进绩效管理提升的内在动力与自我发展的外部激励（Gu and Qiao，2020）。另有学者认为科研绩效评估不会损害教学质量，反而是科研质量影响到了教学质量，研究产出与教学质量不相关，而科研质量与教学质量正相关，这些发现打消了学术界对绩效评估的研究可能会损害教学质量的担忧（Cadez，2017）。

（三）关于科研评价体系研究

通过对科研评价体系的文献进行梳理，发现学者们对不同国家的科研评价体系、科研评价模式、科研评价指标体系进行了研究。

1. 不同国家的科研评价体系

有学者对OECD（经济合作与发展组织）成员国的科研评价指标进行了对比研究。美国国家科学研究委员会（The National Research Council，NRC）作为由美国国家科学院创建的民间非营利组织，在近 20 年里对美国高层次的科研活动进行了多次评价，评估包含三个维度：科研活动（research activity）、学生支持与成果（student support and outcomes）、教育环境的多样性（diversity of the educational environment）。英国政府在 2008 年开发了“卓越研究框架”（Research Excellence Framework，REF）以取代原来的“研究评估考核”（The Research Assessment Exercise，RAE）评价体系。新的评价体系减少了评价单元和专家，评价标准和评价内容有了较大的变化。评价内容维度由原来的 4 个变为 3 个，分别为“成果（output）”“影响力（impact）”和“环境（environment）”，每个维度的权重都予以明确的规定。有学者认为其对中国建立科学的科研评价体系的启示是：确立科学的科研评价目标、构建多维的科研评价内容、使用多元的评价方法（蒋玉梅，2013）。澳大利亚政府主导的“澳大利亚卓越科研”（Excellence in Research for Australia，ERA）评价体系结合文献计量数据以及专家评审内容，以学科为单位对科研质量进行评估，评价内容包括四个方面：科研质量（research quality）、科研数量及活动（research volume and activity）、科研应用（research application）、声誉（recognition）。荷兰的科研评价开始采用“标准评价协议”（The Standard Evaluation Protocol，SEP）框架，评价包括四个维度：质量（quality）、产出率（productivity）、社会相关性（societal）、活力与可行性（vitality and feasibility）（刘兰剑、杜向民，2015）。

2. 科研评价模式研究

有学者从社会学场域理论的视角论述场域理论中关于对知识分子的分析、关系性思维方法和权力场域的相似逻辑，认为从场域理论对科研评价模式的研究有利于揭示科研评价过程中各个主体之间彼此消长的利益关系，也有利于分析无序和无效的科研评价与学术生产的机制性原因（杨光钦，2012）。也有学者提出构建一个通过将研究成本与其产出联系起来评估科学研究效率的模型，该模型通过计算每一类产出和不同科学研究领域的价值，从而确定所使用的财政资源的效率。模型通过考虑研究成本及产出来评估科研效率，从而提供了一种独特科研评价的方法，其指数既可以用来确定一个研究人员的效率，还可以确定一个组织在一个领域和一个国家的效率（Nica，2013）。

3. 科研评价指标体系

有学者提出一种方法去评估用于评价科研活动的复合指标 (composite indicators，CI) 构建中的变异性，研究了 CI 构建中不同来源的可变性的影响及 CI 构建中不同的不确定性来源，包括因素和水平，考虑了每个统计单元可用的外部信息，并使用验证性和探索性数据分析相结合的方法，包括图形工具和重新采样方法以评估结果的稳定性（Romano and Davino，2016）。也有学者研究了人文社会科学领域的科研评价问题，通过问卷调查收集了人文社科领域的研究人员使用的评估方法和标准数据，其认为人文社科领域的科研评价应该要有可信的分层评估框架，要面向质的评价，要有一个公正的评价体系，要有一个完善的评价方法，要开发第三方评价系统、对应用成果进行评价（Pan and Cao, 2020）。有学者从分析中国的科研制度和“唯 SCI”变迁的角度提出“破五唯”背景下我国科研评价体系要打破“以刊评文”“奖励驱动”的现状、引入多元化的评价指标、完善科研评价制度等构建科学评价体系的思考（宋艳辉、朱李、邱均平，2022）。

科研评价研究主要由理论研究和应用研究两方面组成。从国内外文献综述可以看出，国外学者在科研评价模型的理论研究方面取得了一系列成就，并建立了相对成熟和完善的科研评价体系。国内学者主要还是借鉴国外科研评价的理论研究成果，结合我国国情，对高校和科研机构的科研评价体系也进行了探索性研究。从科研评价体系的应用研究来看，国外对科研评价体系的研究起源于实践需求，且研究起步早，评价体系已广泛运用于政府行政管理、第三方评价机构和行业企业等各大领域，实践经验较为丰富；国内科研评价体系的应用研究起步较迟，应用范围较窄，应用方式也尚不甚规范。如表 1-1 所示。

表 1–1　和科研评价相关的研究

作者	年份	标题	研究目标 / 研究重点	结论发现	主题
汪静	2012	高校科研评价体系的现状及对策	科研评价亦称学术评价或科研评估，是高校科研管理工作中的重要环节，是指科研评价主体为达到对科研活动的管理、监督和调控的目的，以一定的科研目标为导向，运用科学合理的多元评价方法，对学校教师的科研活动及科研成果进行价值判断的评估活动	评价结果将作为教师年度科研奖励、教师职称或职务晋升、接受科研拨款的主要依据	科研评价内涵

续表

作者	年份	标题	研究目标 / 研究重点	结论发现	主题
徐芳、李晓轩	2022	科技评价改革十年评述	国际上用科研评估来表达，其内涵虽相似，但更多是指政府所资助的大学和科研机构等的科研评价活动，包含科研评价和技术评价两方面内容，而前者主要是针对高校和科研机构的科技评价，更多的是指科研评价	这种以科技研究为评价客体，将科研机构、人才与科研成果作为其主要评价对象的考量评选的程序在中国称为“科技评价”，其中就包含了对高校和科研机构开展的学术评价活动，评价内容主要包含进展方向、机构设置、课题分配、成果水平、晋升职称等	科研评价内涵
朱剑	2015	大数据之于学术评价：机遇抑或陷阱？	学术评价对象是多元的，学术成果（作品）、作者、期刊、出版机构、科研机构等都可归入评价对象，但只有对学术成果（作品）的评价是基础性的	学术评价的核心是对成果（作品）的评价	科研评价内涵
徐芳、李晓轩	2022	科技评价改革十年评述	我国目前的科研评价政策是对现有科研评价出现的问题的改革，主要包括针对科技评价方法出现的问题所采取的改革政策，还有一种就是对科研人员价值导向的管理制度问题的改革	科研评价改革比较好地破除了不合理的评价数量、频次、指标问题。奖励制度、人才计划、项目经费管理等方面的改革还在半途。科技评价改革尚未实现在引导科研人员追求卓越的价值导向方面的根本好转，没有解决好“破”之后“立”什么的问题	科研评价分类
Gu Yan Song、Qiao Jin	2020	基于创新能力的科研绩效评价研究	科研绩效评价是实现通过学术评价促进科研创新能力的有效途径，为了提高科研效率与全面管理水平就要采取科研绩效评价，采用相关管理方式	首先，绩效评估缺乏完整、科学的框架和相应的有效实施工具。其次，绩效评价需要以构建科研创新能力为基础。最后，现有的评价体系没有充分考虑学者的兴趣，缺乏促进绩效管理提升的内在动力与自我发展的外部激励	科研评价分类
蒋玉梅	2013	全球科研评价体系的演进与发展	在世界各国中，美国、英国、澳大利亚、荷兰的科研评价体系不仅历史悠久，而且各具特色。通过对这四个国家科研评价体系的比较研究，挖掘全球科研评价的演进逻辑与发展趋势	对中国建立科学的科研评价体系的启示是：确立科学的科研评价目标、构建多维的科研评价内容、使用多元的评价方法	科研评价体系

续表

作者	年份	标题	研究目标 / 研究重点	结论发现	主题
Panaite Nica	2013	效率——科学研究评价模型	提出一个通过将研究成本与产出联系起来评估科学研究效率的模型，该模型通过计算每一类产出和不同科学研究领域的价值，从而确定所使用的财政资源的效率。模型通过考虑研究成本及产出来评估科研效率，提供了一种独特科研评价的方法	其指数既可以用来确定一个研究人员的效率，还可以用来确定一个组织在一个领域和一个国家的效率	科研评价体系
Rosaria Romano、Cristina Davino	2016	使用多变量分析评估科研活动评价模型	提出一种方法去评估用于评价科研活动的复合指标 (composite indicators，CI) 构建中的变异性，研究了 CI 构建中不同来源的可变性的影响及 CI 构建中不同的不确定性来源，包括因素和水平	意大利教育部提出的构造 CI 的方法是众多合理选择中的一种可能的解决方案，但 CI 仍然是有争议的，因为它们缺乏标准施工方法	科研评价体系
Pan Qiliang、Cao Zhipeng	2020	基于SPSS分析构建科研结果评级体系	通过问卷调查收集了人文社科领域的研究人员使用的评估方法和标准数据	认为人文社科领域的科研评价应该要有可信的分层评估框架，要面向质的评价，要有一个公正的评价体系，要有一个完美的评价方法，要开发第三方评价系统、对应用成果进行评价	科研评价体系
宋艳辉、朱李、邱均平	2022	“破五唯”背景下我国科研评价体系构建的几点思考	分析了中国的科研制度和“唯SCI”的变迁	提出“破五唯”背景下我国科研评价体系要打破“以刊评文”“奖励驱动”的现状、引入多元化的评价指标、完善科研评价制度等构建科学评价体系的思考	科研评价体系

二、关于高校科研评价的研究

对关于高校科研评价的文献资料进行检索和搜集，发现关于高校科研评价的讨论主题非常丰富，以下分别从国内外高校科研评价方法比较、高校科研评价体系两个方面进行梳理和分析。

（一）国外高校科研评价

从现有文献看，由于教育体系和发展阶段的差异，不同国家高校科研呈现出不同样态。通过对国外高校科研评价的文献进行梳理，发现学者们从不同国家的科研评价方法进行比较、不同国家的高校科研评价体系加以分类。

1. 国内外高校科研评价方法比较

有学者对国外高校和中国高校的科研评价方法进行比较，认为国外高校一般使用同行评议分析方法、文献计量分析法、经济计量方法；国内高校使用高校科研业绩综合量化方法，层次分析法，模糊综合评价和非线性综合评价模型的综合研究法，主成分分析法，因子分析法，判别分析、集对分析和韦林分布，多知识库的计算机专家评价系统等；认为采用定性与定量相结合的德尔菲法和层次分析法进行主客观构权的分析，可以避免只注重学术科研数量的弊端，可以为学术质量较高的论文或是有创新思想的论文及首创的科研成果等赋予较高的、合理的权重，并能够得到大多数同行专家的认同，充分做到了主客观的结合（王雅芬、贾丽娜，2005）。同样，也有学者认为国外高校使用广泛且具有权威性和实际应用价值的科研评价方法有同行评议法、文献计量法、模糊综合评价法和网络计量法，认为中国高校科研评价方面的特点表现为评价方法种类多样、官方色彩较为浓重、科研产出重量轻质、科研成果转化率低、社会效益不明显、重项目研究轻学科建设等，这些科研创新问题的出现可以归根于我国高校科研创新力评价的导向和评价方法的使用上（杨瑞仙、梁艳平，2015）。

2. 国外高校科研评价体系

有学者从科研在高等教育中的作用、学术自由的保障、教师选拔制度、德国卓越计划等方面分析德国大学科研评价制度建立与发展的历史背景，认为科研评价逐渐成为德国国家惯例，这将影响德国高等教育的全面发展，高效科学的评价体系将作为德国政府的辅助手段用于向大学这样的学术机构分配资金的重大决策依据（Li and Shi，2017）。有学者讨论了欧洲应用科学大学研究的作用,凸显了一个以实践为基础的学习和研究对世界社会发展至关重要的作用。同时，他们认为，对于当前的评价方法如国际排名系统和文献计量指标，需要进行批判性修订，以考虑到大学的跨学科性质，需要为欧洲应用科学大学的研究建立适当的评估框架，以及确定国际排名对高等教育机构的影响（Santos，2022）。有学者认为美国高校科研评价制度重视评价指标、评价程序、评价方法的标准化与多元化，强调科研评价利益相关主体的共同参与，而中国追求管理效益最大化的行政化评价，在科研评价制度的构建和运行过程中缺乏教师、学生和学术共同体等利益相关者的有效参与，这种利益相关者的共同治理机制为完善我国高校科研评价制度提供了一种新的可靠路径（刘黎明，2022）。也有学者利用国际比较法对比分析了英国、美国、法国、荷兰、新西兰、德国和澳大利亚等发达国家的大学科研评价体系特征，如表 1-2 通过结构清晰的表格系统展现各国大学科研评价体系的各项特征。

表 1–2　各国大学科研评价体系的各项特征

国家	评价体系名称	评价主体	评价目的	评价内容	评价方法	评价结果运用	评价周期
美国	美国国家科学研究委员会（The National Research Council，NRC）评价	美国国家科学研究委员会	帮助大学确定发展方向及策略	科研活动、学生支持与成果、教育环境的多样性	回归分析、同行评价、计量指标	与拨款无关	2 年
英国	研究卓越框架（Research Excellence Framework，REF）	英国高等教育拨款委员会	分配科研经费、提升科研质量与管理水平	成果、影响力、环境	同行评价、计量指标	与拨款挂钩	6~7 年
澳大利亚	澳大利亚卓越科研（Excellence in Research for Australia，ERA）评价	澳大利亚研究委员会	基于大学科研绩效给予资助、提升国家科研实力、帮助大学制定科学合理的科研发展战略	科研质量、科研数量及活动、科研应用、声誉指标	计量指标、同行评价	与拨款挂钩	4~5 年
荷兰	标准评价协议（The Standard Evaluation Protocol，SEP）	荷兰皇家艺术和科学院、荷兰大学协会等	提高科研质量，检查和问责	质量、产出率、社会相关性、活力与可行性	计量指标、同行评价、自我评价	与拨款无关	3~5 年
德国	德国科研基金会（DFG）评价	德国科研基金会	给予资助	科研经费和科研人员情况、获得各种资助情况、欧盟计划合同情况、科研论文的计量分析数据等。	专家评价	评价结果不与科研经费直接挂钩	3 年一次

续表

国家	评价体系名称	评价主体	评价目的	评价内容	评价方法	评价结果运用	评价周期
新西兰	高校绩效科研基金评估（Performance- Based Research Fund，PBRF）	新西兰高等教育委员会	分配科研资金、提升科研质量	科研质量、科研成果的完成水平、研究成果转化的收入	计量指标、同行评价	与科研经费挂钩	3~6 年
法国	研究与高等教育评估署（Agence d'évaluation de la recherche et del'en-seignement supérieur，AERES）评价	国家评估委员会、国家研究委员会	分配科研资金，将大学逐步建设成科学研究的主体和中心	科研成果质量及其影响力、国际水平出版量、特殊科学领域出版量、出版物近两年引用率、专利数、与企业密切性、国外教师人数、研究性教师人数、博士生和博士后人数、研究员人数、欧洲研究与发展项目参与度、社会需求的满足性、科研文化的传播与投资、参与国际和全球的网络项目及学位项目、声誉和资源量等	计量指标、同行评价、自我评价	与科研经费挂钩	4~5 年

（二）国内高校科研评价

通过对国内高校科研评价的文献进行梳理，本研究发现学者们的研究主要集中在国内高校科研评价存在的问题、高校科研评价体系构建方面。

1. 国内高校科研评价中存在的问题

有学者认为当前国内高校科研评价存在的问题是评估机制过于注重结果而忽视了评估过程和质量、评价方法和过程缺乏科学客观性、教师对评价的参与度低导致缺乏民主等，继而提出高校科研评价要注重评价的过程和质量，使评价方法多样化，让教师参与评价过程，加强评价人员与教师之间的沟通（Xian and Wen，2015）。也有学者认为地方高校科研评价存在的问题主要表现在：行政化因素对地方本科高校科研评价影响大，学术评价替代科研评价现象非常普遍，分类评价实施还应进一步改进，科研评价主体构成的科学性不够充分，科研评价的内容选定存在偏差，科研评价指标体系不够完善，评价结果缺乏评估和修正机制，科研评价主体的约束过于宽泛，评价客体的约束不够全面，科研诚信体系的构建有待加强。对地方本科高校科研评价问题从理念更新和体制革新、专业化建设提高科研评价的信度和效度、以制度伦理构建科研诚信约束机制、以科研平台建设扩大对外交流合作几个方面进行了思考（艾术林、蔡远满，2017）。还有学者认为中国大学科研评价存在质与量、分类评价、学术意识与学术话语权、创新与成果转化等方面的发展不平衡与不充分的问题，从推进高校内涵建设、提高人才培养水平、激发科研成果转化、增强科研创新能力、加强科研诚信和学术氛围建设等方面入手解决这些问题（Wang，2018）。还有学者认为当前的高校科研评价出现了新管理主义理念下科研评价的数字化倾向与日俱增、高校重点建设模式下科研评价的精英化倾向不可避免、绩效考核问责背景下科研评价的功利化倾向愈发明显、国内外各类排行榜下科研评价的人本化倾向逐渐缺失等问题，进而提出高校科研评价在时间、空间、伦理、价值四个维度上的思考（王顶明、黄葱，2021）。

2. 国内高校科研评价体系构建

（1）不同理念下高校科研评价体系建构。有学者从协同理论视角分析高校科研评价，提出协同理论的序参量与自组织性，为科研评价理论提供了新的视角，使得评价体系有序发展，可以将协同理论引入到高校科研评价研究以及科研评价体系中。他们认为高校科研评价协同创新体系是指以高校科研评价管理为主体，包括政府部门、科研人员、企业，三者通过自组织活动，把评价体系中无规则、无秩序的要素，通过评价各子系统间的协同，组成相互协同的自组织状态，形成评价系统（魏海燕、李晗，2012）。有学者在“互联网 +”背景下探讨了将“互联网 +”与高校管理相结合，构建高校教师科研绩效评价体系，以提高科研管理效率，解决传统科研绩效评价体系存在的不足，提出了完善评价主体、建立灵活的评价体系、强化评价方法等解决办法（Zhang and Shi，2021）。有学者基于可持续发展教育理念讨论高校科研评价，提出了一个评价高校科研可持续性的框架，包括三个维度：科研活动的可持续发展趋势、与可持续发展主题相关的研究绩效、科研贡献的可持续性。科学研究的可持续发展趋势，特别是在资源效率和抵御外部风险的能力方面，仍有提高的空间（Cheng、Xiao、Chen、Xiong，2022）。还有学者从扎根理论的角度分析高校科研人才能力评价，认为高校科研人才能力评价是结合人才成长规律，运用扎根理论方法，对照一定标准，运用定性和定量方法对高等院校中从事教学、科学研究活动的人员进行的综合性评价。运用扎根理论方法建立高校科研人才能力分析的整体框架，其实践贡献在于结合国内高等院校人才评价相关文件和访谈资料，将抽象和现实相结合，对高校科研人才能力各维度进行讨论与分析，为完善高等院校科研人才能力评价与激励机制提供参考（马腾、赵树宽，2022）。

（2）高校科研评价体系建构特征。通过文献梳理发现，学者有的借鉴国外高校科研评价构建我国高校科研评价体系，也有的从高校科研评价的问题出发探究我国高校科研评价体系，也有的从不同的理论视角提出我国高校科研评价体系构建的思路等，如表 1-3 通过结构清晰的表格系统展现学者们对高校科研评价体系建构的各项建议。

表 1–3　高校科研评价体系建构的各项特征

作者	年份	标题	评价主体	评价对象	评价目的	评价内容	评价方法	评价结果运用
蒋玉梅	2013	全球科研评价体系的演进与发展		高校、科研机构	促进科研实力的提升、调控科研发展方向和策略、优化科研资源的配置	科研成果、科研环境、科研应用	同行评价、计量指标、分类评价	
魏海燕、李晗	2015	高校科研评价体系框架模型研究		教师个人、高校、科研机构	引导科研工作，不断促进和提高科研成果的经济社会综合效益；达到资源优化配置，实现资源共享；强化科研与教学的相辅相成作用，培养高质量科研和技术人才	科研成果、科研条件和科研社会影响力，其中，科研成果包括学术期刊论文质量和数量、专利和科研获奖情况等；科研条件包括科研平台、学科平台、培养硕博人数以及科研经费到账情况等；科研社会影响力包括学术声誉、学术兼职等		

续表

作者	年份	标题	评价主体	评价对象	评价目的	评价内容	评价方法	评价结果运用
陈楠楠	2017	试论借鉴国外经验完善我国高校科研评价体系	政府和社会组织、企业、公众	高校	科研发展方向和质量提高	理论研究、基础研究、应用研究		科研水平与经费挂钩
艾术林、蔡远满	2017	转型发展背景下地方本科高校科研评价问题研究	专门的科研评价机构	高校、教师个人	加强科研管理，明确科研方向	科研环境、评价机制、科研诚信体系	分类评价、同行评价	
陈芸生、黄韵潼	2023	数据驱动下民办高校科研成果评价可视化研究	行政管理部门、学术委员会、第三方机构	高校、教师	提高教师和学校的科研能力	应用性技术成果、软科学研究成果、科技成果转化	质性评价为主、量化评价为辅	与薪酬福利挂钩
余波、陈仕吉、赵嘉懿	2023	中国高校科技人才评价的影响因素及指标体系构建研究	高校		给予资助	重点产出指标、社会影响、荣誉与奖项、团队合作与交流、社会活动与服务	综合评价	评价结果不与科研经费直接挂钩

三、关于高职高专教师科研评价的研究

本研究对与高职高专院校教师科研评价研究具有较强关联性的文献进行相关检索，即从高职高专科研特点、高职高专教师科研评价体系两个大的方面进行文献检索，并对检索到的文献进行梳理，为本研究提供尽可能详尽的理论依据。

（一）高职高专科研特点

有学者认为以技能型人才培养为主的高职高专院校，由于认识、教师经历、时间、科研氛围等原因存在科研定位与评价的局限，高职高专院校开展科研是培养高质量人才的保证，是保持学校可持续发展的动力，是学校提高社会服务能力的保障，科研工作的重点在应用的学术和教学的学术上（郭彦省，2010）。有学者梳理了高职高专科学研究与教育教学、人才培养目标、办学机制改革、师资培养、团队建设、社会服务能力、完善成果转化机制方面的关系，他们认为这些都必不可少，是相互联系和相互作用的关系（王黔京，2012）。也有学者提出现有对高职院校“科研短板”的判定多是基于“学术导向”知识生产标准作出的评价的观点。高职院校教师的“非学术职业生涯”发展路径，以及高职院校组织的职业高等学校类型属性，都要求将应用导向作为其应然的科研定位。否则，很有可能带来“学术漂移”，高职院校科研也很有可能变成研究型大学科研的“压缩饼干”。在应用导向之下，高职院校知识生产服务对象包括企业、教师、学生和学校，知识生产主要类型是技术知识和教师实践性知识，知识生产方式主要遵循实践范式（郝天聪，2020）。

（二）高职高专教师科研评价体系研究

通过对高职高专教师科研评价体系的文献进行梳理，发现学者们的研究主要集中在高职高专教师科研评价的视角、高职高专教师科研评价的研究方法、高职高专教师科研评价体系的建构方面。

1. 高职高专教师科研评价的视角

关于高职高专教师科研评价视角的生态学研究不多，主要是从教师专业发展、生态学理论的角度进行的研究。有学者认为高职高专教师积极参与科研能够促进其专业持续发展，主要体现在对专业知识、教学创新、技术服务等教师专业能力素质的提升发展上。因此，要对科研评价从评价主体、方法、内容上进行革新（苏丹，2021）。有学者以生态位的特征来看待目前高职院校教师科研能力存在的问题，这些问题主要体现在其态和势上，具体表现为所处科研链上环节实体的不完整，运行规律与高职教师科研链内在规律存在矛盾，科研能力内部要素生态不平衡，科研能力生态位特征同化以及参与群体动力缺乏的问题，提出了从高职教师科研能力生态位的特征出发，利用分化、扩充、协同进化策略提高教师科研能力（陈艳芳，2015）。

2. 高职高专教师科研评价的研究方法

对于高职高专教师科研评价，学者们采用层次分析法，熵权法，英国政府实施的研究卓越框架、互联网用户画像的方法进行研究。有学者利用层次分析法对评价的一级指标与二级指标的权重进行确定，通过问卷访谈或问卷调查的形式，请专家根据科研能力评价指标框架的各项指标的重要程度进行依次评价，构建了高职高专教师科研能力评价体系，但是基于层次分析法对高职高专教师科研能力的评价研究，从评价指标的选取上来看，还要根据教师的不同专业作出指标权重调整（席攀锋，2017）。有学者运用熵权法构建了高职院校教师科研能力评估体系，构建的科研成果评价指标为全方位多元的科研评价体系初步奠定了基础，在整体的机制构建过程中需要多部门的协同与教师的参与（马铭均、段林彤、马婧宜，2019）。有学者基于用户画像相关技术，通过熵值法、关键词提取法，结合高职教师科研数据，构建基于用户画像的高职科研评价模型，实现从评什么到由谁评，再到怎么评的高职科研评价体系（刘晓娟等，2021）。

3. 高职高专教师科研评价体系的建构

通过对高职高专教师科研评价体系的建构的文献进行梳理，发现近三年的研究较为丰富，主要集中于评价体系的内容、方法和结果运用方面。

（1）科研评价内容方面的研究。有学者认为高职院校教师对教科研没有准确的认识，更注重文章的发表而轻视应用型项目，提出将教研人员从事研究的综合信息和整体面貌纳入考核评价体系中，用教研成果的质量、所产生的实际效应等综合指标来评价教科研成果，而不是以单一的标准进行评价（张长喜、齐运瑞，2021）。也有学者认为高职高专主要考察职校科研人员和教师的论文发表等级、影响因子、论文数量、立项课题级别和数量、科研获奖级别和经费资助数额等，提出应用型科研评价的核心指标涉及科研的社会生产、应用和评价的各个环节，关注科研是否服务院校发展、专业建设、技能教学、企业技术成果转化、区域经济社会发展等实践应用（王雅静，2022）。

（2）科研评价方法方面的研究。欧洲多数国家，包括瑞士、法国、德国和英国在 2008 年之前，都普遍采用以同行评议为主的方法，一般由第三方组织在坚持客观公正原则的前提下，基于相对成熟的通用的评价指标体系来进行评价。有学者认为高职高专的科研评价方法单一，以简单的量化评价为主，导致重量不重质的现象普遍存在（刘晓娟，2021）。也有学者认为仅仅采用量化的方式评价高职高专教师的科研工作，会在一定程度上加剧教师的逐利化倾向，因此要采用多元化的科研评价方式，不局限于校内教师互评、专家评价，还要引入第三方评价、学生评价、交互评价、企业评价的方法（史娜，2021）。

（3）科研评价运用方面的研究。国内的科研评价多数用于教师的各类考核和职称晋升上，而且这种考核大多是以年度为周期的，以数量导向为指标的短周期的考核，带来的直接结果是高校教师行为的短期化。高职高专教师科研评价仍然以终结性评价为主，将评价结果直接应用于评优评先、职称评聘、职务晋升等（苏丹，2021）。

四、对已有研究的评价

通过对国内外相关文献的梳理，学者们对科研评价研究存在一些共识：一是都认为高校教师科研评价是指高等院校根据特定的评价标准，运用合理的评价方法，对高校教师所从事的科研活动及所取得的成果进行价值判断的活动。二是关于高职高专院校教师科研评价的研究明显在数量、研究的深度和广度上稍逊于普通高校教师科研评价研究。对相关领域的文献进行研究发现，当前研究还存在以下不足之处。

（一）从研究层次来看，国内已有研究系统性不足，研究深度有待加强

已有研究成果一般都是关注整个本科高校教师群体的科研评价，高职高专院校教师科研评价研究比普通高校教师科研评价研究起步晚，研究成果层次较低且不够丰富，硕博士论文对这方面的研究明显匮乏，当前的研究主要为高职高专院校一线教师或科研管理人员发表的期刊论文，为数不多的对高职院校教师科研评价的研究缺乏对高职高专教师科研工作和高职高专发展的特殊性的分析，更多的是借鉴和模仿本科高校教师科研评价体系，集中于考核量化指标，忽略科研成果质量的评价，职业教育特色不鲜明，而且现有的研究成果比较零散，

缺乏系统的针对高职高专教师的科学合理的科研评价体系理论基础和实践研究。因此，加强对以高职高专教师为主体的教师科研评价研究，形成系统、深入的研究成果，能够丰富职业教育改革发展理论，丰富教师教学发展和教育评价理论。

（二）从研究内容来看，对教师科研评价测量工具的开发欠缺

已有的科研评价研究对高职高专教师科研评价体系进行了一些探讨，主要侧重于评价指标体系构建的理论探索，但缺乏具体的科研评价标准和高职高专科研评价工作特点，以及关于针对贵州省高职高专院校科研工作特点的具体高职高专教师科研评价指标的研究，且已有的高校教师科研评价大多还是关注以年度为周期的、以数量导向为指标的短周期的考核，对科研的长周期评价较少，尤其是缺乏对高职高专教师科研长周期评价的关注。高职高专教师科研评价结构模型和评价标准尚未形成系统的、详细的体系，对指标体系的实践应用研究较少。另外，过去对教师科研评价测量工具的开发工作比较匮乏，测量工具较少经过有效的信度和效度检验，这些都是需要进一步深入研究和改进的问题。

（三）从研究方法来看，缺乏科学研究方法支撑，较少遵循科学的评价指标建构方式

目前，科研评价方式更多地采用单一的文献资料法、思辨法、访谈法或者问卷调查法。大多数学者从理论上或者现有文献中分析高职高专教师科研评价的特点，进而总结归纳出高职高专教师科研评价的构成要素，在此基础上设计教师科研评价现状调查问卷，请同行教师或专家填写问卷，再通过数据分析，归纳概括出教师科研评价结构模型。随着国内科研评价理论的逐渐丰富、完善和成熟，国内高校教师科研评价研究也逐步规范，从最初的定性研究，到后来的定量研究，转向到现在的定性和定量相结合的混合式研究方式。但是，国内高校科研评价研究仍普遍缺乏科学的研究方法的支持，大多数关于高校科研评价体系的研究并没有遵循该领域国际上公认的科研评价体系建构研究范式。研究方法目前仍存在一定的随意性，本研究将突破单一体系建构研究范式，综合采用问卷调查法、分层分析法、德尔菲法等多种方法进行科研评价体系构建研究。

（四）从研究结果来看，高职高专教师科研评价指标体系构建缺乏职教特色，更多模仿普通高校教师科研评价指标体系

已有高职高专教师科研评价指标体系较难回答“为什么高职高专教师科研评价指标由这些要素组成？”“这个指标体系能准确反映高职高专院校教师的科研工作实际吗？”等问题。造成这一问题的原因，主要是高职高专院校教师科研评价研究缺乏对高职高专教师科研工作的分析，缺乏对高职高专教师科研特殊性的分析，缺乏科学的理论基础和实践基础，而是更多地模仿普通高校教师科研评价指标体系。分析高职高专教师科研评价应建立在对该高职高专教师科研工作进行充分分析的基础上。高职高专院校科研工作有其自身独特性，但当前对高职高专院校教师科研评价的研究更多地借鉴和模仿普通高校教师科研评价研究，职业教育特色不鲜明。因此，还需在系统的理论探讨的基础上，开展科学规范的实证研究，并在自建指标基础上编制调查问卷，选择贵州省某所高职高专院校为实证对象，通过在该校运用贵州省高职高专教师科研评价体系，探析构建的贵州省高职高专教师科研评价体系存在的问题，并剖析深层次原因，提出改进的对策建议，使得本研究结果更具现实意义和可操作性。

第四节 研究设计

一、研究问题

根据高职高专院校教师科研评价改革的现实需求，结合既有研究存在的问题与启示，本研究将从以下四个问题展开研究。

问题一：贵州省高职高专教师科研工作的内容和特点是什么？科研评价是什么？为什么重要？

问题二：贵州省高职高专教师科研评价的目的是什么？指标有哪些？指标的权重是怎样的？高职高专教师科研评价体系是怎样的？

问题三：在高职高专教师科研体系的实证应用中有何发现？评价体系的可行性和实用性如何？

问题四：贵州省高职高专教师评价体系构建存在什么问题？是什么原因引起的？如何完善高职高专教师科研评价体系？

二、研究内容

（一）贵州省高职高专教师科研评价的理论研究

本课题拟通过大量的文献分析和制度梳理，归纳高等职业教育科研的内涵与外延，收集国内外高校教师科研评价的相关资料和国内外高职高专已建构的教师科研长周期评价指标体系。通过政策和制度梳理、国内外文献分析、教师科研评价的区域和国别比较，为高职高专教师科研评价体系构建提供理论指导，为研究做好理论基础。

（二）贵州省高职高专教师科研评价体系构建

本课题拟制定贵州省高职高专教师科研评价方案，对高职高专院校的科研评价工作进行调研，一方面通过文献分析和问卷调查了解高职高专教师科研工作及其科研评价的特点，提取科研评价的要素，明确评价目的；另一方面采用德尔菲法和分层分析法构建科研评价指标体系，并对评价指标体系进行修正和验证，从而构建贵州省高职高专教师科研评价体系。

（三）贵州省高职高专教师科研评价体系的实证研究

通过样本抽取的方法选择试点学校，并在试点学校中应用高职高专教师科研评价体系，在实际应用中通过信效度检验该评价体系的可行性、可信性和实用性。

（四）贵州省高职高专教师科研评价体系完善及对策分析

对在试点学校实施的科研评价体系的可行性和实用性进行总结分析，同时对评价结果进行分析以了解教师的科研水平，进一步改进和完善高职高专教师科研评价体系，并提出完善高职高专教师科研评价体系和提高教师科研水平的对策建议。

三、研究思路

本项目通过查阅和梳理相关文献资料确定研究命题，首先在诠释相关概念和理论的基础上对高职高专院校进行调研，以了解其科研特点，然后建构高职高专教师科研评价体系，其次在试点学校对高职高专教师科研评价体系进行验证和应用，最后完善高职高专教师科研评价体系，提出高职高专教师科研评价体系对策建议。综合运用教育学、管理学、心理学、科学计量学等相关学科的理论，采用定量和定性相结合的混合研究范式，对高职高专院校教师科研评价进行理论与实证的探索。具体思路图如图 1-1。

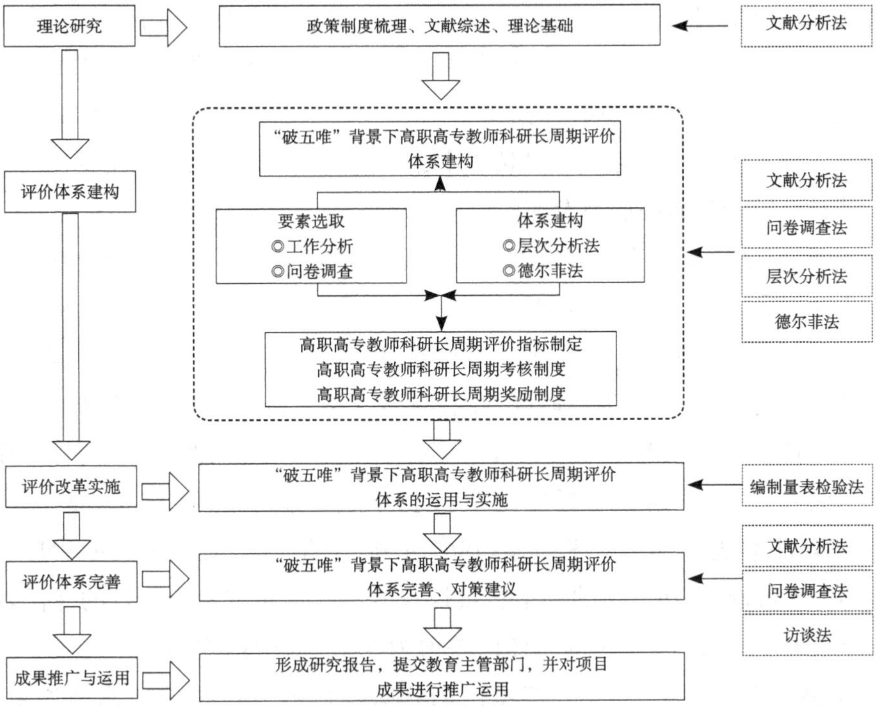

图 1-1　研究思路图

四、研究方法

文献综述表明，国外学者对教师科研评价的研究多采用实证研究方式，而我国学者则多采用定性研究方式。根据研究内容和研究目的，本研究将继承与发展国内外学者的研究优势，遵循国际上规范的评价体系建构方式，采用定性研究与定量研究相结合的研究方式，如问卷调查法、德尔菲法和层次分析法、访谈法相结合，理论与实证相结合。

（一）调查对象和样本选取

（1）本研究的调研对象是贵州省高职高专院校的专任教师，所采用的抽样方法为比例分层抽样法。

在抽样前，本研究将根据“双高计划”入选的高职高专院校的不同层次来确定分层抽样的层次。国家级、贵州省级“双高计划”入选的学校及普通高职高专院校这三个层次体现了高职高专院校在办学水平上的高、中、低三个不同层次，因此，为保证样本选取的科学性，本研究选取国家级、贵州省级、普通高职高专院校这三个不同层次的高职高专院校，采取按比例分层抽样的方式进行抽样，样本涵盖了入选国家“双高计划”的高职高专院校、贵州省“双高计划”建设院校和普通高职高专院校三个层次。

截至 2022 年末，贵州省教育厅官方网站公布的数据显示：贵州省专科学校共有 46 所，专任教师 19 411 人。2020 年和 2021 年贵州省级“双高计划”建设院校分别为 8 所和 15 所。目前，国家级“双高”院校共有 3 所，省级“双高”院校共有 19 所，普通高职高专院校共有 24 所。3 所国家“双高计划”入选院校专任教师总量为 2 063 人，19 所贵州省级“双高计划”建设院校专任教师总量为 9 430 人，24 所普通高职高专院校的专任教师总量为 7 918 人。

根据日本统计学家山根义德 1967 年提出的 Yamane 公式：n = N / (1 + N(e^2))（Yamane，1967）的样本容量计算方法，贵州省专科院校的专任教师总量为 19 411 人，选择样本抽样误差值为 5%，则所抽样的样本为 392 人，抽样比例为 392/19 411=2%。按照比例分层抽样的方法，抽样比例为 2%，则 3 所国家“双高计划”入选院校专任教师抽样为 2 063 × 2%=41 人，平均每所学校 14 人；19 所贵州省级“双高计划”建设院校专任教师抽样为 9 430 × 2%=189 人，平均每所学校 10 人；25 所普通高职高专院校的专任教师总量为 7 918 × 2%=158 人，平均每所学校 6.32 人。

（2）本研究的另一类调研对象为职教专家和科研管理者，本研究还选取了研究职业技术教育的博士、教授，从事高职高专科研管理的管理者，以及在研究所从事高等教育评估和职业教育研究的研究员共 21 名。

（二）收集数据的方法和过程分析

本研究采用文献资料法、问卷调查法、德尔菲法、层次分析法、编制量表检验法这几种定性和定量相结合的方法来采集相关数据。

1. 文献资料法

本研究搜集和研究了相关的学术论文、各官方机构公布的科研制度和相关数据、贵州省 46 所高职高专院校和科研评价相关的政策制度等文献资料，通过对这些文献进行整理、归纳、分析，了解科研评价、高校教师评价、高职高专教师评价研究的整体情况，从众多理论中找到本研究的理论基础，为研究提供尽可能全面详细的理论支持和数据支持，打下坚实的理论基础。

2. 问卷调查法

本研究将展开两次问卷调查：第一次是对 46 所高职高专院校的 390 名教师发放问卷，通过问卷调查了解高职高专教师科研工作特征，较切实地了解贵州省高职高专院校在教师科研评价方面的现状；第二次是对 46 所高职高专院校的 390 名教师发放高职高专教师科研评价预调查问卷，通过高职高专教师科研评价预调查进行评价指标体系检验。

3. 德尔菲法

本研究方法将采取三轮专家咨询：第一轮拟向从 46 所高职高专院校中选定的 21 名专家发送专家咨询表，由专家对评价指标的重要性和合理性加以评判，确定基本评价指标的组成和结构，以调整各个指标的内容、分值、评分标准等；第二轮根据第一轮问卷调查的结果，进一步优化指标体系；再邀请专家进行第三轮问卷调查，对指标体系进行修正并最终确立指标体系，进而提高高职高专教师科研长周期评价指标体系的科学性。

4. 层次分析法

层次分析法（Analytic Hierarchy Process，AHP）对拟选定的 21 名专家发送咨询表，针对之前构建的指标权重加以判断，在确立指标权重之前，首先将构建好的评价指标置于一个大系统中。这个系统中存在互相影响的多种指标因素，要将这些指标层次化，形成一个多层的分析结构模型。之后运用数学方法与定性分析相结合的方法，通过层层排序，根据各方案计算出指标的权重。

5. 编制量表检验法

编制量表检验法即对构建的高职高专教师科研评价指标体系进行验证，依据构建的高职高专教师科研评价指标体系编制调查问卷，对 46 所高职高专院校的 390 名教师发放问卷，使用描述性统计、相关分析、项目分析、探索性因素分析、验证性因素分析和聚类分析等统计方法，提取共性因素检验指标的质量和效果，通过对问卷的构念效度、效标效度进行检验，检验问卷信效度，验证胜任力结构模型质量。

6. 行动研究

本研究拟在研究的第二年选择贵州省毕节市一所高职高专院校作为实验学校，展开为期两年的两轮行动研究。依据前期研究基础，设计《教师科研长周期评价改革实施方案》，并在实验学校开展教师科研长周期评价体系的行动研究。通过问卷法、访谈法、观察法和实物分析法，收集行动研究的资料。

第二章

高职高专教师科研长周期评价的理论基础

《《《 第一节 》》》
高职高专教师科研长周期评价的管理学基础

一、评价理论

评价理论属于管理学、心理学、语言学等交叉学科中的理论，在管理学中应用较多，也是本研究重要的理论基础。

（一）绩效评价理论

绩效评价是指运用科学、规范的标准、方法和程序，对组织或个体的业绩、效率和实际效果作出尽可能准确的评价。绩效评价是绩效管理的核心，通过对被评价对象进行科学的绩效评价，鼓励和促进个体与个体、部门与部门、组织与组织之间的竞争，有助于开展公众监督，还可以诊断和发现被评价对象的问题并提出针对性的改进措施，从而推动工作效率和服务质量的提高（戚湧，2009）。科学研究绩效评价是指运用科学、规范的评价方法，对一定时期的科研投入、产出和结果进行定量及定性的对比分析，并作出真实、客观、公正的综合性评判。

科学研究绩效评价是在一定科研目标的基础上，采用科学的方法对科研活动及其投入产出情况进行（价值）判断，以对科研活动进行管理、监督、预测和调控，并为科研决策提供依据的一种认识活动（戚湧、李千目，2009）。科研绩效评估体系应当合理选择评价指标和评价周期，否则会对评价结果产生影响（田在兰，2009）。科研绩效研究的对象主要集中在科研绩效评价指标体系的构建、绩效评价方法的改进和绩效评价理论模型的建构上，大部分研究结合了高校科研活动特点，基于投入产出指标来评价高校科研绩效，对科研绩效研究方法由定性研究为主逐渐转为定性和定量研究相结合（官海滨，2013）。我国科研绩效评价还需要在评价标准、评价指标和评价方法方面进一步深入研究（卢苇，2014）。

（二）综合评价理论

学者金菊良、魏一鸣（2004）认为综合评价就是根据被评价对象在总体上的相似性和差异性所进行的各种分类或排序方法。评价系统主要由评价者、评价目标、评价对象、评价指标、评价标准、指标权重和评价模型这七类要素组成。综合评价是一个既需要综合集成定性信息与定量信息，又需要综合集成主观信息与客观信息的复杂过程，因而既要求评价方法具有客观性、合理性、公平性、可操作性和科学性，又要求评价过程具有再现性。秦寿康（2002）认为，综合评价是对研究对象功能的一种量化描述，既可以利用时序统计数据去描述同一对象功能的历史演变，也可以利用统计数据去描述不同对象功能的差异。各种评价结果还可以用来研究对象的结构，并为优化结构指明方向。评价系统由评价主体、评价客体和评价环境三者组成，评价系统就其本质来说是个信息处理系统。胡永宏和贺思辉（2000）认为，综合评价就是对客观事物从不同侧面所得的数据做出总的评价。综合评价的研究对象通常是自然、社会、经济等领域中的同类事物（横向）或同一事物在不同时期的表现（纵向）。王宗军（2022）认为，所谓综合评价，是指对以多属性体系结构描述的被评价对象做出全局性、整体性的评价。对全体被评价对象，根据所给的条件，采用一定的方法给每个被评价对象赋予一个评价值（又称评价指数），再据此择优或排序。综合评价的基本要素有评价对象、评价指标体系、评价专家（群体）及其偏好结构、评价原则（评价的侧重点和出发点）、评价模型、评价环境（实现综合评价过程的设施），各基本要素的有机组合构成了综合评价系统。对某一特定的综合评价问题，一旦相应的综合评价系统确定之后，该综合评价问题就完全成为按某种评价原则进行的“测定”或“度量”问题。郭亚军（2012）认为，综合评价（comprehensive evaluation，CE）是指对被评价对象所进行的客观、公正、合理的全面评价。如果把被评价对象视为系统，上述问题就可以表述为在若干个（同类）系统中，如何确定哪个系统的运行（或发展）状况好，哪个系统的运行（或发展）状况差。这是一类常见的综合判断问题，即多属性（或多指标）综合评价问题。综合评价就是根据不同的评价目的，利用被评价对象的各种属性信息，建立合理的指标体系，采用科学的评价方法和集结方式，对被评价对象进行排序的过程。

（三）关于评价指标体系建构的方法

关于评价指标体系建构的方法有多种，主要包括以下几种。

1. 德尔菲法

德尔菲法又称“专家小组法”，是通过借助在某一专业领域具有较高专业水平的专家们，运用背靠背交流的方式充分发挥专家们的个人智慧、知识和经验，最后得出一个比较能反映群体意志的预测的结果。德尔菲法的程序有：筹划工作—专家预测—统计反馈—描述结果。其优点是简便易行，可以避免会议讨论时产生的害怕权威、随声附和等弊端，意见也容易较快集中，具有一定程度的客观性、其缺点是集体主观判断、征询意见的时间较长。

2. 文献计量法

文献计量法是以文献为主要研究对象，采用数学、统计学方法对文献进行定量分析，通过对文献的分布与数量增长情况、数量与时间的关系、文献之间的引用情况等寻找科研的某些结构、特征和规律。文献计量法的优点在于其可以通过文献已有的数据快速统计、计算和分析科研工作的情况，缺点在于其属于定量评价方法，缺少对文献质量的评价，无法对文献的内容和质量进行质的评价。

3. 层次分析法

层次分析法是把复杂的评价问题层次化，把评价问题按照评价目标、评价领域、评价指标的顺序分解为不同层次结构，通过判断矩阵特征向量的办法，求得各个层次的权重。层次分析法的基本过程是：建立递阶层次机构模型—构造出各层次中的所有判断矩阵—层次单排序及一致性检验—层次总排序及一致性检验。层次分析法为确定类似指标体系权重提供一种很好的解决途径，其优点是可以降低工作难度，提高指标权重的精确度和科学性，同时可以利用计算机处理数据，操作性较强；其缺点是建立在判断矩阵基础之上，依赖于专家经验和判断，判断矩阵具有很强的主观性。

4. 数据包络分析法

数据包络分析法是以相对效率概念为基础，用于评价具有相同类型的多投入、多产出的决策单元技术是否有效的一种非参数统计方法。它包含了指标的权重分配过程，这与多目标决策方法一致，在数据包络分析法中，决策单元相当于多目标决策模型中的备选方案。数据包络分析法的优点是不需要预先估计参数，在避免主观因素和简化运算、减少误差等方面以及在绩效评价领域进行有效性分析上有着不可低估的优越性。缺点是只能评估相对效率，依赖于假设条件，不能对组织或个体的内部运作进行评估。

5. 模糊综合评判法

模糊综合评判法是以模糊数学为基础，应用模糊关系合成的原理，将一些边界不清、不易定量的因素定量化，利用多个因素对被评价事物隶属等级状况进行综合性评价的一种方法。综合评判针对全体评判对象，根据所给的条件，给每个对象赋予一个非负实数，再据此择优排序。模糊综合评判法主要分为两步：第一步，先按每个因素单独评判；第二步，再按所有因素综合评判。其优点是数学模型简单，容易掌握，对多因素、多层次的复杂问题评判效果比较好，是别的数学分支和模型难以替代的方法。模糊综合评判法的特点在于逐对进行评判，被评对象有唯一的评价值，不受评价对象所属对象集合的影响。缺点是隶属函数的确定没有明确且系统的方法，权重的确定依赖于决策者的主观判断，具有主观性，当同一指标层级的指标个数较多时会导致权重系数变小，出现模糊现象，导致评价失败。

评价指标体系建构的方法各有优劣，如表 2-1 所示。

表 2-1　科研评价方法优劣比较

建构方法	优点	缺点
德尔菲法	简便易行，可以避免会议讨论时产生的害怕权威、随声附和等弊端，意见也容易较快收敛	集体主观判断，征询意见的时间较长
文献计量法	通过文献已有的数据快速统计、计算和分析科研工作的情况	属于定量评价方法，缺少对文献质量的评价，无法对文献的内容和质量进行质的评价
层次分析法	可以降低工作难度，提高指标权重的精确度和科学性，同时可以利用计算机处理数据，操作性较强	建立在判断矩阵基础之上，依赖于专家经验和判断，判断矩阵具有很强的主观性
数据包络分析法	不需要预先估计参数，可避免主观因素和简化运算、减少误差等，以及在绩效评价领域进行有效性分析上具有优越性	只能评估相对效率，依赖于假设条件，不能对组织或个体的内部运作进行评估
模糊综合评判法	逐对进行评判，被评对象有唯一的评价值，不受评价对象所属对象集合的影响	隶属函数的确定没有明确且系统的方法，权重的确定依赖于决策者的主观判断，具有主观性，当同一指标层级的指标个数较多时会导致权重系数变小

二、工作分析理论

工作分析是人力资源管理的基础和基本工具，亦是本研究的基础之一。人力资源管理的各项活动都在工作分析的基础上进行。

（一）工作分析的概念

工作分析是根据岗位的工作描述、任务说明书等，确定员工为满足要求所必须掌握的知识、技能和态度。工作分析方法概括了工作中所需要的知识、技能和素质。工作分析涉及两方面内容：一是工作本身，研究每项工作的目的、岗位所承担的责任和任务以及与其他岗位的关系；二是人员素质，研究能够胜任岗位工作并达到目的的任职人员应具备的条件和素质。

（二）工作分析的构成

工作分析是人力资源管理者在短时间内了解工作信息和情况的科学手段。工作分析的整个过程包括六个步骤：准备、计划、设计、信息分析、质量鉴定和成果展示。其中，计划与设计是基础，信息分析和成果展示是关键。

工作分析的内容一般包括七个问题的调查和四个方面的分析。七个问题的调查：①谁（who），②做什么（what），③何时（when），④在哪里（where），⑤如何（how），⑥为什么（why），⑦为谁（for whom）；四个方面的分析：①工作名称分析，②工作规范分析，③工作环境分析，④工作条件分析。

通过工作分析，我们可以了解岗位内容、工作职能、工作关系，以及该岗位对人员在知识、能力、素质、个性上的要求等，从而为员工测评提供指标，为组织人职匹配提供可能。

三、对体系构建的理论价值

在管理学领域，绩效评价体系和综合评价体系建构的理论和工作分析理论都是科研评价指标体系建构的重要理论基础。教师科研评价指标体系需要借助评价体系的理论确定评价指标体系的构成，通过前期的理论研究发现评价指标体系是由评价指标和评价指标体系权重构成，因此本研究采用德尔菲法来制定评价指标的维度和内容，采用层次分析法来建构评价指标的权重，从而构成一套完整的评价指标体系。

教师科研评价指标体系建构强调教师岗位科研工作绩效，因此，在高职高专教师科研评价指标体系建构的第一个阶段开展对高职高专教师科研工作分析就尤为重要，工作分析就是分析工作，是确定岗位胜任力的基础。收集、分析、记录与科研工作相关的信息，确定从事高职高专科研工作和本科科研工作之间的差别和特点。工作分析是客观的、科学的人才评价的前提，评价指标、评价要素和评价标准都依据建立在工作分析结果基础上的科研工作和科研评价工作特点来确定。因此，本研究通过调查了解高职高专科研工作岗位特征和调查现有指标体系的情况来确定高职高专教师科研评价的要素、评价指标的维度和内容。评价理论和工作分析理论是高职高专院校教师科研评价指标体系构建的重要理论基础和理论工具。

《《《 第二节 》》》
高职高专教师科研长周期评价的教育学基础

一、高校教师发展相关理论

高校教师发展（faculty development）也称大学教师发展，潘懋元（2007）认为高校教师发展是指一切在职大学教师通过各种途径、方法的理论学习与实践，使自己的专业化水平持续提高、不断完善的过程。徐延宇（2011）提出，高校教师发展是以提高高校教师教学水平为核心，促进其有效地完成各种工作任务的有关理念、方法和实践的综合性框架，包括教学发展、组织发展、专业发展、个人发展等内容。提出高校教师发展理论的专家认为高校教师发展包含四个部分，其中的专业发展指的就是教师科研发展。苏丹（2021）认为高职院校教师专业发展指的是通过各种方式、途径促进高职院校教师专业知识、专业能力等方面的成长，使其能够较好胜任教学、科研和社会服务等工作，认为高职院校教师积极参与科研能够促进其专业持续发展，主要体现在对专业知识、教学创新、技术服务等专业能力素质的提升发展上。

二、对评价体系建构的价值

依据高等教育学理论基础，高校教师的职业身份包含了科研身份，其学术也被当成一种职业，称为“学术职业”（韦伯，2004）。由于本科院校教师队伍的组建遵循的是以学科为单位的运行逻辑，与这种学科逻辑不同的是，高职高专院校则多是按照专业逻辑运行的。高职高专院校教师队伍多是围绕专业需要而组建，某专业教学工作的开展可能会涉及不同学科方向，而来自不同学科的教师很难组成以学科为基础的科研团队，只能根据专业发展的需要调整科研方向。在缺乏学科基础的情况下，高职高专教师职业生涯不可能沿着传统的学术职业路径发展。因此，对高职高专教师而言，科研可能更多是促进其专业发展的手段，而非最终的目的。高校教师发展理论为高职高专教师科研评价指标体系建构和科研评价发展提供了理论基础和理论支撑。

《《《 第三节 》》》
高职高专教师科研长周期评价的生物学基础

一、生命周期理论

1996年，卡曼（A. K. Karman）首先提出了生命周期理论的概念，他从生物学的角度将人的生命发展周期分为出生、成长、成熟、衰退、死亡的过程，其基本含义通常被理解为“从摇篮到坟墓（cradle-to-grave）”。生命周期理论中将有机体的生命视为一个周期循环，每一阶段最后都面临某种危机和管理问题，都要采用一定的管理策略解决这些危机以达到成长的目的。生命周期理论的实践运用不仅仅只是分辨出每个有机体所处的阶段，最重要的是要运用生命周期的方法帮助各个组织根据有机体所处的阶段或者状态来制定适当的促进其生长的策略。依照生物学生命周期理论，在高校的学术群体中，高校教师作为一个“学术人”的生命个体，其学术生命周期就是指他们的学术萌芽、发展、成熟、衰退的过程。

二、对评价体系建构的价值

无论是高校教师的学术生涯（或者学术生命），还是其所从事的科研工作，都是一个长期且连续的创造性发展的过程。高校教师科研评价的目的是激发教师持续进行科研创新的动力，因此，高校对教师进行科研评价的目的就应该是促进高校教师学术生命的可持续发展，根据科研评价目标制定的科研评价指标体系也要围绕教师的学术生命的周期和其科研工作的创造性周期而展开。根据生命周期理论，要建构科研评价指标体系，首先要在高校科研管理中识别出教师和教师所从事的科研工作的生命发展阶段，然后制定的科研长周期评价指标体系要体现教师学术发展的阶段性和科研工作的周期性规律，最后实现教师个体学术生命从“新手到熟手”的职业生涯连续性发展，实现高校科研项目生命从上一个项目立项到下一个项目产生的延续性发展，实现高校组织生命从组建到再发展的学校学术团队组织机构的持续性发展，并且教师科研评价指标体系的完善也是一个在上一指标基础上不断完善的过程。因此，围绕着生命周期的教师科研评价体系的制定也是一个经历“开始—发展—成熟—衰落—再发展”的周期发展的过程。

任何一项研究都需要理论支撑和理论基础。本章从管理学、教育学、生物学领域寻求高职高专院校教师科研评价指标体系构建的理论基础，并分析了各理论对评价指标体系建构的理论价值。依据管理学基础，评价理论和工作分析理论是高职高专院校教师科研评价指标体系构建的重要工具，评价指标体系强调指标和指标权重的构建，其目的是激励个人获取良好科研工作绩效，提升组织整体效能；工作分析则通过分析从业者的岗位特点、性质，找出背后的科研评价指标要素。依据教育学基础，对高职高专院校教师而言，科研可能更多是促进其专业发展的手段，而非最终的目的。高校教师发展相关理论为高职高专教师科研评价目的和科研评价发展提供了理论基础和理论支撑。根据生命周期理论，要建构科研评价指标体系，首先要在高校科研管理中识别出教师及其所从事的科研工作的生命发展阶段，然后制定的科研长周期评价指标体系要体现教师学术发展的阶段性和科研工作的周期性规律，最后为实现教师个体学术生命和科研工作的持续性发展，为评价指标体系建构和实证研究提供坚实的基础。

第三章

高职高专教师科研长周期评价的内涵和原则

第一节 高职高专教师科研长周期评价的内涵

一、科学研究的内涵

科学研究，英文为 scientific research，其中，research 源自拉丁语“re-”（再次）和“cerchier”（寻求），意为再次寻求、反复寻求。有学者提出科学研究实质上由两部分组成：一部分是创造知识，即创新、发现和发明，是探索未知事实及其规律的实践活动；另一部分是整理知识，即分析整理已有知识，使其规范化、系统化，这是知识传承的实践活动（张才骏，2002）。教育部对科学研究的定义是指为了增进知识（包括关于人类文化和社会的知识）以及利用这些知识去发明新的技术而进行的系统的创造性工作，体现了科学研究在知识增进和技术创新方面的双重目标。美国资源委员会对科学研究的定义是科学领域中的检索和应用，包括对已有知识的整理、统计，以及对数据的搜集、编辑和分析研究工作，强调了科学研究是关于知识检索、数据分析和应用方面的活动。学术界对科学研究的定义是指在发现问题后，经过分析找到可能解决问题的方案，并利用科研实验和分析，对相关问题的内在本质和规律进行的调查研究、实验、分析等一系列的活动，这些活动为创造发明新产品和新技术提供了理论依据，或创造了新发明、新技术、新产品。因此，科学研究是在遵循科学的系统性、规律性和客观性的原则下，对未知世界展开的探寻新知、求证真理的人类活动。

高校的主要职能是人才培养、科学研究、社会服务、文化传承与创新、对外合作交流，因此科学研究是高等教育体系中不可或缺的重要组成部分，它不仅推动了学术进步，还促进了技术创新、知识传播和社会经济发展，具体表现为以下几个方面：（1）知识创新与学术前沿探索。高校是基础研究和高新技术研究的重要基地，承担着探索未知、揭示自然规律、解决科学难题的使命。通过科学研究，高校能够不断推动知识边界的拓展，保持学术前沿的领先地位。（2）人才培养与教育质量提升。科学研究与教学相辅相成，是高等教育质量提升的关键。通过参与科研项目，学生可以接触到最新的科研成果和技术，培养创新思维和实践能力。同时，教师的科研活动也促进了教学内容的更新和教学方法的改革，提高了教育质量。（3）技术创新与成果转化。高校的科学研究往往能够产生具有创新性的技术成果，这些成果通过专利申请、技术转让等方式实现产业化，为经济社会发展提供有力支撑。高校与企业、研究机构的合作也日益紧密，共同推动技术创新和产业升级。（4）社会服务与文化传承。高校的科学研究还承担着服务社会的责任，通过提供咨询、培训、检测等服务，为政府、企业和社区解决实际问题。同时，高校也是文化传承与创新的重要阵地，通过对历史、文化、艺术等领域的研究，保护和传承人类文化遗产，推动文化多样性和创新发展。（5）国际合作与交流。随着全球化的深入发展，高校的科学研究越来越注重国际合作与交流。通过参与国际科研项目、举办学术会议、派遣访问学者等方式，高校能够与国际同行建立广泛的联系与合作，共同应对全球性挑战和问题。

因此，高校的科学研究指的是在高等院校内进行的旨在探索未知、发现新知识、解决科学问题、推动学科发展、培养创新人才、服务社会与经济发展，并通过国际合作与交流不断提升自身的国际影响力和竞争力的系统性、创新性的研究活动。

二、科研评价的内涵

厘清高职高专教师科研评价的内涵，首先就要明确我国高校层次分类中本科和高职高专的差别，教育部院校设置处根据学校学科设置的特征、培养学生层次、教师水平和学校科研学术活动开展情况四个方面，对普通高校进行分类，可将它们分为研究型高校、教学型高校和高等职业技术教育类学校三类，研究型高校是以培养具有一定的学术应用、技术研发能力的知识复合型人才为主要任务的本科院校，对其的考核工作中科研所占比例是比较大的，因此对教师的科研评价也是其科研工作中不可或缺的一个重要部分。《中华人民共和国高等教育法》规定高等专科学校实施专科教育，要求高等学校教师要具备相应职务的科学研究能力，所以对于专科学校来说，无论按照高校的基本职能还是教育法规要求，高职高专也有科研的职能，高职高专教师也需要具备科研能力，高职高专在国家的支持强度与整体科学研究的层次与规模及成果的产出上无法与本科高校相提并论，因此通过上面科学研究和高校科学研究的概念界定，高职高专的研究更应该是一种广义的定义，即通过知识继承、探寻新知、求证真理的实践活动。教师在学校中反复求证、探寻新知的活动都是广义上的研究活动，例如，对教学的研究、对学生活动的研究、对专业发展的研究、对实训活动的研究、对职业比赛的研究等。

高校教师科研评价是指评价主体在有明确的评价目的的前提下，依据一定的评价标准，运用一定的评价方法，按照一定的评价流程，对高校的科研成果和活动进行价值判断，以检验科研评价目标是否达成，并作为下一步科研活动判断和决策依据的过程。高职高专的科研评价中的评价主体是高职高专院校，评价的对象是高职高专院校的教师，因此高职高专的科研评价是指高职高专院校在有明确的评价目的的前提下，依据高职高专院校科研评价的标准，运用一定的评价方法，按照一定的评价流程，对高职高专教师的研究活动进行价值判断，以检验科研评价目标是否达成，并作为下一步科研活动判断和决策依据的过程。

三、高职高专教师科研长周期评价的内涵

高职高专教师科研评价的目的是高职高专院校通过对教师的科研工作和活动进行评价，激发教师的科研热情和积极性以提高教师的科研能力和水平，是实现教师学术生命可持续发展和高校整体科研实力提升的评价活动。生命周期本义是指生物体从出生、成长、成熟、衰退到死亡的全部过程，随着生命周期理论的发展，其概念应用现已非常广泛，从最初应用于生物学领域到后来运

用于管理、政治、经济、社会等领域，生命周期理论通过识别生命的各个阶段，通过生命周期的评价实现个体和组织生命的可持续发展，这与高职高专教师科研评价有着某种内在的联系。目前，对教师科研长周期评价的理解还停留在对评价周期时间长短的理解上，为更深入理解和阐释教师科研长周期评价在空间上的概念和意义，将生命周期理论引入高职高专教师科研长周期评价中来，可以为解释高职高专教师科研长周期评价的概念提供启发和思考。

（一）生命周期评价和科研长周期评价

1996 年卡曼（A. K. Karman）首先提出了生命周期理论的概念，他从生物学的角度将人的生命发展周期分为出生、成长、成熟、衰退、死亡的过程，其基本含义通常被理解为“从摇篮到坟墓”的整个过程。广义的生命周期泛指自然界和人类社会各种客观事物的阶段性变化及其规律，生命周期评价是评价一个产品系统生命周期的整个阶段，涉及产品、工艺或活动的整个生命周期。随着生命周期理论被运用于各行各业，比如从最开始的生物学应用到后面的企业项目管理，再到现在的组织管理等领域，并在其后的发展中形成独立的理论，生命周期评价也被定义为：对某物从产生到消亡以及消亡后所产生的效应进行全过程的评价。从时间的长度上看，生命周期评价是对物体从产生到消亡，以及消亡后所产生的效应进行全过程的评价时间的长短；从空间的广度上看，就是评价在有限的生命长度中所产生影响和效应在空间上的延展程度。

高校的科研工作主要以教师、项目、学术团体为载体开展，从高职高专教师作为一个“学术人”的生命个体来说，学术生命周期就是指其学术生涯的初期、发展、成熟、衰退的过程。依照现代项目管理理论，在高职高专的科研项目中，单个科研项目就像有机体一样具有生命周期，项目生命周期指的是立项、生产、获得成果、结项的过程。依照组织管理理论，在高职高专学术组织群体中，学术团队作为一个组织像有机体一样具有生命周期，组织生命周期指的是组织的产生、生长、成熟、衰落的过程与再发展期。无论是高校教师的学术生涯（或者学术生命）、科研项目还是学术团队组织发展都要有一个长期且连续的创造性发展的过程。高校中的教师、科研项目和学术团队是不可分割且相互包含的关系，高校教师因为同一个学术问题而开展项目研究，学术团队又是以教师为主体、以科研项目为载体而组建，三者相互依存，形成了一个整体。在这个整体的内部流动着教师学术的生命、科研项目的生命和学术团体的组织生命，为了让三者在生命周期内得到最大限度的发展，高校的科研评价对其生命的延长作用不可小觑。高校教师科研长周期评价即是高等院校根据特定的评价标准，运用合理的评价方法，对高校教师所从事的科研活动及所取得的成果以一定的时间为一个评价周期对其进行价值判断的活动，目的是激发教师持续开展科研创新的动力。从时间的长度来看，科研长周期评价是科研活动及所取得的成果的全过程周期时长在时间上的延伸；从空间的广度来看，它是科研活动及所取得的成果所产生的影响和价值在空间上的延展。

生命周期理论中将有机体的生命视为一个周期循环，每一阶段最后都面临某种危机和管理问题，都要采用一定的管理策略解决这些危机以达到成长的目的。生命周期评价是要分辨出每个有机体所处的阶段，运用评价方法帮助各个组织根据有机体所处的阶段或者状态来制定适当的促进其生长的策略。同样，高校的科研工作的生命周期中，研究的价值决定了其全生命周期的长度和广度，并且研究的价值会因为研究类型不同，产出的研究成果不同，研究的时效性、应用程度不同而产生相应的变化，所以只有针对科研生命周期各个阶段的特点采取不同的评价方式和管理手段，这样才能在科研工作中激发教师的科研积极性。

高校要激发教师科研热情，实现学校整体科研实力提升，就需要对教师的科研工作全生命周期管理加以重视，无论是教师个体学术生涯发展、科研项目管理还是高校学术团队组织发展，都需要通过对其全生命周期长度和广度的评价来实现科研的长周期管理。因此，要解决高校教师在其学术生涯中科研动力不足、科研行为短视的问题，要解决科研项目管理中“重申报，轻结题”等过程管理链断裂的问题，要解决高校科研水平整体实力断层“强者愈强，弱者愈弱”的问题，探索高校教师科研评价的长周期评价方式是应对其生命周期发展过程中各个阶段所面临的问题和危机的比较好的选择。

（二）时间的长度：高校教师科研的生命周期阶段

1. 学术生命周期：高校教师学术生涯的周期表现

19 世纪中叶库尔特·考夫卡提出场域理论，提到个体的每一个行为均被行动所发生的场域所影响，这里的场域并不是物理环境而是行为所形成的环境。场域中的个体在这个按照特定的逻辑要求形成的特定场域中，个体的行为也会受到场域的影响（李全生，2002）。学术场域是高校组织中不受物理环境限制的无形场域，高校教师在学术场域中，就是作为学术的个体而存在的，此时教师除了是生物学上的“生物人”、社会环境中的“社会人”，在学术场域中还是一个“学术人”，其学术行为就会受到学术场域的影响。高校教师在学术场域中从最初从事学术研究到熟练进行学术工作再到退出学术研究的整个过程就是高校教师作为“学术人”的学术生命周期（臧琰琰，2021）。国内外学者对学术生命周期有着不同的定义，如将青年科技创新人才的成长过程分为学习预备阶段、适应成长阶段、成熟稳定阶段、全盛阶段、衰退阶段五个阶段（王海峰，2014），如将一个专家成长过程大致分为初学者、高级初学者、胜任者、能力精通者和专家五个阶段（Dreyfus，2004）；如将教师职业成长生命周期分为职业成长初期、职业成长发展期、职业成长成熟期、职业成长稳定期、职业成长危险期、职业成长衰退期六个阶段（林立达、马莉婷，2018）。总体上，大家对于从事科研工作的群体和个体的学术生命周期基本上都遵循着初期—发展—成熟—衰退期的规律。如果用 10 个标点作为衡量高校教师各个阶段学术生命周期的学术能力，如图 3-1 所示，在教师的学术成长生命周期的不同阶段，教师的学术能力呈现倒“U”型发展路径。

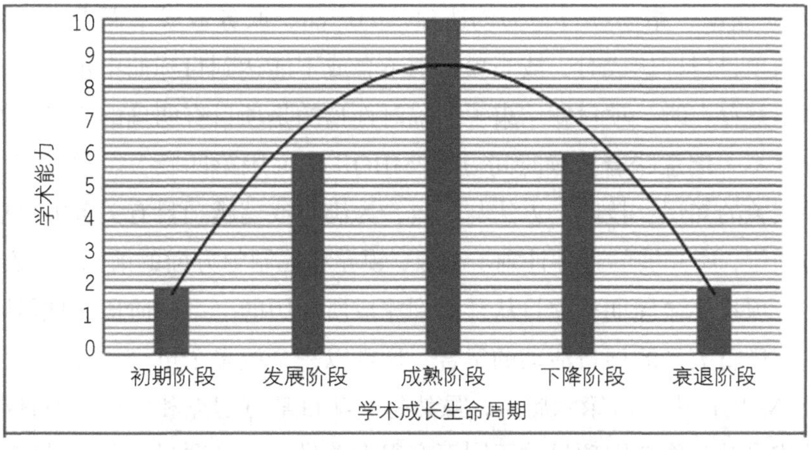

图 3-1　高校教师学术成长生命周期曲线图

学术生命处于初期的高校教师大多是刚刚出校门的学生，他们对科研工作充满了热情，创新意识强，科研工作积极性高，在学术领域中发展空间大，属于科研人才队伍中的“潜力股”，其学术职业生涯发展处于起步阶段，但是学术初期的高校教师研究工作的知识和经验不足，研究领域和方向不稳定，摇摆性较大。学术生命处于发展期的高校教师科研经验和方法在不断积累，科研创造能力不断提高，能够拿到科研项目，并较稳定地产出一些科研成果，能够很好地通过与其他教师的科研合作实现科研攻关，科研产出表现良好，其学术职业生涯发展处于上升阶段。学术生命处于成熟期的高校教师的研究经验和方法使用已经很熟练，处于科研的创造高峰，能够拿到更高层次的科研项目，科研产出较之前面阶段达到了高峰值，能够获得重大科研成果，并且该阶段是科研成果产出最多的阶段，能够带领高校科研团队开展创造性的科研，其学术职业生涯发展处于高峰阶段。学术生命处于衰退期的高校教师的研究经验方法和知识都逐渐固化，其思维定式通常比较严重，科研创造力也在不断下降，这一阶段的高校教师的科研产出也会呈现一个下降趋势，科研精力多用于对人才的指导和培养上，其学术职业生涯发展处于下降阶段。

2. 项目生命周期：高校科研项目的规律遵循

美国项目管理学会（Project Management Institute，PMI）早在20世纪70年代末就率先提出了项目管理知识体系（Project Management Body of Knowledge，PMBOK）指南，指出项目是为创造独特的产品、服务或成果而进行的临时性工作，当项目目标达成时，或当项目因不会或不能达到目标而中止时，或当项目需求不复存在时，项目就结束了。临时性指的是项目有明确的起点和终点，临时性并不一定意味着持续时间短（PMBOK中文版第四版）。项目管理是运用各种相关的知识、技能、方法与工具，为满足或超越项目有关各方对项目的要求与期望，所开展的各种计划、组织、领导和控制等方面的活动（戚安邦等，2007）。项目生命周期指项目从开始到完成所经历的一系列阶段，项目阶段是一组具有逻辑关系的项目活动的集合，通常以一个或多个可交付成果的完成为结束（PMBOK中文版第六版），虽然每个项目都有起点和终点，但具体的可交付的成果及工作会因项目的不同而有很大差异，不论项目涉及的具体工作是什么，生命周期都可以为管理项目提供基本框架。尽管项目的规模和复杂性各不相同，但不论其大小繁简，所有项目都呈现出启动、组织与准备、执行项目、结束项目几个阶段（PMBOK 中文版第四版）（见图 3-2）。

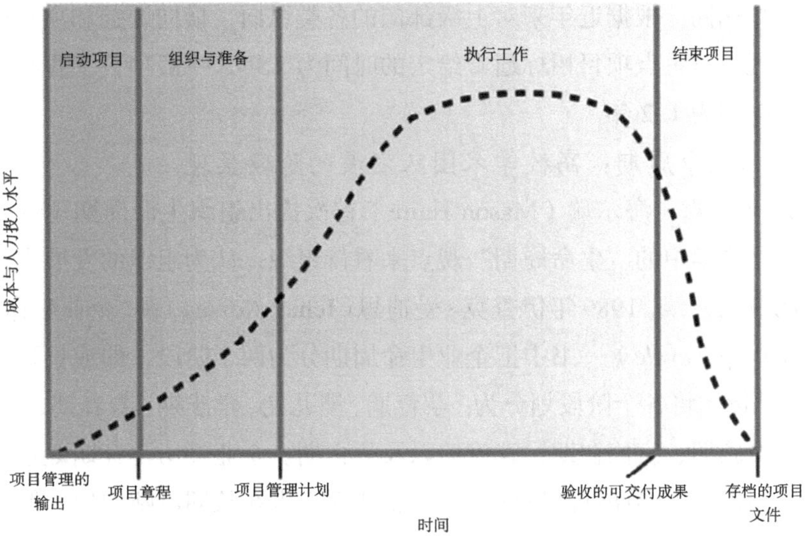

图 3-2　项目生命周期中典型的成本与人力投入水平

虽然高校科研工作更多涉及的是高校教师智力活动，但是根据项目的定义和高校科研工作实践表明，高校科研项目及项目管理也属于现代项目管理的范畴。根据现代项目管理中项目生命周期的概念，高校的科研项目生命周期指的是科研项目从开始到结束的一系列过程和阶段，即以项目立项为起点直至项目完成（或者终止）为结束的过程，所有高校科研项目都呈现项目立项、项目计划、项目开展和控制、项目结项几个阶段。在高校中，科研项目的各个阶段属于迭代关系，即一次只有一个阶段，且下一阶段的规划取决于当前阶段及其阶段成果的进展情况。因为科研环境的变化速度较快，也很不确定，所以对单个高校科研项目管理要进行科学合理的规划。同时，不同类型的科研项目表现的周期规律也有所不同。按照研究内容不同，科学研究可以分为基础研究、应用研究、开发研究等，以创新探索知识为目标而进行的实验性或理论性研究的基础研究，其研究周期可达 5~10 年甚至更久，这种研究类型在本科研究型高校中开展得比较多。技术开发和应用型研究是将基础研究成果运用到实践中再产出成果和成效，其研究周期通常也需要 3~5 年。科研项目根据类别可以分为重点项目、一般项目、青年项目，重点项目和其他项目的区别除了研究的重要性、紧迫性不同外，还包括研究的难度、研究成果的产出不同，其所花费的时间及研究的周期也不尽相同。根据近年来对上级部门的各类纵向、横向课题和项目进行统计分析发现，对重点项目招标通常给定的时间为 3 年，一般项目和青年项目招标给定的时间为 1~2 年。

3. 组织生命周期：高校学术团队发展的阶段呈现

1959 年马森·海尔瑞（Mason Haire）首次提出组织生命周期理论，提出了可以用生物学中的“生命周期”观点来看待组织，认为组织的发展也符合生物学中的成长曲线。1989 年伊查克·爱迪思（Ichak Adizes）在《企业生命周期》（*corporate life cycle*）一书中把企业生命周期分为两个阶段，即成长阶段和老化阶段，并依次将各个阶段划分为：孕育期、婴儿期、学步期、青春期、盛年期、稳定期、贵族期、官僚初期、官僚期以及死亡期。企业经历孕育期诞生之后，又经历学步期、青春期逐渐发展壮大，企业活力也在长期不断增加，但从盛年期到稳定期，其发展速率已呈现递减趋势，企业活力经历顶峰之后不断减少，直至死亡，企业活力为零（朱婷婷，2016）。拉里·格林纳（Larry Greiner）认为组织的成长大致可以分为创业、聚合、规范化、成熟、再发展或衰退五个阶段，在每一个阶段，组织的结构、领导方式、管理体制和职工心态等都各有其特点，每一个阶段在发展中都会遇到管理难题，导致组织发生危机（李艳双，2005）。高校（主要指公立学校）是一种培养人和产生智力劳动的非营利性的教育组织，高校中的学术团队是针对具体的科学技术问题或感兴趣的学术方向，以高校教师为主体，以科研项目为载体，为实现共同的科研目的而组成的学术组织，高校学术团体组织的成长需要经过生命周期的形成期、发展期、成熟期、变异期四个阶段（王磊，2007）。虽然每个阶段所花费的时间和强度不尽相同，但各个阶段都是按顺序出现，并且每个阶段是迭代的且无法逾越的，学术团队发展的每个阶段都与组织结构、组织目标和创新的具体特点相关，谋划高校学术团队的发展就必须要了解其生命周期，并根据其所处的生命周期阶段特征制定发展战略规划。生命周期现象也是理解高校学术团体发展面临问题的非常有用的概念。我们可以为高校学术团队构造一个发展阶段图（图 3-3）。

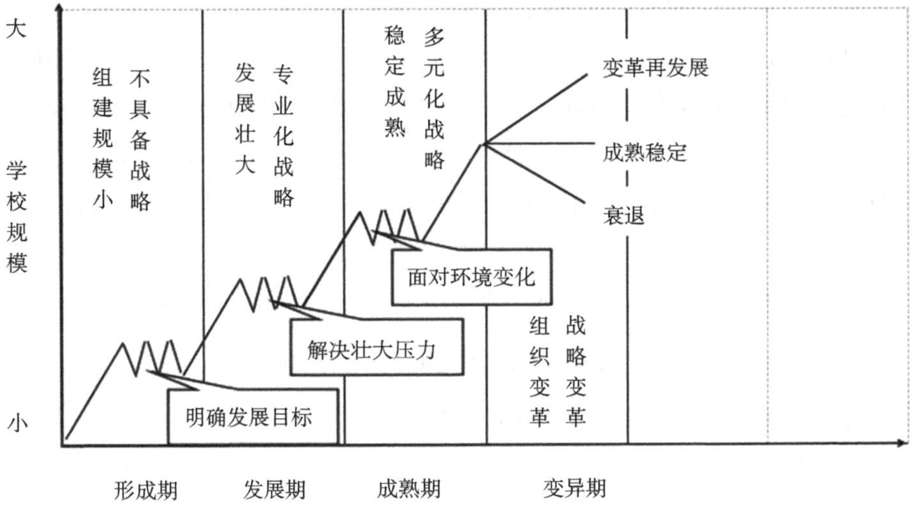

图 3-3　高校成长阶段图

处于形成期阶段的高校学术团队代表着其从无到有的过程，此时团队还处于组建的阶段。大部分团队的组建最初都带有一定的行政色彩，如为实现高校的组织目标由行政部门直接着手组建的团队，或者应高校的规划或者安排要求建设的团队，又或者响应国家出台的激励措施而建设的团队，还有小部分因为学术方向一致或者学术（技术）问题解决的需要而组建的团队。组建期的学术团队规模一般较小且管理还不规范，团队运作主要依靠高层管理者提供思路和具体方法，团队也不具备战略发展规划。此阶段的学术团队需要明确团队的发展目标、结构和角色。处于发展期阶段的高校学术团队已组建完成，组织管理逐步规范并建立了正常的工作秩序，组织规模迅速扩大，继续成长是组织的主要目标，团队发展开始有了专业化战略，但是此阶段团队会面临组织需要不断壮大并争取更多学术资源和优秀的学术人才的问题，团队的科研经费和科研仪器设备也面临相应增加的压力，同时团队内部也面临着学术观点差异的冲突及团队管理规范化执行过程中的适应性问题等。处于成熟期阶段的高校学术团队，其组织规模和结构相对稳定，管理已经进入了规范且成熟的发展阶段，团队规范和制度已经得到完善，有了明确的组织发展目标，团队内部成员之间的凝聚力和战斗力增强，并且形成了多元化的发展战略。根据生命周期理论，经过了成熟期进入下一阶段的高校学术团体组织，随着内部和外部环境的变化可能会产生团队的衰退，但是如果团队此时经过内部环境的调整，适应了外部环境的变化，这个时期的团队就会面临一个变异期，如果团队更换了学术带头人，注入了新的科研发展目标、理念，可能进入变革再发展阶段，如果保持现有的发展目标，团队也会暂时趋于稳定，而如果更新周期性的科研目标可能就将衰退。如果组织进入了生命周期的未来阶段，团队的变革将变得更加困难。不能成功解决有关变革问题的团队，其成长会受到限制，甚至导致团队的失败和衰退。

（三）空间的广度：高校教师科研的生命周期延展

1. 高校教师学术生命的连续性发展

目前高校科研评价大多采用整体性评价，并不会因为教师所处的发展阶段不同、工作性质不同等因素而采取不同的评价方式。教师的科研考核和评价均为以年度为周期进行的短周期考核，很多学校评价周期短主要是为了迎合职称申报评审和年度考核工作需要，短周期的评价标准中没有出现有意识地促进教师成长的内容。通过对高校教师学术生命周期阶段的分析，不难发现各个阶段的教师科研表现呈现了不同的特点，从初期阶段到衰退阶段是一种顺序性的进程且每个阶段不可逾越，而从上一阶段到下一阶段所花费的时间长短不一。正如苏联教育家维果茨基提出的最近发展区理念中要求的要把握好学生现有的发展水平和学生潜在的发展水平，采取一定的教育方法和内容让学生从现有水平到达可能的水平（俗称“跳一跳摘桃子”）。同样，在高校的教师科研评价工作中，科研管理部门也要掌握教师现有的科研水平和教师潜在的科研水平，而教师要达到其可能达到的水平并不是短时间内可以做到，一方面就需要科研管理部门制定科学合理的长周期科研评价的标准，如要先了解目前教师的科研水平，根据学校科研发展目标和教师可能达到水平的预估来构建评价标准，并用一个长的周期（通常是 3~5 年）来检验评价标准，也就是采用 3~5 年的时间来进行周期评价和考核，让教师能从现有的科研水平到达能够达到的科研水平，在促进教师科研水平提高的同时实现学校科研水平整体提高的目的；另一方面正是因为教师处于不同学术生命周期阶段，并且不同学科专业和领域的教师其学术生命发展的阶段时长也会不同，特别是对处于初期和发展期的教师来说，如果不在科研评价上有效激励和激发教师从事科研的积极性，那么他们的学术成长进入发展阶段的速度就会比较慢或者很可能会快速地进入到衰退期，因此针对不同阶段的教师采取的科研评价方式和内容也应该有所不同，比如对于处于学术成长初期阶段的教师，科研考核内容和权重就要低于处于学术成长成熟阶段的教师，在评价标准的设置上要求教师制定自己的科研长周期成长规划，并考核教师科研规划实现程度和增值情况等。如果从一个更广的意义上来说，教师的学术生命不应止步于其个人学术的发展衰退期，如在一个高校学术组织中，教师个人可以通过发展团队进而让团队成员得到发展的方式，也就是通过指导团队成员发展来实现个人学术价值的延续，这也是在一个组织中实现了延长教师个人学术生命的意义，因此科研管理部门在制定科研评价时还要考虑到教师个人在科研团队中对科研团队及团队成员培养的贡献。

2. 高校科研项目生命的延续性发展

多年来，高校的纵向科研项目多是申请制，也就是项目申请人根据上级项目主管部门的要求结合自身的研究兴趣和方向制定项目的研究内容和计划周期。项目的计划周期是项目申请人根据项目的研究过程难易和研究成果的数量、质量需求来制定，通常不同的研究类型、类别的项目有着不同的研究周期，而项目立项的数量、类别、层次、经费等都要通过上一级项目主管部门批准，项目一旦立项，项目组就要按照当初项目申请书的计划周期开展项目研究，并取得研究成果（这种项目申请书更像一种合同书和契约书，项目组必须按照当初申报书的承诺完成），项目立项审批单位只要求项目组按照项目申请书上的计划周期完成预定的研究目标和成果即可。高校的横向项目主要来自于行业企业、社会团体及政府、事业单位等的资助项目，横向项目的计划周期也同样和纵向项目一样，由项目主持人根据项目的需求并结合资助单位的要求制定。高校的科研管理部门无论是对纵向项目管理，还是对横向项目管理，都是采取行政管理模式，在从立项到结项的过程管理中一般会进行中期检查，但是这些中期管理通常只是收取材料、验证项目的开展，科研管理部门目前缺乏有效的过程监督机制，加之高校科研项目组还要兼顾教学和行政工作等，时间精力无法集中于科研项目，对项目的进度把控往往处于失控状态。无论是高校管理部门，还是教师都存在重立项和结项、轻项目研究实施过程和进度管理等现象，这就导致了项目在计划周期内无法完成、项目延期、成果缩水等违背项目计划的问题。此外，高校管理部门和高校教师在项目的周期管理中往往将项目结项当作项目周期生命的结束，没有考虑到项目的成果应用和推广及上一个项目的继续研究和扩展问题，这对于高校项目的整体管理和项目的生命延续是不利的。

因此，要解决高校在科研项目管理中的问题，就要结合现代项目管理理论和模式，让高校意识到科研项目和科研工作具有的生命周期特征，把握和遵循科研项目的整体性和延续性规律：第一，根据现代项目管理理论，高校的科研项目全生命周期就包括项目立项论证、项目实施、项目结项验收、成果转化应用几个阶段，高校的科研项目全生命周期管理就是要对项目的这四个阶段的开展过程进行监控和进度管理，以免出现项目进度失控、成果质量下降等问题，保证科研项目能按照既定的计划和周期执行，继而产出相应的科研成果并推动成果的转化及应用。在实际工作中，高校科研管理部门要将科研项目的立项、开题、中期、结项、成果推广几个阶段作为一个整体进行管理。在立项管理阶段要建立评审专家库，通过外界的专家资源在对项目进行评选的同时给予项目一定的指导，以保证项目申报的质量和评审过程的公平公正；在开题管理阶段，要组织专家和项目组进行开题论证，通过开题论证在项目还没正式实施之前及早发现问题、调整研究；在中期检查管理阶段，可以使用答辩和资料检查相结合的方式把控好各个环节，要针对项目的各个节点的技术方案、经费使用、成果产出等开展评价，以及时发现项目开展过程中出现的问题和潜在的风险，并对项目提出解决思路和应对措施；在结项验收管理阶段，一定要严格按照计划的时间节点严肃开展结项管理，对不按时结项、在研究过程中弄虚作假的科研失信行为要严肃追究，同时对项目研究中按时按量完成且成果突出的项目组进行奖励等；在成果转化应用管理阶段，要建立成果转化应用的服务体系，为项目和社会之间建立科研成果转化应用的桥梁，同时完善成果转化应用机制和激励机制，鼓励项目及时高效地转化。第二，根据现代项目管理的理论和方法，项目管理就是要对项目进行有效的时间把控，确保项目按时完成，使其发挥最大效益。正如前文所述，高校科研项目根据申请的项目类型不同，其研究的计划周期要求也不尽相同，高校科研管理部门在制定科研评价指标和评价周期时就要考虑到各个不同类型项目的计划周期（见表 3-1），如基础研究更加注重原创性理论成果，具有较长的转化周期，且可能转化的领域多样。高校应对不同学科、不同类型的科研成果的产出时间、影响力周期进行分类管理，对不同学科科研成果评价的时效性进行差异化对待，遵循不同领域科研人员的成果产出规律，通过合理科学的科研评价引导广大教师通过长期积累，形成高水平、标志性、有影响力的成果。

表 3–1　高校科研项目周期及评价周期表

类型	类别	成果形式	研究周期	评价周期
基础研究	重点研究	专著	5 年	5 年
	一般研究	论文、研究报告	3 年	3 年
应用研究	重点研究	专著、论文	3~5 年	3~5 年
	一般研究	研究报告、调研报告	3 年	3 年
开发研究	重点研究	技术专利	3~5 年	3~5 年
	一般研究	调研报告	2 年	2 年

除此之外，高校还要注意到广义的科研项目的生命不应该止于项目结项，除了推广应用外，高校教师还应该围绕着这一研究方向进行深入挖掘和扩展，形成基于上一个项目的边际效应，延长上一项目的生命周期，并延续到下一个项目，让教师能够稳定地在一个研究点上形成自己的“研究震荡圈”，并持续向下一个研究点扩展。科研管理部门以及学校管理者均要在了解高校的科研生命周期的基础上，根据所处的科研生命周期阶段特征制定科研发展的战略规划，综合考虑科研战略取舍，以积极的方式对科研项目向下一个阶段过渡作出反应。高校科研管理部门在制定科研评价内容和指标上要体现上一个项目对下一个项目的延续，并在指标权重上体现项目延续的重要程度，要有意识地促进科研项目的延续性，实现项目生命的可持续发展。

3. 高校学术团队生命的持续性发展

多年来，高校在制定科研评价标准、构建科研评价体系时往往是就当下学术团队的问题而进行的，忽略了不同生命周期的学术团队的特点不同，其面临的发展任务和压力也不同。因此根据组织生命周期理论，科研管理部门在构建科研评价体系时要了解学术团队发展的周期。一方面，根据目前团队所处的发展阶段和特征制定学校科研长周期发展的计划，采取不同的措施保证学术团队的科学有序和可持续发展，在一个长周期内保持学术团队最强的发展动力，如针对形成期的团队，更多的是通过科研评价建立团队的约束评价机制；针对发展期的团队，主要是通过科研评价激励团队带头人争取学术资源，协调内部关系；针对成熟期的团队，开展科研评价时要继续加强激励，保持团队活力，激励所有成员持续创新；针对变异期的团队，科研评价要能够以问题为导向为团队的变异指明方向，使团队在变异革新中得到新的发展，保证团队的可持续发展。另一方面，针对相对静止的各个阶段，学术团队内部的可持续发展也至关重要，在学术团队的内部，学术带头人不仅需要发展自身，还需要朝着团队的发展目标和使命，真正带领团队成员发展并实现团队整体的持续发展，这样即使后期因为团队内部环境变化导致学术带头人或者个别团队成员离开团队，团队也不会因此解散和衰亡。

总的来说，通过生命周期评价理论理解高校科研长周期评价，除了在评价周期上要考虑到教师科研工作的阶段性规律和特点，还要在空间上考虑到科研工作的延展性和连续性。高校科研管理过程中对教师采取长周期的科研评价方式目前较多还是停留在理论探讨阶段。针对不同的科研活动及成果产出，其产出周期和影响力有较大差异，应坚持短期评价与长期评价相结合的原则，具体还需高校、高校科研管理部门和管理者在实践中通过制定科学合理的科研评价体系，能够让教师、科研项目和学术团体在时间和空间上得到可持续发展。

《《《 第二节 》》》

高职高专教师科研长周期评价的原则

科研评价是一个复杂而多维的过程，其原则对于确保评价的科学性、公正性和有效性至关重要。在高等教育体系中，高职高专院校作为培养技术技能型人才的重要阵地，其科研评价不仅关乎学校的学术声誉与发展方向，更直接影响到教育质量的提升和社会服务能力的增强。相较于综合性大学或研究型大学，对于高职高专教师的科研长周期评价在评价普遍性原则的基础上又具有其评价的特殊性原则。具体原则如下。

一、客观性原则：数据驱动的精准评价

（一）数据源的多元化与真实性

高职高专院校的科研评价，其首要任务是确保评价数据的客观性和真实性。由于高职高专院校的科研活动往往更加贴近产业需求和技术前沿，因此其数据来源应更加广泛且具有针对性。除了传统的学术数据库、国家权威部门发布的统计报告外，还应充分利用行业协会、企业合作项目、技术转移平台等渠道获取第一手资料。这些数据不仅反映了科研成果的数量和质量，还揭示了科研成果的社会影响力和经济效益，为评价提供了更加全面和真实的信息基础。

（二）评价标准的科学性与可操作性

在高职高专院校的科研评价中，标准的制定尤为重要。由于高职高专院校的科研方向多元化，既有基础理论研究，也有应用技术开发，还有技术服务和咨询等，因此评价标准应具有科学性和可操作性。一方面，要充分考虑不同学科领域的特点和差异，制定符合实际的评价标准；另一方面，要确保评价标准的可操作性和可量化性，以便于评价人员进行具体操作和比较分析。同时，还要注重评价标准的动态调整和优化，以适应科研领域的发展趋势和变化。

（三）避免主观干扰的措施

为了确保评价的客观性，高职高专还需采取一系列措施来避免主观干扰。例如，建立独立的评价机构或委员会，该机构或委员会由具有广泛代表性和专业水平的专家组成，负责科研评价的具体实施；采用匿名评审、同行评议等方式，减少评价过程中的人为因素干扰；加强对评价过程的监督和检查，确保评价工作的公正性和透明度。

二、目的性原则：服务区域经济与产业升级

（一）聚焦区域经济发展需求

高职高专院校的科研评价应紧密围绕区域经济发展需求展开。由于高职高专院校通常与地方政府、行业协会和企业等保持密切联系，其科研活动往往具

有鲜明的地域特色和行业特色。因此，在科研评价中要注重考察科研成果对区域经济发展的贡献度，包括促进产业升级、推动技术创新、提升产品质量等方面。通过科研评价引导科研人员关注区域经济发展热点和难点问题，为地方经济社会发展提供有力支撑。

（二）促进产学研深度融合

产学研深度融合是高职高专院校科研评价的重要目的之一。通过科研评价促进学校与企业、科研机构之间的合作与交流，实现资源共享和优势互补。在评价过程中要注重考察产学研合作项目的数量和质量，以及合作成果的社会效益和经济效益。同时鼓励科研人员积极参与企业技术创新和产品开发过程，推动科技成果向现实生产力转化。

（三）服务乡村振兴战略

对于涉农类高职高专院校而言，服务乡村振兴战略也是其科研评价的重要目的之一。通过科研评价引导科研人员关注农业科技创新和乡村产业发展问题，为乡村振兴战略提供智力支持和人才保障。在评价过程中要注重考察科研成果在农业生产、农村治理和农民增收等方面的应用效果和推广价值。

三、发展性原则：注重潜力与持续创新能力

（一）关注科研人员的成长与发展

高职高专院校的科研评价不仅要关注科研成果本身，还要关注科研人员的成长与发展。通过评价发现科研人员的潜力和优势领域，为其提供更多的发展机会和资源支持。同时注重培养科研人员的创新意识和实践能力，鼓励其勇于探索未知领域和挑战传统观念。在评价过程中要注重对科研人员的综合评价，不仅要看其科研成果的数量和质量，还要看其科研态度、团队协作能力和社会责任感等方面。

（二）鼓励科研团队的建设与发展

科研团队是高职高专院校科研活动的重要组织形式之一。通过评价鼓励科研团队的建设与发展，促进团队成员之间的合作与交流，提高团队整体的科研

水平和创新能力。在评价过程中，要注重考察科研团队的规模结构、研究方向和研究成果等方面,同时关注团队成员的学术背景和科研经历等方面的匹配度,确保团队成员之间的优势互补，提高他们的协同作战能力。

（三）关注科研平台的建设与提升

科研平台是高职高专院校科研活动的重要支撑条件之一。通过科研评价关注科研平台的建设与提升，为科研人员提供更好的科研环境和条件。在评价过程中，要注重考察科研平台的硬件设施、软件资源和管理水平等方面，同时关注科研平台在人才培养、科学研究和社会服务等方面的功能和作用。通过科研评价引导学校加大对科研平台的投入力度，提升其服务能力和水平，为科研活动提供更加坚实的支撑保障。

四、公正性原则：确保评价过程的公开透明

（一）建立公开透明的评价制度

高职高专院校的科研评价应建立公开透明的评价制度，确保评价过程的公正性和透明度。在评价制度制定过程中，要广泛征求各方面的意见和建议，确保评价标准的科学性和合理性；在评价过程中，要注重程序的规范性和透明度，确保评价结果的公正性和可信度；在评价结果公布后，要注重反馈和申诉机制的建立，确保评价结果的客观性和公正性。

（二）加强对评价过程的监督与检查

为了确保评价过程的公正性，高职高专院校还需加强对评价过程的监督与检查。通过建立独立的监督机构或委员会，对评价过程进行全程监督和检查，确保评价工作的规范性和合法性；通过引入第三方评估机构，对评价结果进行独立验证和审核，确保评价结果的客观性和准确性；通过加强社会监督和舆论监督等方式，提高评价工作的透明度和公信力。

（三）保障评价人员的独立性和专业性

评价人员的独立性和专业性是确保评价公正性的关键因素之一。高职高专院校在选聘评价人员时应注重其学术水平和专业背景，确保其具备独立判断和

评价的能力；在评价过程中应注重保障评价人员的独立性和客观性，避免其受到任何形式的干扰和影响；同时还应注重评价人员的培训和学习，提高其专业素养和评价能力，确保评价工作的科学性和准确性。

五、整体性原则：构建全面科学的评价体系

（一）注重评价体系的全面性和系统性

高职高专院校的科研评价应构建全面科学的评价体系，该体系应涵盖科研活动的各个方面和环节。在评价体系构建过程中，要注重全面性和系统性，确保评价内容的完整性和准确性；同时要注重评价指标的多样性和互补性，确保评价结果的全面性和科学性。在评价体系中应包括科研成果的数量和质量、科研人员的素质和能力、科研团队的建设和发展、科研平台的建设与提升，以及科研成果的社会影响力和经济效益等多个方面，形成一个相互关联、相互支撑的评价体系。

（二）注重对评价结果的整合与分析

高职高专院校的科研评价还应注重对评价结果的整合与分析。通过对评价结果的深入分析和挖掘，发现科研工作中存在的问题和不足，为科研管理决策提供科学依据；同时通过对评价结果的整合和比较，发现不同学科领域、不同科研团队之间的差异和优势，为科研资源配置和优化提供有力支持。在对评价结果进行整合与分析的过程中，要注重数据的准确性和可靠性，避免出现误导性结论和错误判断；同时要注重结果的实用性和可操作性，为科研活动的改进和提升提供具体建议和指导。

（三）注重评价体系的持续改进与优化

高职高专院校的科研评价体系不是一成不变的，而是需要随着科研领域的发展变化和学校自身的发展需求进行持续改进和优化。在评价体系运行过程中，要注重收集各方面的反馈意见和建议，及时发现存在的问题和不足；同时要注重借鉴国内外先进经验和做法，不断引入新的评价理念和方法，提高评价体系的科学性和有效性。通过持续改进和优化，使评价体系更加符合学校自身的发展需求和

科研活动的实际情况，为科研事业的繁荣发展提供更加有力的支撑和保障。

六、特色性原则：彰显学校特色与优势

（一）挖掘学校特色资源与优势资源

高职高专院校在科研评价过程中应充分挖掘学校的特色与优势资源，形成独特的科研品牌和特色。由于高职高专院校在学科专业、师资队伍、教学条件等方面存在一定的差异性和特色性，因此在科研评价中要注重考察学校在这些方面的优势和特色，并将其作为评价的重要依据之一。通过挖掘学校的特色资源与优势资源，引导科研人员关注学校的特色和优势领域，推动学校在特定领域形成科研优势和品牌效应。

（二）鼓励特色科研项目的开展

为了彰显学校的特色与优势，高职高专院校还应鼓励特色科研项目的开展。这些项目应紧密围绕学校的特色和优势领域展开，具有鲜明的创新性和前瞻性。在科研评价中要注重对特色科研项目的支持和鼓励，为其提供更多的资源支持和政策保障。同时要注重对特色科研项目的过程管理和成果评价，确保其质量和效益达到预期目标。通过特色科研项目的开展，推动学校在特定领域取得重大科研突破和成果，提升学校的学术声誉和社会影响力。

（三）强化特色科研成果的推广与应用

特色科研成果的推广与应用是彰显学校特色与优势的重要途径之一。高职高专院校在科研评价中要注重对特色科研成果的推广与应用效果的考察和评价。通过举办学术交流会、技术展示会等活动，加强对特色科研成果的宣传和推广；同时注重与企业和行业协会等的合作与交流，推动特色科研成果向现实生产力转化。通过强化特色科研成果的推广与应用，提升学校的社会服务能力，为区域经济发展和产业升级作出更大的贡献。

本章从科学研究、科研评价到高职高专教师科研长周期评价的内涵，抽丝剥茧地阐述了本研究的核心概念和内涵，尤其是对于科研长周期评价进行了超

出以往时间上的概念解释，还从空间的角度阐释了科研长周期评价在评价概念上的持续性、延续性和延展性。紧接着分析了高职高专院校教师科研长周期评价原则，阐述了高职高专教师的科研长周期评价的独特特点和要求，以及与本科院校在科研评价原则上的区别。高职高专院校科研评价在评价过程中应坚持客观性、目的性、发展性、公正性、整体性和特色性原则，构建全面科学的评价体系，注重评价结果的整合与分析以及评价体系的持续改进与优化。同时充分挖掘学校的特色资源与优势资源，鼓励特色科研项目的开展，并强化特色科研成果的推广与应用，以彰显学校的特色与优势，为区域经济发展和社会进步做出更大的贡献。

第四章

高职高专教师科研长周期评价的意义和目的

第一节 高职高专教师科研的意义

高校教师发展（也称大学教师发展）的概念始于哈佛大学的“学术休假”制度。20 世纪 80 年代，史密兹（Schmitz）和布兰德（Bland）认为大学教师发展能促进教师的科研活动。由克劳德和米特兹出版的《教育研究百科全书》（*Encyclopedia of Educational Research*）中认为高校教师发展是指“那些为保持和促进高校教师个人专业能力发展，使他们在特定的院校中完成各种任务的项目、活动、实践和策略，教师发展关注的方面包括教师所在学科的科研与学术活动以及正式的课堂教学和个人职业生涯的非正式的管理”（Claude and Mitzel，1988）。在我国，高校教师发展的实践主要还是上级主管部门组织的高校教师培训，随着研究的深入，越来越多的学者开始更多地从发展的角度而不是单单从培训的角度看待高校教师问题。潘懋元（2014）认为高校教师发展是指一切在职大学教师通过各种途径、方法的理论学习与实践，使自己的专业化水平持续提高、不断完善的过程。

高职高专院校作为高等学校的重要组成部分，在 2021 年全国职业教育大会上被划分为与普通高等教育同等地位的高等教育类型，承担着人才培养、科学研究、社会服务、文化传承与创新、对外交流与合作的职能，高职高专教师也属于高校教师的一个部分。按照高校教师发展理论，高职高专教师发展应该是以提高高职高专教师教学水平为核心，促进其有效地完成各种工作任务的有关理念、方法和实践的综合性框架，包括教学发展、组织发展、专业发展、个人发展等。

高职高专院校的发展依赖教师的存在和发展，高职高专院校有义务和责任激励教师通过科研工作的理论和实践促进教学和专业化水平持续提高，激发教师积极参与科研工作的热情，促进教师的持续发展。科研对教师发展的促进作用主要体现在对教学改革创新、专业知识更新、组织团队建设、个体价值体现等教师的整体提升发展上。

一、科研促进教育教学改革创新

高校教师发展的理念中教学发展是核心和逻辑起点，1990 年美国欧内斯特·博耶 (Ernest L.Boyer) 创造性地将研究分为发现研究、综合研究、应用研究、教学研究。高职高专教师和本科院校教师的工作都包含了教学和科研，虽然高职高专院校也有科学研究的任务，但是以人才培养和教学为主的高职高专院校在对教师的考评中科研考评和教学考评的所占比例是 2 ： 8，教师愿意花更多时间在教学上，但在科研工作上所花时间和精力远远不足，殊不知教师们如果想要在教学上取得进步、在专业上得到发展，离不开对教学的研究，没有对最新教学和专业的知识及方法的研究和更新，教学将是一潭死水，只会变成日复一日的照本宣科，教学质量和人才培养质量也无法保证。所以对于高职高专教师来说，教学和科研并不是割裂的独立部分，两者之间是相互支撑的关系，教师的科研来自于教育教学中存在的真问题，教师通过对教育教学中的问题进行研究，反过来将研究理论运用于实践，从而解决实实在在的教育教学问题，高职高专院校为“产出”高质量高技能应用型人才必然要通过教育教学进行人才培养，学校的科研工作也是围绕着教学发展展开并服务于教学。高职高专院校的教学改革与创新也主要是通过教研活动实现，教师通过教研活动进行教学反思，不断加深对教育教学和课程的研究，深化对高职高专教育教学规律的认识和理解，促进专业教学理念革新和教学方式方法创新，从而提高教师教学能力，促进教师教学发展，提高高职高专院校的人才培养质量。因此对于高职高专教师来说，科研工作和教学工作同等重要，要想改变高职高专院校“重教学、轻科研”的现象，高职高专院校需要对教师的科研评价有所作为。

二、科研促进教师专业知识扩展

高校教师发展理论中的专业发展就是要关注教师某一学科专长的培养。对于高职高专院校来说，各个教学单位不像本科院校那样是依靠学科而组建在一起，高职高专院校是通过专业组合在一起的，因此对于高职高专教师来说，在教学中就要依靠相应的专业教学来开展学术研究，各个学科的教师科研工作是为专业教学服务，因此科学研究的过程和内容不仅是对教师原本专业的扩展，还是对专业教学的再次深入。同时随着高职高专院校从规模扩张到提质培优注重内涵式发展，高职高专院校在开展科研活动时还要注重开展可以解决行业企业中实际问题的应用型研究，这就需要教师在从事科研时依靠自身的专业学科背景知识和理论来解决实际的问题，因此就需要教师及时掌握专业领域前沿动态信息，把握本专业发展的最新动向和科研成果，促进相关领域知识的不断扩充，并将所掌握的专业知识充分运用到教育教学中去，将专业成果运用到企业行业的经济生产和地方的社会发展中去。

三、科研促进教师研究团队培养

高校教师发展相关理论认为，作为“学术人”的高校教师是生活在学术组织中的。任何从事科研工作的教师无论是新进教师还是经验丰富的教师，要想获得更多和更高层次的科研项目，产出高质量的科研成果，就需要教师之间的良好合作。同时高职高专院校根据学校自身的发展方向和需求设置科研导向、成立科研团队，教师这个时候就是作为个体出现在了学术组织中，高职高专院校要产出高水平的科研成果，需要科研团队的共同努力，每一个教师在科研组织中都有不可或缺的作用，其不仅仅要有在校教师的专业知识理念，还需要行业企业专家的专业技术，教师在共同从事科研工作的过程中就可以很好地理解自身在组织中的角色，并会为了学术组织和科研团队的共同目标不断努力。

四、科研促进教师个人价值实现

高校教师发展相关理论很大程度上还在关注高校教师作为一个人的发展，

包括教师的人际关系、职业生涯、身心健康等。高职高专教师通过对教学的研究提高教学质量，从而培养出更高质量的人才，因此教师通过开展科研工作不仅可以获得专业发展的成就感，还可以获得教学发展和实现人才培养的成功感，这种成就感和成功感对高职高专教师的职业生涯的可持续发展是极大的促进，同时能很好地促进教师的身心健康，有利于高职高专教师队伍的稳定发展。同时高职高专教师在促进社会服务方面的职能体现在为行业企业提供技术创新和应用服务，在高职高专教师通过科研为社会提供技术研发、咨询服务的过程中，教师的个人专业价值得以体现，在科研工作过程中教师的职业发展的广度和深度不断拓展，人力资源优势得到充分发挥。同时，教师的学术地位在不断提高，个人价值也得到了一定程度的实现。

《《《 第二节 》》》
高职高专教师科研长周期评价的目的

在高等职业教育快速发展的时代背景下，高职高专教师的科研活动不仅是提升教学质量、推动专业创新的有力途径，也是提升学校科研实力、服务地方经济社会发展的重要力量。然而，以往的高职高专科研评价往往忽视了教师主体性地位的发挥，未能充分激发教师的内在潜能和创造力，导致科研与教学脱节，影响了高职高专教育的整体质量。高职高专教师科研长周期评价的目的即是实现教师、学科和社会的发展。

一、为教师发展明确主体

（一）发挥教师科研的主动性

当前，我国高校教师科研评价体系普遍存在着“重结果、轻过程”“重数量、轻质量”的问题，教师的主体性地位被弱化，科研活动被简化为追求论文数量、项目经费等量化指标的竞赛。这种评价体系不仅忽视了教师的个体差异和科研活动的复杂性，还抑制了教师的创新精神和科研热情，导致科研成果的实际应用价值和社会影响力受到局限。针对上述问题，应重新明确高职高专教师科研评价的目的，将教师的主体性地位、教师自身潜能的充分发挥作为核心目标。具体而言，就是要通过科研评价为教师“为己之学”创造条件，激发教师的内在需求和持久积极性，促进教师的专业发展。鼓励教师做“为己之学”，激发他们的内在潜能与创造力。

1. 满足教师高层次需求

高职高专教师作为具有高层次科学文化素养的群体，其需求层次相对较高。在满足教师基本物质需求的同时，更应关注其内在自我实现的需求。学校应通过提供充足的科研资源、搭建学术交流平台、营造宽松和谐的科研环境等方式，为教师创造有利于科研创新的条件，激发其内在潜能和创造力。传统的科研评价体系往往过分依赖外部评价标准，如论文数量、项目经费等，这些标准虽然易于量化但难以全面反映教师的科研能力和贡献。因此，应适当淡化这些外部评价标准，注重教师的自我评价和同行评价。通过引入多元化的评价方式,形成更加客观、公正的评价结果,以更好地反映教师的科研能力和实际贡献。

2. 促进自我评价与外部评价的融合

教师的自我评价是科研评价的重要组成部分。通过自我评价，教师可以更加清晰地认识自己的科研能力和职业发展方向，从而制定更加合理的科研计划和目标。同时，教师的自我评价也需要与外部评价相结合，以形成相互补充、相互促进的评价机制。学校应鼓励教师积极参与同行评价、学生评价等外部评价活动，以便更全面地了解自己的科研水平和影响力。

（二）促进教师的专业发展

1. 制定正确的科研评价导向机制

科研评价应以促进教师的专业发展为本，将激励与引导作为评价的主要手段。具体而言，就是要关注教师当前的表现和潜能的开发，鼓励教师努力展示自己的能力和才华；同时，通过评价促进教师从多种渠道获取信息、分析问题、总结经验教训，以便不断调整和改进自己的科研教学行为。此外，还应将科研评价结果与教师的职业发展紧密结合起来，通过制定合理的科研选题、晋职加薪等标准，将教师的发展目标与学校的发展目标有机结合在一起。

2. 开展教师自我评价与专业反思

教师自我评价是教师专业发展的重要内在机制。通过自我评价和专业反思，教师可以更加深入地了解自己在教学科研实践中的优点和不足，从而制定更加有效的改进措施和发展规划。学校应积极创造有利于教师自我评价和专业反思的条件和氛围，如设立科研档案制度、组织科研经验交流会等，以便教师更好地进行自我评价和专业反思。

3. 注重科研与教学的相互促进

高职高专教育强调实践技能培养与理论知识传授的有机结合。因此，在科研评价中应注重科研与教学的相互促进关系。一方面，科研活动可以为教学提供新的思路和方法；另一方面，教学过程中的问题和需求也可以为科研提供新的研究方向和课题。通过科研与教学的相互促进关系，可以形成良性循环机制，推动教师的专业发展和教学质量的不断提升。

二、为专业发展找准方向

在高等职业教育与专科层次教育体系中，学科的精准定位与发展方向的明确，是提升教育质量、增强学校核心竞争力、促进教师科研能力与学生实践技能同步发展的关键。科研评价作为评估与指导学科发展的重要工具，应当被充分利用，以识别优势学科，扶持潜力学科，构建具有鲜明特色的学科体系。

（一）精准诊断：明确高职高专学科发展的优势与短板

高职高专院校在学科建设中，首先需通过系统性的科研评价，深入剖析各学科的内在优势与外在挑战。这一过程不仅关乎学科自身的发展潜力，也直接影响到学校整体办学水平的提升及社会服务功能的拓展。

1. 优势学科的识别与强化

如同苏联学者凯德洛夫所揭示的自然科学发展规律，高职高专领域同样存在着学科发展的不平衡性。某些学科可能因历史积淀、师资力量、实训条件等因素，已具备明显的竞争优势。学校应重点扶持这些优势学科，通过加大投入、优化资源配置、强化国际合作与交流进一步巩固其领先地位，并力争在国内乃至国际舞台上发挥引领作用。

2. 劣势学科的识别与改进

科研评价需精准识别那些发展滞后、资源匮乏、竞争力较弱的学科。针对这些短板，学校应制定针对性的改进措施，如引进高水平师资、加强校企合作、优化课程体系等，逐步提升其学科实力与影响力。此外，还应注重跨学科融合与交叉，鼓励新兴学科与边缘学科的发展，形成多元化的学科生态。

3. 学科生态位的优化

在诊断过程中，还需关注各学科在学科链、学科网中的生态位及其对友邻学科的影响。通过优化学科布局，促进不同学科之间的互补与协同，形成良性的学科生态系统。这有助于提升学校整体的科研创新能力与社会服务能力，为地方经济社会发展提供有力支撑。

（二）人才驱动：培养高职高专学科带头人与科研团队

学科带头人与科研团队是高职高专院校学科发展的重要驱动力。通过科研评价，不仅能够发现与培育优秀的学科带头人，还能促进科研团队的形成与壮大。

1. 学科带头人的选拔与培养

学科带头人应具备深厚的学术造诣、敏锐的科研洞察力、卓越的领导才能及广泛的学术影响力。学校应建立完善的学科带头人选拔机制，通过科研评价、同行评议、学生评价等多种方式，全面考察候选人的综合素质与潜力。同时，还应为学科带头人提供充足的资源支持、广阔的发展空间及必要的激励机制，鼓励其带领团队在科研创新、人才培养等方面取得显著成绩。

2. 科研团队的建设与管理

科研团队是高职高专院校科研活动的基本单元。通过科研评价，可以了解团队成员的科研能力、合作精神及贡献度等情况，为团队的优化组合与科学管理提供依据。学校应鼓励跨学科、跨领域的科研合作，打破传统学科壁垒，促进知识与技术的交流与融合。同时，还应建立健全科研团队管理制度与激励机制，激发团队成员的科研热情与创新活力，推动团队整体科研实力的不断提升。

（三）科研评价：促进高职高专学科发展的有效手段

科研评价在高职高专学科发展中发挥着至关重要的作用。通过科学、公正、客观的科研评价，可以引导学科发展方向，优化资源配置，提升科研质量，激发创新活力。

1. 引导学科发展方向

科研评价应紧密围绕国家发展战略、地方经济社会发展需求及学校自身定位与特色，设置科学合理的评价指标体系。通过评价结果的反馈与运用，引导各学科明确发展方向，聚焦重点研究领域，提升科研创新能力与成果质量。

2. 优化资源配置

科研评价结果可作为学校资源配置的重要依据。对于优势学科与潜力学科应给予更多的资源倾斜与支持；对于发展滞后的学科则应及时调整资源配置策略，促进其加快发展步伐。同时，还应注重资源利用效率与效益的评估与考核，确保资源投入与产出之间的良性循环。

3. 提升科研质量

科研评价应关注科研成果的原创性、创新性、实用性与影响力等方面。通过严格的评审与筛选机制，确保科研成果的质量与水平得到有效提升。同时，还应加强对科研成果的转化与应用情况的跟踪与评价，推动科研成果更好地服务于经济社会发展。

4. 激发创新活力

科研评价应充分发挥激励作用，鼓励教师与科研人员积极参与科研活动，勇于探索未知领域，敢于挑战科研难题。通过设立科研奖励、职称晋升、岗位聘任等激励机制，激发教师与科研人员的创新活力与工作热情，推动高职高专院校科研事业的持续健康发展。

高职高专院校的学科发展离不开科研评价的支撑与引导。通过精准诊断学科发展的优势与短板、培养学科带头人与科研团队、运用科研评价促进学科发展等措施的实施，可以推动高职高专院校在学科建设方面取得更加显著的成效。未来，随着国家对职业教育重视程度的不断提升及社会对高素质技术技能人才需求的日益增长，高职高专院校的学科建设将迎来更加广阔的发展空间与机遇。

三、为社会发展寻求动力

高等教育的职能不仅仅是人才培养与科学研究，还包含更为广泛的社会服务功能。在高职高专教育领域，这一趋势尤为显著，其科研活动不仅服务于专业技能的提升，更承担着为地方经济、社会发展乃至国家发展注入动力的重任。因此，如何通过科研评价有效激发高职高专教师的科研活力，为社会发展寻求持续动力，成为了一个亟待深入探讨的课题。

（一）确立新的价值理想：科研评价的人文导向

在高职高专教师的科研评价中，确立新的价值理想不仅是学术探索的内在要求，更是引领社会风尚、促进文化进步的重要途径。这一过程需要科研评价体系具备高度的敏锐性和前瞻性，能够准确识别并推广那些蕴含新思想、新观念的科研成果。

1. 挖掘与弘扬人文价值

高职高专院校虽以职业教育为主，但其科研活动同样不应忽视人文社科教育的重要性。科研评价应着重关注那些能够引发社会思考、推动价值观念革新的研究成果。这些成果可能来自于对教育理念的重新审视、对职业伦理的深入探讨，或是对社会现象的独到分析。科研评价应鼓励教师以开放的心态、批判的精神，深入研究社会现实，提出具有前瞻性和建设性的思想观点，进而通过教育教学活动，将这些新思想、新观念传递给广大学生和社会公众，促进整个社会价值体系的更新与升华。

2. 营造自由宽松的科研环境

科学研究往往伴随着对传统观念的挑战与突破，因此，营造自由宽松的科研环境显得尤为重要。高职高专院校应通过建立科学合理的科研评价机制，为从事人文社科研究的教师提供充分的支持与保障。这包括但不限于：设立专项基金支持具有创新性的研究项目；举办学术论坛、研讨会等交流活动，促进思想碰撞与灵感激发；建立容错机制，允许并鼓励教师在研究过程中进行大胆尝试与探索。同时，科研评价还应注重对教师研究成果的公正评价与积极反馈，以激发其持续研究的动力与热情。

（二）探寻制度改革的方向：科研评价的社会责任

高职高专作为职业教育的重要阵地，其科研活动应紧密围绕国家发展战略和地方经济社会发展需求展开。通过科研评价探寻制度改革的方向，不仅有助于深化教育改革、提升教育质量，更能为社会发展提供有力支撑。

1. 聚焦制度改革热点

当前，我国正处于全面深化改革的关键时期，政治、经济、文化等各个领域均面临着深刻的变革与挑战。高职高专教师应充分利用自身专业优势，深入研究相关领域内的制度改革问题，提出具有针对性和可操作性的对策建议。科研评价应重点关注那些能够积极推动制度改革的研究成果，如职业教育体系改革、产教融合模式创新、技能人才培养机制优化等。通过对这些成果的推广与应用，促进高职高专教育与地方经济社会发展的深度融合与协同发展。

2. 鼓励制度创新研究

制度创新是推动社会发展的重要动力之一。高职高专教师应勇于扮演制度创新的研究者与实践者角色，积极探索符合时代要求、适应地方特色的制度创新路径。科研评价应充分肯定并鼓励教师在制度创新研究方面的努力与成果，为其提供必要的资源支持与政策保障。同时，还应建立健全科研成果转化机制，促进制度创新研究成果的及时应用与推广，为地方经济社会发展注入新的活力与动力。

（三）推动技术革新：科研评价的经济使命

在科技日新月异的今天，技术革新已成为推动经济社会发展的关键因素之一。高职高专院校作为技术技能型人才的培养基地，其科研活动在推动技术革新方面同样肩负着重要使命。

1. 强化技术转化与应用

高职高专教师的科研成果往往与实际生产活动紧密相连，具有较高的应用价值。因此，在科研评价中应特别注重技术转化与应用效果的评估。通过建立完善的产学研合作机制、搭建科技成果转化平台等措施，促进科研成果向现实生产力的转化。同时，还应鼓励教师积极参与企业技术攻关、产品开发等实践活动，将自身研究成果直接应用于生产一线，为企业转型升级提供技术支持与智力保障。

2. 鼓励技术创新研究

技术创新是推动国家产业升级、提升国际竞争力的核心动力。高职高专教师应紧跟时代步伐，密切关注科技发展趋势与产业变革动态，积极开展技术创新研究。科研评价应加大对技术创新研究项目的支持力度与奖励力度，激发教师的创新热情与创造活力。同时，还应加强与国际先进科研机构的交流与合作，引进、吸收国外先进技术与管理经验，不断提升自身的技术创新能力与水平。

本章从高校教师发展的理论视角阐述了教师的科研工作对于教师教育教学改革创新、教师的专业知识扩展、教师研究团队培养、教师个人成长的意义和价值。同时从高职高专院校的角度出发阐述高职高专教师科研长周期评价的目的是实现教师、学科和社会的发展，强调高职高专教师科研评价应立足为教师发展明确主体、为专业发展找准方向、为社会发展寻求动力的目标定位，从确立新的价值理想、探寻制度改革的方向、推动技术革新等多个维度入手，构建全面、科学、合理的评价体系。这一体系的确立与运行，不仅能够激发高职高专教师的科研活力与创造力，促进学科建设与人才培养质量的持续提升，更能够为经济社会发展提供强有力的智力支持与人才保障，为实现中华民族伟大复兴的中国梦贡献力量。

第五章

高职高专教师科研长周期评价的特点和方法

第一节 高职高专教师科研长周期评价的特点

一、高职高专科研评价定位的应用性

高等职业教育的办学定位和特色具有高等教育属性和职业性的双重属性。高职教育在发展过程中要体现高等教育的基本特点，要遵循高等教育的办学规律；高职教育要紧紧围绕社会需求、岗位需求开展人才培养工作，以学生是否受到用人单位的青睐、对工作岗位的适应能力、职业态度的好坏、技能水平的高低等作为判断高职院校办学水平的主要指标是高职教育职业性的体现（俞健文，2010）。这就要求高职教育着重紧密结合地方行业、产业、企业的需求，能够为地方经济社会发展提供服务、作出贡献。高职高专院校科研本质上讲并不是“从未知领域去研究、发现、探索科学原理和科学技术，而是去探索和研究如何将已知的科学原理和技术应用于实践，从而转化为现实生产力的方法和技术”（李晓粤，2006）。高职高专科研要体现应用特色，注重解决生产实践中的问题，满足地方经济建设和社会发展需要，同时要结合学校的专业结构、科研力量、个性特色，依托优势专业，重点投入，凝聚力量，形成特色（陶永诚，2009）。因此，结合高等职业教育的办学定位和特色分析高职高专院校的科研，一方面是要通过为企业提供直接的技术指导、服务、咨询等，重

点服务企业特别是中小企业的技术研发和产品升级，解决企业当前阶段所面临的技术难题，参与企业技术改造与更新；另一方面通过高职高专院校的科研培养具有创新精神的学生，使其能够参与到行业企业创新中去，提升企业的人力资源水平，并有助于提高企业核心竞争力，从而间接地为行业企业发展提供人力资本支撑。对于高职高专教师来说，科研就要致力于技术的应用，经过技术的研发、转让、推广、咨询和服务等不同环节，通过产教融合、校企合作直接服务于产业经济，服务于企业生产工艺改进。要致力于创新型人才的培养，不仅要培养学生的创新意识和理念，还要传授创新方法以培养学生动手能力和职业技能。

二、高职高专科研与教学的相互性

和普通本科院校按照学科逻辑组建的形式相比，高职高专院校多是按照专业逻辑运行，高职高专院校教师队伍多是围绕专业需要而组建。某专业教学工作的开展可能会涉及不同学科方向，而来自不同学科的教师很难组成以学科为基础的科研团队，只能根据专业发展的需要调整科研方向。在缺乏学科基础的情况下，高职高专教师职业生涯不可能沿着普通本科院校教师的学术职业路径发展。在高职高专院校中，其科研就很难作为独立的实体而存在，因此，对高职高专教师而言，科研可能更多扮演促进其专业发展的手段的角色，对于高职高专院校而言，科研也更多是促进学校专业的发展，使学校在某些专业群领域内形成优势、形成办学特色，最终达到拉动其他专业发展、促进整体发展的目标。高校最主要的职能是人才培养，因此为培养高技能型人才，高职高专院校就必须提高教学质量。欧内斯特·博耶等人曾提出科研包含了发现研究、综合研究、应用研究、教学研究的“大科研观”（周川，2005）。因此高职高专教师的科研就不能脱离教学而单独存在，教学和科研并不是割裂的独立部分，两者之间是相互支撑的关系：一方面，教师的科研来自于教育教学中存在的真问题,教师通过对教育教学中的问题进行研究并反过来将研究理论运用到实践中，从而解决实实在在的教育教学问题，高职高专院校为“产出”高质量高技能应用型人才，必然要通过教育教学进行培养，学校的科研工作也是围绕着教学发展开展并服务于教学；另一方面，高职高专院校的教学改革与创新也主要是通过教研活动实现，教师通过教研活动进行教学反思，不断加大对教育教学和课程的深入研究，可以深化对高职教育教学规律的认识和理解，促进专业教学理念革新和教学方式方法创新，从而促进教师教学能力提升，促进教师专业发展。曾有专家提出高职高专教师未必都需要进行科研研究，但开展课程与教学的研究是每一位大学教师进行研究的义务与责任（刘松林，2013）。

三、高职高专科研参与主体的多样性

根据对高职高专科研工作的分析，高职高专院校的科研主体可以分为以下四类：政府行政科研管理部门、行业企业、高职高专院校、高职高专教师。

（一）政府行政科研管理部门的“推动力”

政府行政科研管理部门是高职高专教师从事科研工作的“推动力”。在政府自上而下的行政体制机制下，我国政府行政科研管理部门首先制定科研战略规划和任务，再由相关行政主管部门制定具体的实施计划，并下发科研通知到各个科研单位，之后推进落实。与高职高专科研相关的具体行政部门为：国家层面的国家自然科学基金委员会、全国哲学社会科学规划办公室、全国教育科学规划领导小组办公室等，省部级层面的教育部、科技部、省哲学社会科学规划办公室、省教育科学规划领导小组办公室等，市厅级层面的省科技厅、省教育厅及市政府等，除此之外还有各部委的科研课题。由政府行政科研管理部门自上而下开发的科研课题也称为纵向课题，通过对高职高专科研情况进行调查分析发现，课题立项上呈现纵向课题比其他类别的课题数量多的现象，纵向课题数量和其他类别课题的立项比率是 5 ∶ 3，其原因是政府行政部门制定的很多科技奖励、项目人才选拔和职称评定等政策都在引导教师从事纵向课题研究。政府行政管理部门的科研需求就是制定宏观科研战略目标，推动科学技术发展，通过人力、资金等资源配置引导高职高专院校的科研活动开展围绕地方经济社会发展的需要，推动地方经济社会文化发展以达到期望的目标和要求。

（二）行业企业的“拉动力”

行业企业用户以市场需求为导向所进行的技术创新及产品开发活动是高职高专教师从事科研工作的“拉动力”。高职高专院校的行业企业用户包括：

学校提供专业服务的企业、和专业相关的学会商会、学生就业所面向的单位等。由行业企业和高职高专院校共同合作开展的科研项目通常被称为横向课题，通过对高职高专科研情况进行调查分析发现，横向课题呈现出理工类（自然科学类）高职高专院校获得立项数量多的现象，高职高专院校中理工类（自然科学类）和人文社科类横向课题获得立项的比率是7：1，其原因是理工类（自然科学类）高职高专院校所开设的专业中所面对的行业企业更加需要产品、技术、工艺等创新，因此其在校企合作中的科研合作更紧密。行业企业的科研用户关心的是在一定的时间内“如何快速解决管理或生产中碰到的具体问题”，或“如何获得解决问题的具体办法和工具”，因此行业企业的需求是期望通过科研解决生产和管理过程中的具体问题，并通过科研资金和设备投入，让高职高专院校围绕企业的生产、产品、技术、工艺等问题解决和创新的需要开展科研活动，从而使科研成果能够变成直接的经济效益。

（三）高职高专院校的“内驱力”

高职高专院校提质培优的内在发展需求和各级各部门对高职高专院校高质量发展的外在要求都是其开展科研工作的“内驱力”。高职高专院校校内也会开展出于自身发展需求（如本校党建、教育教学、学校管理等）的校级课题，通过对高职高专科研情况进行调查分析发现，高职高专院校校级课题的开设一般为每年一次，开设的目的是解决学校发展中的问题，但是在调查中发现校级课题的申报数量和立项数量都呈现出少于市级、省级课题的现象，其原因就在于高职高专院校通常没有制定符合学校发展需要的科研评价和激励考核机制，导致教师更加愿意围绕政府行政部门的需求开展课题研究。高职高专院校的科研需求包括：（1）期望通过对本校的教育教学问题开展研究从而指导高职高专教育教学改革实践，为学校的教育改革和教学方法创新提供经验路径和方法，并将实践改革成果上升为理论创新。（2）期望通过对本校的管理问题开展研究从而为学校的管理和内部治理提供决策依据，提高高职高专院校的管理决策水平，完善学校的内部治理机构，推动高职高专院校内部的规范治理。（3）期望通过对本区域的经济社会文化和产业的研究为学校专业结构布局提供现实依据，同时通过对高职高专人才培养进行研究，促进高职高专院校科学合理地培养人才。

（四）高职高专院校教师的“自发力”

高职高专院校教师是高职高专开展科研工作的“自发力”。通过对高职高专科研情况进行调查分析发现，高职高专教师从事科研活动的内容主要是论文撰写发表、课题申报研究、专著出版、教改专利等，其从事科研的目的主要是评定职称、完成学校考核任务、促进自身的专业发展等，以上目的占比分别为10%、70%、20%。从数据上看，其主要原因是政府行政部门的政策导向和高职高专院校缺乏相应的科研评价和激励措施，因此高职高专教师科研的首要需求是期望通过科研活动达成评定职称的条件，完成自己的职称晋升；另外，由于有的高职高专院校对教师有一定的科研工作量要求，教师们为了完成工作量会从事科研工作；除此之外有极少部分教师会针对自身教学和管理中的问题开展研究，但是究其根本，教师从事科研的需求和动力都来自于自身利益的需求。

四、高职高专科研评价需求导向的明确性

（一）政府战略需求的科研评价导向

由于经济转型发展，现代服务业、先进制造业及战略性新兴产业对技术服务水平的需求越来越高，政府行政部门希望高职高专院校能促进当地经济社会文化的发展，但是当前高等职业教育在人才培养、科学研究和社会服务上还不能很好地适应经济社会转型发展，服务地方经济社会文化发展的能力较低。这就要求高职高专院校的科学研究必须紧紧围绕着地方经济社会文化战略目标开展，适应经济转型升级，更好地服务地方经济社会的发展，因此高职高专院校在构建科研评价体系时，该体系就要包含对地方经济社会文化发展的贡献指标。

（二）行业企业问题需求的科研评价导向

行业企业用户关心的是解决生产过程中的具体问题，这需要高职高专教师的科研工作要了解行业企业的生产问题，高职高专教师要长时间深入生产一线调研采集信息，通过研究方案的设计，将研究的方案、办法、工具在生产实践中进行实施、实验、实践，进而不断推广，提高行业企业的生产效率。这体现了行业企业用户对科研的问题导向需求，这也要求高职高专教师或科研团队长

期稳定地服务于某个企业，随着企业的发展而不断成长。但是目前高职高专院校与行业企业的产教融合契合程度不高。因此，高职高专的科研评价就要体现职业教育的特点，在评价体系的制定上要包含生产工艺革新成果、应用发明专利的创造、科研成果的孵化等对行业企业发展的贡献指标。

（三）高职高专院校内涵发展需求的科研评价导向

在高等职业教育高质量发展的背景下，高职高专院校的内部治理以及教育教学改革发展既是重点，也是难点。高职高专的科研应以学校的管理实践与创新的内涵发展为导向，体现对高职高专院校研究的实践取向和应用价值，其研究成果可以直接服务和运用于学校的管理决策中。除此之外，对于教育教学改革的研究要扎根实际教育教学一线，要将科研与实际教学结合起来，以科研服务教学、反哺教育教学实践，从而激发高职高专科研鲜活的生命力。但是目前教师在进行科研选题时往往都是迎合政府行政科研管理部门的选题导向开展研究，反而对高职高专院校的自身研究关注较少。因此高职高专科研还需要围绕着学校的内涵发展开展，在评价体系的制定上要包含对学校的管理的贡献、对教育教学改革的贡献、对人才培养的贡献等指标。

（四）高职高专教师终身发展需求的科研评价导向

高职高专的内涵发展和核心竞争力的提升，关键在于教师，教师是教育教学改革创新的实践者，也是承担高职高专院校教育科研的主体，只有实践者与研究者高度融合，高职院校的教育科研才可能是生动有效的。教师在教育研究者和实践者的双重身份下，需要具备专业教学的能力和教育科研的能力，从而让研究理论指导教学实践，在教育改革创新中提升研究理论水平。但是目前高职高专教师从事科研工作的动力大多来自于职称评审的指标和高职高专考核要求，对从事科研工作，对教师本身的专业发展、职业发展和终身发展的价值认知和行动都不够，因此，高职高专科研工作还要在引导教师的专业发展、职业发展和终身发展上发力，围绕教师职业生涯的发展，关注专业成长、科研产出的时间和效益，在评价体系上要制定 3~5 年的评价周期，同时要增加教师个人科研发展计划等指标。面对高等职业教育扩容提质的内在发展需求，有必要根据高等职业教育特色和科研的周期性特点，制定高职高专教师科研长周期评价指标，建立健全科研管理制度和激励机制。借鉴经济学理论中的用户需求理论构建科研评价体系，并在此基础上实施高职高专教师科研长周期评价改革，解决高职高专院校科研评价体系不健全及高职高专科研评价中的“破五唯”和急功近利的问题，从而真正落实习近平总书记“把论文写在大地上”的讲话精神。

综上所述，本研究所指的高职高专科研评价是以管理学、教育学和生物学相关的评价理论为理论基础，明确科研评价的目的，根据高职高专科研评价的现状，分析科研评价的系统要素，选择一定的评价方法，构建科学合理的评价指标，对高职高专教师的科研活动和成果进行价值判断，并对评价结果进行系统分析以指导下一步科研规划和策略的过程。

《《《 第二节 》》》
高职高专教师科研长周期评价的方法

目前，国内外综合评价的方法非常多，常见的有：德尔菲法、同行评议法、层次分析法、因子分析法、文献计量法、熵值技术法、案例研究法等。按照美国科学、工程与公共政策委员会（American Council on Science, Engineering and Public Policy）在《怎样当一名科学家——科学研究中的负责行为》（*How to Be a Scientist: Responsible Behavior in Scientific Research*）中的观点，目前评价研究的方法可以分为定量、定性和综合评价方法三大类，本章节即从定量、定性和综合评价三个大的类别来分析科研评价常见的几种方法。

一、科研评价的方法

（一）科研评价的定性方法

1. 同行评议法

（1）同行评议的特点

同行评议作为一种学术评价机制，其根源可追溯至文艺复兴时期的欧洲。随着科学革命的到来，知识的积累与技术的创新以前所未有的速度增长，如何有效评估这些新成果的价值成为亟待解决的问题。1474 年，威尼斯共和国率先实施了专利制度，这一创举不仅标志着知识产权保护的萌芽，也孕育了同行评议的雏形。在威尼斯共和国的专利审查过程中，由具备专业知识的官员或学者对发明的新颖性、实用性进行评判，这一做法为后来的同行评议奠定了基础。进入 20 世纪，随着科学研究的规模化和专业化程度不断提升，同行评议制度得到了进一步的发展和完善。1950 年，美国国家科学基金会（NSF）的成立标志着同行评议制度在科研资助领域的正式确立。NSF 通过引入同行评议机制，确保了有限的科研经费能够精准地投向最具潜力和价值的科研项目，这一做法不仅提高了科研资金的使用效率，也促进了科学研究的持续繁荣。在此后的几十年里，同行评议制度逐渐在欧美国家乃至全球范围内推广开来，成为科学界普遍接受和认可的学术评价手段。它不仅应用于科研项目的资助决策，还扩展到学术论文的发表、科技成果的奖励、学术职称的评定等多个领域，成为推动科技进步和学术发展的重要力量。

在中国，同行评议制度的引入相对较晚，但发展迅速。改革开放以来，随着科学研究的逐步开放和国际交流的日益频繁，中国开始借鉴国际先进经验，建立适合本国国情的科研评价体系。1986 年，国家自然科学基金委员会成立，并率先在科研资助领域引入了同行评议制度。这一举措不仅提升了科研项目的评审质量，也促进了科研资源的优化配置。随着时间的推移，同行评议制度在中国得到了广泛的推广和应用。它不仅被应用于自然科学领域，还逐渐渗透到社会科学、人文科学等多个学科领域。在科研规划、项目鉴定、成果评奖、学术论文发表等环节，同行评议都发挥着不可或缺的作用。同时，随着信息化技术的发展和互联网的普及，同行评议的方式和手段也不断得到创新和完善，如在线评审系统、匿名评审制度等，进一步提高了评审的效率，保证了评审的公正性。

（2）同行评议的优点

同行评议是学术和科研领域中的核心机制，其优点主要体现在以下几个方面。

①专业性与权威性。同行评议的最大优点在于其专业性和权威性。由于评议专家都是来自同一领域的资深学者或专家，他们具备深厚的专业知识和丰富的实践经验，能够准确判断科研成果的价值和水平。这种基于专业知识的评判

不仅具有高度的权威性，还能够确保评审结果的准确性和可靠性。在科研项目的资助决策中，同行评议机制能够确保有限的科研资源得到最合理的配置；在学术论文的发表过程中，同行评议则能够筛选出真正具有创新性和学术价值的作品。

②公正性与客观性。同行评议还具有一定的公正性和客观性。虽然评议过程中不可避免地会受到评议者主观因素的影响，但通过严格的评审程序和规范的评审标准，可以最大限度地减少个人偏见和主观臆断对评议结果的影响。同时，同行评议通常采用匿名评审的方式，避免了评审者与被评审者之间的利益冲突和人情关系干扰，进一步提高了评审的公正性和客观性。这种公正性和客观性不仅有利于保护科研人员的合法权益，而且能够促进学术研究的健康发展。

③激励与导向作用。通过同行评议机制，优秀的科研成果和科研人员能够得到应有的认可和奖励，这不仅能够激发科研人员的创新热情和工作积极性，还能够促进学科的发展和进步。同时，同行评议还能够为科研人员提供宝贵的反馈意见和建议，帮助他们明确研究方向和改进研究方法，提高研究水平和质量。此外，同行评议还能够引导科研人员关注学科前沿和热点问题，推动科研工作的深入开展和持续创新。

④促进学术交流与合作。同行评议还促进了学术交流和合作。在评审过程中，评议专家需要仔细阅读和分析被评审的科研成果或项目申请，这有助于他们了解最新的研究动态和进展。同时，评议专家之间的交流和讨论也能够促进不同学科之间的交叉融合和协同创新。此外，同行评议还为科研人员提供了一个展示自己研究成果和学术水平的平台，有助于扩大他们的学术影响力和知名度。

（3）同行评议的缺点

同行评议虽然在学术研究中发挥着重要作用，但其本身也存在诸多争议和局限性。其主要缺点包括以下几个方面。

①主观性与偏见。尽管同行评议具有诸多优点，但其存在的主观性和偏见问题也不容忽视。由于评议专家都是基于自己的专业知识和经验进行评判的，因此他们的观点和看法可能会受到个人主观因素的影响。此外，评议专家之间也可能存在学术派别或利益关系的差异，这可能会导致他们在评审过程中产生偏见或倾向性。这种主观性和偏见不仅会影响评审结果的公正性和准确性，还

可能会对科研人员的积极性和创新精神造成打击。

②知识与经验的局限性。专家的学识和品质虽然重要，但也可能存在知识盲区或偏见。虽然评议专家都是同一领域的资深学者或专家，但他们的知识和经验毕竟是有限的，导致对某些领域或方向的成果评价不够全面或准确。此外，专家资源的有限性也可能限制评审的广泛性和深度。

③成本高昂。组织一次全面的同行评议需要投入大量的人力、物力和时间成本，包括邀请专家、组织评审会议、处理评审意见等，这对于资源有限的科研机构来说是一个不小的负担。

综上所述，同行评议作为一种重要的学术评价机制，在促进科学研究的健康发展、提高科研成果的质量与水平等方面发挥着不可替代的作用。然而，我们也应清醒地认识到其存在的缺点与不足，并不断探索和完善相关制度与机制，以更好地发挥其积极作用。

2. 维度测评法

（1）维度测评的特点

传统的单一维度评价模式，如仅依赖科研成果数量或单一领导评价，已难以满足复杂多变的科研活动需求。因此，维度测评方法，特别是 360 度绩效评价体系应运而生，并逐渐在科研领域得到广泛应用。维度测评有以下几个特点。

①科研活动的复杂性。科研活动涉及多个环节，从选题立项、实验设计、数据采集、分析解读到成果发表，每一步都需要精细操作与团队协作。此外，科研成果的产出往往受多种因素影响，包括科研人员的个人能力、团队氛围、资金支持、设备条件等。因此，单一维度的评价难以全面反映科研活动的真实绩效。

②激励与提升个人能力的需要。激励是激发科研人员积极性和创造力的关键因素。然而，传统的群体激励方式往往难以精准作用于个体，导致激励效果大打折扣。同时，技能的提升和行为的改进需要落实到个人层面，通过有针对性的指导和反馈来实现。因此，维度测评通过多主体、全方位的评价方式，能够更准确地识别并激励科研人员个体。

③组织战略目标的导向作用。科研活动不仅服务于个人成长和学术追求，更需与组织的战略目标保持一致。维度测评通过引入 KPI（关键绩效指标）等

分析工具，将组织的战略目标分解为可操作的绩效指标，确保科研团队和成员的工作方向与组织目标相契合。这种导向作用有助于提升团队绩效，促进组织目标的实现。

（2）维度测评的优点

维度测评能够通过多角度、多层次的评估框架提升测评结果的科学性和有效性。其优点具体表现在以下几个方面。

①全方位性与客观性。维度测评的最大优点在于其全方位性和客观性。通过引入多个评价主体，包括团队领导、组织领导、同级科研团队、团队内部成员及团队客户等，能够从多个角度、多个层面获取关于被评价者的信息。这种多元化的信息来源有助于减少单一评价主体可能带来的偏见和主观性，提高评价的客观性和准确性。

②匿名性与真实性。在维度测评中，评价者通常采用匿名方式进行评价，这在一定程度上减少了评价者的顾虑和压力，使得评价结果更加真实可靠。匿名评价能够鼓励评价者大胆表达真实意见，避免受到被评价者身份、地位等因素的影响，从而提高评价的公正性和有效性。

③基于胜任特征的评价。维度测评不仅仅关注工作产出的数量和质量，更重视工作过程中的关键行为要素和胜任特征。通过构建各职位的胜任特征评价模型，能够更准确地识别出表现优异者和表现平平者之间的差异。这种基于胜任特征的评价方式有助于引导科研人员关注自身能力的提升和行为的改进，促进个人和团队的持续成长。

④多维度反馈与自我管理。维度测评提供了多维度的反馈机制，使得科研人员能够及时了解自己在不同方面的表现情况。这种及时的反馈有助于科研人员调整自我知觉、自我评价和行为表现，增强自我管理效能。同时，通过对比分析不同评价主体的意见和建议，科研人员能够更全面地认识自己的优势和不足，为未来的工作提供明确的改进方向。

⑤促进个人与组织共同发展。维度测评不仅关注个人绩效的提升，更强调个人与组织之间的协同发展。通过将个人绩效与组织目标相结合，维度测评能够引导科研人员将个人努力与组织目标联系起来，促进个人绩效和组织绩效的共同提升。此外，维度测评的结果反馈还为科研人员的职业生涯发展规划提供

了有力支持，有助于科研人员明确自己的职业发展方向和成长路径。

⑥激励与认可。维度测评方法强调对科研团队和个人的努力进行认可和激励。通过对绩效有差异的科研人员进行区别对待，可以激发他们的工作积极性和创造力。同时，这种方法还能够发现科研人员存在的问题和潜力，为他们提供有针对性的培训和发展机会，促进他们的个人成长和职业发展。

（3）维度测评的缺点

尽管维度测评具有诸多优点，但在实际应用过程中仍存在一些不足之处。这些缺点主要体现在以下几个方面。

①难以完全消除主观性。尽管维度测评通过引入多个评价主体和匿名评价等方式来减少主观性带来的影响，但仍然难以完全消除主观性。不同评价主体之间的学术背景、研究经验、价值取向等差异可能导致对同一科研成果产生不同的评价意见。此外，即使在同一评价主体内部，也可能因为个人情绪、偏见等因素的影响而产生评价偏差。

②信息收集与处理成本高昂。维度测评需要收集和处理来自多个评价主体的信息，这需要投入大量的人力、物力和时间成本。特别是在科研团队规模较大、成员构成复杂的情况下，信息收集和处理的难度和成本都会显著增加。此外，如何有效整合和处理这些信息也是一个具有挑战性的问题。

③评价指标体系的复杂性。维度测评需要构建一套全面、科学、合理的评价指标体系。然而，在实际操作过程中，评价指标的选择和确定往往受到多种因素的影响和制约。例如，评价指标的代表性、可操作性、可量化性等问题都需要被仔细考虑和权衡。此外，不同评价指标之间可能存在相互关联和重叠的情况，需要进行合理的剔除和合并处理。这些复杂性问题都增加了维度测评的难度和成本。

④反馈机制的局限性。维度测评方法提供了多维度的反馈机制，但这也使得反馈过程变得复杂和烦琐。被评价者需要处理来自多个评价主体的反馈意见，并据此进行自我调整和改进。这种复杂的反馈机制可能给被评价者带来一定的压力和困扰。为了减轻这种压力，需要建立有效的沟通和指导机制，帮助被评价者正确理解和处理反馈意见。

3. 德尔菲法

德尔菲法作为一种独特的预测与决策工具，其诞生可追溯至20世纪50年代末期的美国。在那个年代，全球政治局势动荡不安，核威慑的阴影笼罩着世界。为了应对潜在的核危机，美国政府亟须一种能够科学预测国家在未来可能面临的各种后果的方法。正是在这样的背景下，德尔菲法应运而生，其最初被设计用于评估美国在遭受原子弹轰炸后的可能结果。

随着研究的深入与应用的拓展，1964年，美国兰德公司（Rand Corporation）的赫尔默（Helmer）和戈登（Gordon）在《长远预测研究报告》中首次将德尔菲法正式应用于技术预测领域。这一创新不仅标志着德尔菲法从技术预测起步，更开启了其在多个领域广泛应用的先河。此后，德尔菲法迅速在全球范围内传播开来，不仅在科技领域大放异彩，还广泛应用于军事、人口统计、医疗保健、企业经营、市场需求预测、教育规划等多个领域，成为了跨学科预测与决策的重要工具。

（1）德尔菲法的特点

德尔菲法之所以能够在众多预测与决策方法中脱颖而出，主要得益于其独特的运作机制和显著特点。具体而言，德尔菲法具有以下三大核心特征。

①资源利用的充分性。德尔菲法通过精心挑选并邀请来自不同领域、具有深厚专业知识和丰富实践经验的专家参与测评过程，确保了测评所需信息资源的多样性和全面性。这些专家凭借各自的专业背景和独特视角，能够为测评问题提供多角度、深层次的见解和分析。因此，德尔菲法在很大程度上实现了对专家资源的充分利用，提高了测评结果的准确性和可靠性。

②最终结论的可靠性。德尔菲法采用匿名和背靠背的交流方式，确保了每位专家在测评过程中都能保持独立性和客观性。在这种模式下，专家无须担心来自同行或上级的压力和干扰，可以自由地表达自己的观点和看法。同时，通过多轮次的反馈和修正，专家的意见逐渐趋于一致，形成了更加稳定和可靠的测评结论。这种机制有效避免了传统会议讨论中可能出现的权威导向、从众心理等不利因素，提高了测评结论的公正性和可信度。

③最终结论的统一性。德尔菲法的另一大特点是其结论的统一性。在多轮次的测评过程中，专家们的意见通过不断的反馈和整合逐渐趋同，最终形成了

一个相对统一且被广泛接受的测评结果。这种统一性不仅增强了测评结论的说服力，还为后续的决策制定提供了坚实的依据。此外，德尔菲法还注重测评结果的量化表达，通过设计合理的问卷表格和统计方法，将专家的主观判断转化为可比较的数值指标，进一步提高了测评结果的准确性和可操作性。

（2）德尔菲法的优点

德尔菲法之所以能够在多个领域得到广泛应用并取得显著成效，主要得益于其一系列突出的优点。

①简便易行。德尔菲法的操作流程相对简单明了，易于理解和掌握。它不需要复杂的数学模型和计算工具，只需通过设计合理的问卷表格和统计方法即可实现测评目标。这种简便性使得德尔菲法能够在各种资源条件有限的情况下迅速开展测评工作，满足快速响应和灵活调整评审过程的需求。

②科学性与实用性并重。德尔菲法将专家的主观判断与科学的统计方法相结合，既保留了专家知识的独特价值，又通过量化分析提高了测评结果的客观性和准确性。这种科学性与实用性的有机结合使得德尔菲法能够更好地适应复杂多变的测评环境，为决策者提供更加可靠和有用的信息支持。

③避免会议讨论的弊端。传统的会议讨论方式往往容易受到权威导向、从众心理等因素的影响，导致讨论结果偏离客观事实。而德尔菲法则通过匿名和背靠背的交流方式有效避免了这些弊端。在德尔菲法中，每位专家都能独立地表达自己的观点和看法，无须担心受到他人的干扰和影响。这种独立性不仅提高了测评结果的公正性和可信度，还促进了专家之间的平等交流和思想碰撞。

④意见收敛迅速。由于德尔菲法采用了多轮次的反馈和修正机制，专家们的意见在反复交流和讨论中逐渐趋同。这种意见收敛的迅速性使得德尔菲法能够在较短的时间内形成相对稳定的测评结论，为决策者提供了及时有效的信息支持。同时，由于测评结果是在充分讨论和协商的基础上形成的，因此更易于被参与者所认可和接受。

⑤客观性与主观性相结合。德尔菲法既注重专家的主观判断和经验积累，又通过量化分析和统计方法提高了测评结果的客观性。这种主观性与客观性的有机结合使得德尔菲法能够更好地应对复杂多变的测评问题，为决策者提供更加全面和深入的信息支持。同时，由于测评结果是基于专家们的共同意见形成

的，因此更能够反映群体的智慧和判断力。

（3）德尔菲法的缺点与局限

当然，德尔菲法也存在以下的缺点与局限性。

①专家可能草率回答。尽管德尔菲法旨在通过多轮次的反馈来确保专家意见的准确性和深入性，但在实际操作中，部分专家可能会因为时间紧迫、任务繁重或是对问题兴趣不足而草率地回答问卷。这种草率的回答可能无法充分反映专家的真实想法和专业知识，从而影响预测结果的准确性和可靠性。为了避免这一问题，组织者需要在设计问卷时尽量做到简洁明了，同时给予专家足够的时间来仔细考虑和回答。

②难以完全消除专家的主观性。尽管德尔菲法通过匿名和背靠背的方式试图减少专家间的相互影响，但专家的主观性仍然难以完全消除。每位专家都有自己独特的知识背景、经验积累和价值取向，这些因素会在不同程度上影响他们的判断和预测。因此，即使经过多轮次的反馈和修正，预测结果仍然可能受到专家主观性的影响。为了降低这种影响，组织者需要选择具有广泛代表性和深厚专业知识的专家参与预测，并尽可能提供全面、客观的背景信息供专家参考。

③专家选择难度大。德尔菲法的成功在很大程度上取决于所选择专家的质量和代表性。然而，在实际操作中，选择合适的专家往往是一项具有挑战性的任务。一方面，需要确保专家在测评领域具有深厚的专业知识和丰富的实践经验；另一方面，还需要考虑专家的地域分布、时间安排和合作意愿等因素。这些因素都可能增加专家选择的难度和成本。为了克服这一难题，组织者可以建立专家库，定期更新和维护专家信息，以便在需要时能够快速找到合适的专家。

④反馈周期长。由于德尔菲法需要经过多轮次的反馈和修正，因此整个测评过程可能需要较长的时间。这种较长的反馈周期可能无法满足某些紧急决策的需求。为了缩短反馈周期，组织者可以采取一些措施，如优化问卷设计、提高统计分析效率、加强与专家的沟通等。同时，也可以考虑采用并行处理的方式，即同时向多位专家发送问卷并收集反馈意见，以加快测评进程。

⑤对快速变化的测评环境适应性差。在快速变化的测评环境中，德尔菲法可能无法及时捕捉和反映最新的信息和趋势。由于德尔菲法依赖于专家的主观判断和经验积累，而这些因素往往具有一定的滞后性，因此可能导致测评结果

与实际情况存在一定的偏差。为了提高德尔菲法对快速变化的环境的适应性，组织者可以加强与外部信息源的联系和沟通，及时获取最新的信息和数据；同时，也可以考虑引入新的预测方法和工具，以补充和完善德尔菲法的测评能力。

综上所述，德尔菲法作为一种经典的测评与决策方法，在多个领域都取得了显著的应用成效。然而，它也存在一些缺点和局限，如专家可能草率回答、难以完全消除主观性、专家选择难度大、反馈周期长以及对快速变化的环境适应性差等。因此，在实际应用中，我们需要根据具体情况和需求来选择合适的测评方法，并采取相应的措施来克服这些缺点和局限，以确保测评结果的准确性和可靠性。

（二）科研评价的定量方法

1. 文献计量分析法

（1）文献计量分析法的背景、特点

作为一种科学研究活动的定量分析工具，文献计量分析法的历史可以追溯到 19 世纪末至 20 世纪初。随着科学技术的迅猛发展，文献数量急剧增加，如何有效地管理和分析这些文献成为了科研工作者和图书情报学家面临的重要问题。正是在这一背景下，文献计量学应运而生，并逐步发展成为一门独立的学科。

20 世纪 30 年代至 50 年代，是文献计量学发展的关键时期。这一时期，布拉德福 (Bradford) 定律、洛特卡 (Lotka) 定律、普赖斯 (Price) 定律等经典理论的提出，为文献计量学奠定了坚实的理论基础。这些定律揭示了文献分布、作者贡献、文献老化等规律，为文献计量分析法的应用提供了科学依据。

文献计量分析法以文献为主要研究对象，运用数学和统计学方法对文献进行定量分析。它通过分析文献的分布特征、数量增长情况、时间关系以及文献之间的引用关系等，来揭示科学研究的内在规律和结构特征。这种方法不仅有助于科研人员了解某一领域的研究现状和发展趋势，还能为科研活动的评价和决策提供有力支持。在方法论上，文献计量分析法注重数据的收集、整理和分析。它利用现代信息技术手段，如数据库技术、数据挖掘技术等，对海量文献数据进行高效处理。同时，结合统计学和计量学的原理，对文献数据进行深入分析，以揭示隐藏在数据背后的规律和趋势。

随着科学技术的不断进步和文献计量学的深入发展，文献计量分析法的应用领域也在不断扩大。目前，它已被广泛应用于科研评价、学科发展、政策制定等多个领域。在科研评价方面，文献计量分析法通过量化科研成果的数量和质量，为科研人员的绩效评价和职称晋升提供客观依据；在学科发展方面，它通过分析学科文献的增长规律和引用关系，揭示学科发展的内在动力和趋势；在政策制定方面，它利用文献计量数据为政策制定者提供科学的依据和决策支持。

（2）文献计量分析法的优点

文献计量分析法通过统计、分析和可视化手段揭示学术研究的规律、趋势和影响力。其优点主要有以下五点。

①客观性与科学性。文献计量分析法以文献数据为基础，通过量化分析来揭示科学研究的内在规律和结构特征。这种方法避免了主观臆断和偏见的影响，使得评价结果更加客观和科学。同时，它还能够通过大量的数据统计和分析来验证假设和预测，提高评价结果的可靠性和准确性。

②高效性与便捷性。随着信息技术的发展，文献计量分析法的数据收集和处理过程变得越来越高效和便捷。现代数据库技术和数据挖掘技术的应用使得研究人员可以快速地获取和分析大量文献数据。这种高效性和便捷性不仅提高了研究效率，还降低了研究成本。

③全面性与系统性。文献计量分析法能够从多个维度对文献数据进行全面分析，包括文献的数量、分布、引用关系等。这种全面性和系统性使得研究人员能够更全面地了解某一领域的研究现状和发展趋势。同时，它还能够揭示不同研究领域之间的关联和互动关系，为跨学科研究提供有力支持。

④可比性与可重复性。文献计量分析法采用标准化的数据收集和处理方法，使得不同研究的结果之间具有可比性。这种可比性不仅有助于科研人员之间的交流和合作，还能够为政策制定者提供更为准确的决策依据。此外，文献计量分析法的可重复性也较高，其他研究人员可以按照相同的方法和步骤进行验证和拓展研究。

⑤辅助性与支持性。文献计量分析法并不是要完全替代同行评议等传统评价方法，而是作为一种辅助和支持工具存在。它能够弥补同行评议方法的主观性和随意性等不足，增强评价结果的客观性和科学性。同时，它还能够为同行

评议提供更为全面的数据支持和参考依据，使得评价结果更加全面和准确。

（3）文献计量分析法的缺点

文献计量分析法的局限性和缺点在于以下五个方面。

①数据质量与完整性问题。文献计量分析法的结果高度依赖于文献数据的质量和完整性。然而，在实际应用中，由于受到数据来源的多样性和复杂性以及数据收集和处理过程中的误差和偏差等因素的影响，文献数据的质量和完整性往往难以保证，这可能导致文献计量分析法的结果存在偏差和不确定性。文献计量分析主要关注文献数据本身，而忽视了研究背后的背景与情境因素。不同研究领域的科研环境、政策支持、资源投入等存在差异，这些因素都可能会对研究成果的产出和影响力产生影响。然而，文献计量分析往往无法充分考虑这些背景与情境因素，导致评价结果可能存在一定的片面性。

②量化指标的局限性。文献计量分析法主要采用量化指标来评价科研成果的质量和影响力。然而，这些量化指标往往只能反映科研成果的某些方面而非全部。例如，SCI 收录的论文数量虽然能够反映科研产出的数量，但并不能完全反映科研成果的质量和创新性；引文次数虽然能够反映科研成果的影响力，但影响力也可能受到引文动机、引文时间等因素的影响。因此，在使用文献计量分析法时，需要充分考虑量化指标的局限性，并结合其他评价方法进行综合评价。文献计量分析法主要关注文献的数量和引用情况，而对研究质量关注不足。例如，研究的创新性、研究成果的实用性、方法论的科学性等都是评价研究质量的重要因素，但这些因素往往难以通过文献计量分析来准确评估。因此，文献计量分析法可能无法全面反映科研成果的真实价值和质量水平。

③学科差异与可比性问题。由于不同学科领域的研究特点和文献特征存在差异，因此，在使用文献计量分析法进行跨学科比较时，需要注意学科差异对评价结果的影响。例如，一些基础学科领域的文献数量可能相对较少，但研究质量却很高；而一些应用学科领域的文献数量可能较多，但研究质量却参差不齐。此外，不同数据库之间的收录范围和评价标准也可能存在差异，因而导致不同来源的数据之间难以直接比较。

④时间滞后性和语言偏见。文献计量分析的数据主要来源于已发表的文献，这意味着分析结果往往存在时间滞后性。科学研究是一个持续发展的过程，

新的发现和突破可能尚未被及时发表或收录到数据库中。因此，文献计量分析法可能无法及时反映最新的科研动态和趋势,导致评价结果的时效性受到局限。由于文献计量分析主要依赖于已发表的文献，而这些文献的语言分布往往是不均匀的。英语作为全球科研交流的主要语言，大量文献资源为英文文献。这可能导致非英语国家的科研成果在文献计量分析中被低估或忽视，从而产生语言偏见。这种语言偏见不仅影响了对全球科研贡献的准确评估，也可能限制了跨学科研究和国际合作的发展。

⑤引用行为的复杂性。文献计量分析中的引文分析是评估科研成果影响力的重要手段之一。然而，引用行为本身具有复杂性，可能受到多种因素的影响，如作者的个人偏好、学科规范、期刊政策等。此外，自引（作者引用自己或同一团队的研究成果）和过度引用（为了提高引用次数而进行的非必要引用）等现象也可能导致引文分析结果的失真。以上因素都可能影响文献计量分析结果的准确性和可靠性。文献计量分析需要借助特定的工具与软件来收集、整理和分析数据，然而，不同的工具与软件在处理数据、分析指标等方面可能存在差异，这可能导致不同研究者使用不同工具得出的结果存在差异。此外，一些工具与软件可能存在局限性或误差，这也可能影响文献计量分析结果的准确性和可靠性。

综上所述，文献计量分析法虽然具有许多优点和广泛的应用价值，但也存在诸多缺点与局限。因此，在使用文献计量分析法时，需要充分认识其局限性并采取相应的措施来弥补不足，例如结合其他评价方法进行综合评估、关注非文献因素对科研成果的影响、提高数据质量和增加数据完整性等。只有这样才能更准确地反映科研成果的真实价值和质量水平，为科研活动的评价和决策提供有力支持。

2. 层次分析法

（1）层次分析法的特点

层次分析法（Analytic Hierarchy Process，AHP）作为 20 世纪 70 年代初由美国运筹学家托马斯·L·萨蒂（Thomas L. Saaty）提出的一种决策分析工具，自诞生以来便以其独特的层次化、系统化的思维方式，在复杂问题的决策过程中展现出了强大的应用价值。层次分析法不仅融合了定性与定量分析的优势，还通过构建多层次的决策模型，为决策者提供了一种结构清晰、逻辑严密的分析框架。萨蒂教授在深入研究决策科学的基础上，提出了层次分析法，旨在通过将复杂问题分解为若干个相互关联的子问题，进而形成有序的层次结构，使得决策者能够逐层分析、逐项比较，最终得出科学的决策结论。层次分析法的提出，标志着决策科学领域的一次重大突破，为处理复杂、模糊的决策问题提供了新的思路和方法。层次分析法有以下四大特点。

①层次性与系统性。层次分析法的核心在于将复杂问题分解为若干层次，每个层次包含若干元素，这些元素之间既相互独立又相互联系，共同构成了一个完整的系统。这种层次化的结构不仅有助于决策者清晰地把握问题的全貌，还能在逐层分析的过程中逐步深入问题的本质。

②定性与定量相结合。层次分析法通过引入成对比较的方式，将原本难以量化的定性因素转化为可计算的定量指标。这一特点使得层次分析法能够在保持决策过程灵活性的同时，提高决策结果的科学性和准确性。

③灵活性与普适性。层次分析法不受问题性质、规模或复杂程度的限制，几乎可以应用于任何需要作出决策的领域。无论是企业管理、城市规划、环境评估还是政策制定，层次分析法都能提供有效的支持。

④参与性与互动性。层次分析法强调专家、学者及利益相关者的广泛参与和深入讨论。通过多轮次的两两比较评价，可以充分收集各方面的意见和建议，形成更加全面、客观的决策依据。

（2）层次分析法的优点

层次分析法是一种广泛应用于多准则决策的系统化方法，其核心优点包括以下五个方面。

①提高了决策的科学性。层次分析法通过构建多层次的决策模型，将复杂问题分解为若干个子问题，并逐层分析、逐项比较。这种系统化的分析方式有助于决策者全面、深入地把握问题的本质和关键因素，从而作出更加科学、合理的决策。同时，层次分析法还引入了定量化的评价指标和计算方法，使得决策过程更加客观、准确。

②增强了决策的透明度。层次分析法强调专家、学者及利益相关者的广泛参与和深入讨论。在两两比较评价过程中，各方面的意见和建议都得到了充分

的表达和考虑。这种开放、透明的决策过程有助于增强决策结果的可接受性和公信力。此外，层次分析法还提供了详细的计算过程和结果说明，使得决策者能够清晰地了解每个决策环节的依据和理由。

③提高了决策的灵活性。层次分析法具有高度的灵活性和适应性。它可以根据问题的不同性质和特点，灵活地调整层次结构和评价指标。同时，层次分析法还允许决策者根据实际情况对判断矩阵进行调整和优化，以确保决策结果的准确性和可靠性。这种灵活性使得层次分析法能够广泛应用于各种复杂多变的决策环境中。

④促进了决策者的交流与协作。层次分析法强调专家、学者及利益相关者的广泛参与和深入讨论。在两两比较评价过程中，各方需要充分交流意见、分享信息、协调立场。这种交流与协作不仅有助于形成更加全面、客观的决策依据，还能增强团队凝聚力和合作精神。同时，层次分析法还促进了跨学科、跨领域的交流与合作，为解决综合性、跨学科的复杂问题提供了有力的支持。

⑤提供了系统的决策支持工具。层次分析法不仅提供了一套完整的决策分析框架和流程，还提供了丰富的决策支持工具和软件。这些工具和软件可以帮助决策者快速构建决策模型、计算评价指标、分析决策结果等。这些工具的使用不仅提高了决策效率和质量，还降低了决策成本和风险。

（3）层次分析法的缺点

尽管层次分析法具有诸多优点和广泛应用价值，但其在实际应用过程中也存在一些不足之处。这些缺点主要包括以下六个方面。

①主观性较强。层次分析法在构建层次结构和进行成对比较时，很大程度上依赖于专家、学者及利益相关者的主观判断和经验积累。这种主观性可能导致决策结果存在一定的偏差和不确定性。为了降低主观性对决策结果的影响，需要采取多种措施来提高评价过程的客观性和准确性。例如，可以引入更多的评价主体和评价指标、采用更加严格的评价标准和程序等。

②精度有限。层次分析法虽然通过量化手段增强了决策的科学性，但其本质上仍是一种近似方法，其精度受到多种因素的制约。首先，判断矩阵的构建依赖于专家的主观判断，这种主观性可能导致矩阵中的元素值与实际情况存在偏差。其次，在计算过程中，虽然可以通过软件工具求解判断矩阵的

最大特征值和对应的特征向量，但求解过程本身也可能引入计算误差。最后，层次分析法在处理大规模、高复杂度的决策问题时，其精度和效率都可能受到挑战。因此，在使用层次分析法时，需要充分认识到其精度的局限性，并结合实际情况进行合理调整和优化。

③权重分配的主观性。在层次分析法中，权重的分配是关键步骤之一。然而，权重的分配往往依赖于专家的主观判断和经验积累，这可能导致不同专家对同一问题的权重分配存在显著差异。为了降低这种主观性对决策结果的影响，可以采取多种措施，如增加评价主体的数量、采用群体决策方法、引入客观评价指标等。然而，这些方法并不能完全消除权重分配的主观性，只能在一定程度上提高其客观性和准确性。

④复杂性和耗时性。层次分析法在处理复杂问题时，需要构建多层次的决策模型，并进行大量的成对比较和计算工作。这不仅增加了决策的复杂性，还可能导致决策过程耗时较长。特别是在处理大规模、高复杂度的决策问题时，层次分析法的复杂性和耗时性可能更加突出。为了克服这一缺点，可以探索更加高效、简洁的决策分析方法，或者将层次分析法与其他决策分析方法相结合，以提高决策效率和效果。

⑤依赖于专家的专业素养。层次分析法的有效应用高度依赖于专家的专业素养和判断能力。如果专家对问题的理解不够深入、对评价指标的把握不够准确、对判断矩阵的构建不够严谨等，都可能导致决策结果的偏差和不确定性。因此，在使用层次分析法时，需要选择具有丰富经验和专业素养的专家参与决策过程，并加强对专家的培训和指导，以提高其专业素养和判断能力。

⑥难以处理动态变化问题。层次分析法主要适用于静态或相对稳定的决策环境。然而，在实际应用中，很多决策问题都具有动态性和不确定性。例如，市场环境的变化、技术进步的推动、政策调整的影响等都可能导致决策问题的条件甚至性质发生变化。层次分析法在处理这类动态变化问题时存在一定的局限性，因为它难以实时地更新和调整决策模型和评价指标。为了克服这一缺点，可以探索更加灵活、适应性强的决策分析方法，或者将层次分析法与其他动态决策分析方法相结合，以更好地应对动态变化问题。

综上所述，层次分析法作为一种重要的决策分析工具，在复杂问题的决策过程中具有广泛的应用价值。然而，其主观性强、精度有限、权重分配的主观性、复杂性和耗时性、依赖于专家的专业素养以及难以处理动态变化问题等缺点也需要我们充分认识和引起重视。在实际应用中，我们需要根据具体情况选择合适的决策分析方法，并结合多种方法的优势进行综合运用，以提高决策的科学性、准确性和效率。

3. 主成分分析法

（1）主成分分析法的背景、特点

主成分分析法（Principal Component Analysis，PCA）作为现代统计学的璀璨明珠，其诞生可追溯至1904年，由英国著名心理学家、统计学家查尔斯·斯皮尔曼（Charles Spearman）首次提出。这一方法的问世，不仅标志着多元统计分析领域的一次重大突破，也为后续的数据降维、特征提取等技术的发展奠定了坚实基础。主成分分析法通过线性变换的方式，从原始变量中提取出少数几个互不相关的主成分，这些主成分能够最大限度地保留原始数据的信息，使复杂的数据集得以简化处理，从而提高了数据分析的效率和准确性。

主成分分析法的核心思想在于“降维”与“信息最大化”。在实际应用中，我们常常面临数据维度高、变量间存在相关性的问题，这不仅增加了数据分析的难度，还可能引入噪声和冗余信息，影响分析结果的准确性。主成分分析法通过构建一个新的坐标系统，使得数据在新的坐标轴上投影后，各维度之间的相关性尽可能低（即正交），同时尽可能保留原始数据的变异信息。具体来说，主成分分析法首先计算原始数据的协方差矩阵或相关系数矩阵，然后求解该矩阵的特征值和特征向量，根据特征值的大小选择前几个最重要的特征向量作为新的坐标轴（即主成分），最后将数据投影到这些新坐标轴上，得到降维后的数据集。

主成分分析法以其独特的优势在多个领域得到了广泛应用，包括但不限于科研绩效评价、图像处理、信号处理、生物信息学、金融分析等。在科研绩效评价中，主成分分析法能够有效解决评价指标众多、指标间可能存在相关性等问题，通过提取少数几个主成分来综合评价科研绩效，既简化了评价过程，又提高了评价的客观性和准确性。此外，主成分分析法还具有以下优势特征。

①信息保留。能够最大限度地保留原始数据中的变异信息，使得降维后的

数据仍具有较高的信息含量。

②去相关性。通过提取正交的主成分，消除了原始变量间的相关性，使得分析结果更加清晰明了。

③易于解释。主成分通常是原始变量的线性组合，其系数（即因子负载）反映了主成分与原始变量之间的相关程度，有助于理解数据背后的结构。

④计算简便。主成分分析法的计算过程相对简单，且已有成熟的算法和软件工具可供使用，便于大规模数据的处理和分析。

（2）主成分分析法的优点

主成分分析法被广泛应用于数据降维和特征提取，其核心优点如下所示。

①数据降维与简化。主成分分析法最显著的优势在于其强大的数据降维能力。在科研绩效评价等多变量分析场景中，原始数据往往包含大量变量，这些变量之间可能存在复杂的相互关系，导致数据分析变得异常困难。通过主成分分析法，我们可以将高维数据投影到低维空间，提取出少数几个主成分作为新的分析对象。这些主成分不仅相互独立，而且能够最大限度地保留原始数据的变异信息，从而实现了数据的简化和降维处理。这种处理方式不仅降低了数据分析的复杂度，还提高了分析结果的准确性和可靠性。

②去除冗余信息与噪声。在原始数据中，往往存在一些冗余信息和噪声干扰，这些因素会对数据分析结果产生不利影响。主成分分析法通过提取主成分的方式，自动去除了原始数据中的冗余信息和噪声干扰。具体来说，主成分分析法在构建新坐标系统时，会优先选择将那些能够最大化数据变异的特征向量作为主成分（即新的坐标轴），而忽略那些对数据变异贡献较小的特征向量。这样一来，那些包含冗余信息和噪声干扰的变量就会被排除在主成分之外，从而提高了数据分析的准确性和可靠性。

③便于解释与决策。主成分分析法提取的主成分通常是原始变量的线性组合，其系数（即因子负载）反映了主成分与原始变量之间的相关程度。这种线性组合的形式不仅便于理解数据背后的结构，还有助于揭示各变量之间的内在联系和相互影响。在科研绩效评价中，我们可以通过分析各主成分与原始评价指标之间的因子负载关系，了解不同评价指标对科研绩效的影响程度和其方向性，从而为科研管理和决策提供有力的支持。此外，由于主成分之间是相互独

立的，我们可以根据各主成分的贡献率大小进行排序和选择，构建出更加简洁、直观的综合评价模型，以便于科研人员和管理者进行快速决策和判断。

④适用于大规模数据集。随着信息技术的快速发展和大数据时代的到来，科研绩效评价等领域面临着越来越大的数据集挑战。主成分分析法作为一种高效的数据处理方法，具有良好的可扩展性和适应性，能够处理大规模数据集并提取出关键信息。在实际应用中，我们可以利用主成分分析法对原始数据集进行预处理和降维处理，降低数据分析的复杂度和计算成本；同时，我们还可以将主成分分析法与其他数据挖掘方法和机器学习算法相结合，构建出更加复杂、高效的数据分析模型，以应对更加复杂的数据分析任务和挑战。

（3）主成分分析法的缺点

主成分分析法作为一种经典的数据降维方法，其应用也存在一些局限性，其有以下五大缺点。

①对数据分布的假设不切合实际。主成分分析法的一个显著假设是数据在各个方向上的方差分布是均匀的，即数据是呈高斯分布（或接近高斯分布）的。然而，在实际应用中，这一假设往往不成立。当数据存在偏态分布、多峰分布或非线性关系时，主成分分析法可能无法有效地提取出数据的主要特征，导致分析结果产生偏差。此外，主成分分析法对异常值（outliers）非常敏感，因为异常值会显著影响数据的协方差矩阵，进而影响主成分的提取。

②信息损失。尽管主成分分析法在降维过程中能够最大限度地保留数据的变异信息，但不可避免地会丢失一部分原始信息。这是因为主成分分析法在提取主成分时，是根据方差最大化原则进行的，这可能导致一些在低方差方向上的重要信息被忽略。特别是当数据中存在多个重要的低方差特征时，主成分分析法的降维效果可能会受到限制。

③解释性问题。虽然主成分分析法提取的主成分是原始变量的线性组合，且因子负载提供了主成分与原始变量之间的相关程度信息，但在某些情况下，对主成分的解释可能并不直观或明确。特别是当主成分包含多个原始变量的贡献时，很难准确判断每个主成分所代表的具体含义。这可能导致在后续的分析和决策过程中，对主成分的解释存在歧义或误解。

④主观性。主成分分析法的一个潜在缺点是对主成分的选择具有一定的主

观性。在提取主成分时，通常需要根据特征值的大小（即主成分所解释的方差比例）来确定主成分的个数。然而，这个阈值的选择往往是基于经验或特定应用场景的，并没有一个统一的标准。因此，不同的研究者或分析者可能会根据自己的主观判断和需求选择不同的主成分个数，从而导致分析结果的不一致和存在可比性问题。

⑤局限于线性关系。主成分分析法是基于线性变换的方法，它只能捕捉到原始变量之间的线性关系。然而，在实际应用中，变量之间往往存在复杂的非线性关系。这些非线性关系在主成分分析法中无法被有效捕捉和表示，因此主成分分析法在处理具有非线性关系的数据集时可能表现不佳。为了克服这一局限，研究者们发展了多种非线性主成分分析方法，如核主成分分析、流形学习等方法，以更好地处理非线性数据。

综上所述，尽管主成分分析法在数据降维和特征提取方面具有显著的优势和广泛的应用前景，但其也存在一些缺点。在实际应用中，我们需要根据具体的数据特性和分析需求选择合适的方法，并充分考虑到主成分分析法的潜在局限性和风险。同时，随着数据挖掘和机器学习技术的不断发展，我们相信未来会有更多更先进的方法出现，以克服主成分分析法的局限并推动数据分析领域的发展。

（三）科研评价的综合方法

1. 灰色决策评价方法

（1）灰色决策评价方法的特点

在复杂多变的现实世界中，许多系统因其内在机制的不完全透明、外部环境的不可预测性以及信息获取的局限性，往往呈现出“灰色”特性。这类系统既非完全已知的白箱系统（即系统的内部结构已被充分了解），也非完全未知的黑箱系统（即系统的内部结构一点也不被了解），而是介于两者之间的“部分信息已知，部分信息未知”的灰色系统。面对这样的系统，传统的统计方法和确定性模型往往难以奏效，因为它们大多依赖于大量且精确的数据以及严格的假设条件。正是在这样的背景下，灰色系统理论应运而生，为处理和分析灰色系统提供了有力的工具。

灰色系统理论，由我国著名学者邓聚龙教授于1982年首次提出，旨在通过有限的信息去揭示系统的内在规律和运行机制。该理论的核心在于“少数据建模”和“贫信息分析”，即在不完全信息条件下，通过对已知信息的挖掘、处理和利用，实现对系统整体行为的有效描述和预测。灰色决策评价方法作为灰色系统理论的重要组成部分，正是基于这一思想，通过比较不同因素之间发展态势的相似或相异程度，来评估各因素之间的关联程度，进而为决策提供科学依据。

（2）灰色决策评价方法的优点

灰色决策评价方法适用于信息不完全、数据量少或不确定环境下的决策问题。其核心优点有以下五点。

①对样本量的宽容性。灰色决策评价方法最显著的优势在于其对样本量的宽容性。传统统计方法往往需要大量样本数据以确保结果的稳定性和可靠性，而灰色决策评价方法则打破了这一限制。它能够在样本量较少甚至极为有限的情况下，通过充分利用现有信息，进行有效的分析和决策。这种特性使得灰色决策评价方法在数据获取困难或成本高昂的领域具有独特的应用价值。

②无须典型分布假设。传统统计方法往往要求数据服从某种特定的分布规律，如正态分布、泊松分布等，以便进行后续的参数估计和假设检验。然而，在实际应用中，很多数据并不严格服从这些分布规律，导致统计方法的适用性受到限制。相比之下，灰色决策评价方法则无须对数据进行分布假设，它直接基于数据的原始形态进行分析和处理，从而避免了因分布假设不当而导致的误差和偏差。

③计算简便，易于操作。灰色决策评价方法的计算过程相对简便，不需要复杂的数学模型和算法支持。即使是面对多个变量（序列）的情况，也可以通过简单的计算步骤得出结果。这种简便性使得灰色决策评价方法在实际应用中更加易于操作和推广。同时，由于计算量小，它也能够快速响应决策需求，提高决策效率。

④结果直观，易于理解。灰色决策评价方法通过关联度分析来衡量各因素之间的关联程度，其结果以数值形式呈现，直观明了。决策者可以根据关联度的大小来判断各因素之间的相对重要性和影响程度，从而作出更加科学合理的

决策。此外，由于灰色决策评价方法注重的是因素之间发展态势的相似或相异程度，因此其结果也更符合人们的直观感受和认知规律。

⑤信息保护能力强。在模糊综合评价等方法中，为了统一处理不同类型的评价指标，往往需要将定量指标转化为模糊值进行模糊化处理。这一过程中不可避免地会丢失一部分信息并引入一定的误差。而灰色决策评价方法则避免了这一问题。它只对方案中的灰数指标进行白化处理（即将其转化为可比较的形式），而对于已经是白化值的属性值则直接用于分析。这样既能保护已有的信息不受损失又能减少误差的产生。

（3）灰色决策评价方法的缺点与局限性

尽管灰色决策评价方法具有诸多优点和广泛的应用前景，但其也存在一定的缺点与局限性。

①主观性较强。灰色决策评价方法在确定关联度时往往依赖于决策者的主观判断和经验知识。例如，在确定各因素之间的权重时可能存在一定的主观性，在选择关联度计算公式时也可能受到决策者个人偏好的影响。这种主观性可能导致不同决策者在面对同一问题时得出不同的结论，从而影响决策的科学性和客观性。

②信息利用不充分。灰色决策评价方法虽然能够在样本量较少的情况下进行有效的分析和决策，但其对信息的利用程度仍然有限。它主要关注因素之间发展态势的相似或相异程度，而忽略了其他可能的重要信息，如因素之间的相互作用关系、时间延迟效应等。这些因素在实际决策过程中往往具有重要影响，但却被灰色决策评价方法所忽视。

③适用范围有限。灰色决策评价方法主要适用于处理具有灰色特性的系统问题，即部分已知信息和部分未知信息并存的系统中的问题。然而，在完全已知的白箱系统或完全未知的黑箱系统中，其适用性则受到限制。此外，由于灰色决策评价方法的运行依赖于对数据的原始形态进行分析和处理，因此对于数据质量要求较高。如果数据存在严重的噪声或异常值，则可能影响分析结果的准确性和可靠性。

③缺乏动态分析能力。灰色决策评价方法在处理静态问题时表现出色，但在处理动态问题时则显得力不从心。它主要关注因素之间当前状态的关联程度，

而忽略了因素随时间变化而发生的动态变化过程。这种局限性使得灰色决策评价方法在预测未来发展趋势方面有所欠缺。

2. 数据包络分析法

（1）数据包络分析法的特点

数据包络分析法（Data Envelopment Analysis，DEA），作为运筹学领域的一项杰出方法论，自 1978 年由美国著名运筹学家查恩斯（A. Charnes）教授提出以来，便以其独特的视角和强大的分析能力，在多个领域展现出了广泛的应用价值。数据包络分析法根植于相对效率理论，旨在评价具有相同类型多投入、多产出特性的决策单元（Decision Making Units，DMU）的技术效率与有效性。这一方法的诞生，不仅为复杂系统的绩效评价提供了全新的视角，也极大地丰富了管理科学的研究工具库。

①理论与实践的紧密结合。数据包络分析法并非单纯的理论推演，而是基于深刻的现实需求提出的。在工业化、信息化快速发展的背景下，企业、政府机构等组织面临着日益复杂的运营环境和多样化的目标要求，如何科学、客观地评价其绩效成为亟待解决的问题。数据包络分析法正是在这样的背景下应运而生，它将理论与实践紧密结合，为绩效评价提供了一种既符合逻辑又易于操作的方法论。

②多投入、多产出的系统视角。与传统评价方法不同，数据包络分析法将评价对象视为一个多投入、多产出的复杂系统，而非简单的单一输入输出模型。这一视角的转变，使得数据包络分析法能够更全面地反映评价对象的实际情况，避免了因片面追求单一指标而导致的评价偏差。

③相对效率的评价标准。数据包络分析法以相对效率作为评价标准，而非绝对数值。这意味着在评价过程中，数据包络分析法关注的是各 DMU 之间的相对表现，而非其绝对数值的高低。这种评价方式有助于发现各 DMU 之间的效率差异和潜力空间，为后续的改进和提升提供有力支持。

④非参数统计方法的运用。数据包络分析法作为一种非参数统计方法，避免了传统参数统计方法中对函数形式、分布假设等的严格要求。这使得数据包络分析法能够更灵活地应对各种复杂情况，提高评价的准确性和可靠性。

（2）数据包络分析法的优点

数据包络分析法之所以能够在众多评价方法中脱颖而出，并在多个领域得到广泛应用，主要得益于其具有以下五个方面的优点。

①客观性强。数据包络分析法通过实际数据求得的最优权重来确定各输入输出指标的相对重要性，避免了主观赋权带来的偏差。这种基于数据的客观赋权方式，使得评价结果更加公正、合理，有助于提升评价的公信力和说服力。

②灵活性高。数据包络分析法不依赖于特定的函数形式或分布假设，能够灵活应对各种复杂情况。无论是线性关系还是非线性关系，无论是连续数据还是离散数据，数据包络分析法都能进行有效处理。这种灵活性使得数据包络分析法能够广泛应用于不同领域、不同行业的绩效评价中。

③信息利用充分。数据包络分析法充分利用了各 DMU 的输入输出数据，通过构建有效生产前沿面来评价各 DMU 的效率。这种评价方式不仅考虑了各 DMU 的当前表现，还揭示了其潜在的改进空间和发展方向。这种对信息的深入挖掘和利用，使得数据包络分析法能够提供更全面、更深入的绩效评价结果。

④指导性强。数据包络分析法不仅能够评价各 DMU 的效率水平，还能通过投影分析等方法指出非 DEA 有效或弱 DEA 有效的 DMU 的原因及应改进的方向和程度。这种指导性的建议对于组织来说具有重要的参考价值，有助于其制定有针对性的改进措施和提升策略。

⑤易于理解和操作。尽管数据包络分析法背后涉及复杂的数学模型和算法支持，但其基本思路和操作步骤却相对简单明了。通过构建输入输出指标体系、确定 DMU 集合、计算效率值等步骤即可完成评价过程。这种易于理解和操作的特点使得数据包络分析法能够被广泛应用于各种实际场景中。

（3）数据包络分析法的缺点与局限性

尽管数据包络分析法具有诸多优点和广泛的应用前景，但其也存在一定的缺点与局限性。

①对输入输出指标的敏感性。数据包络分析法的评价结果高度依赖于输入输出指标的选取和确定。如果指标选择不当或存在遗漏，可能会导致评价结果出现偏差或失真。因此，在应用数据包络分析法时需要对输入输出指标进行仔细筛选和验证，以确保其合理性和有效性。

②对异常值的敏感性。数据包络分析法在处理数据时通常不会进行异常值检测和处理。如果数据集中存在极端异常值，那么可能会对有效生产前沿面的构建产生显著影响，从而导致评价结果出现偏差。因此，在应用数据包络分析法之前需要对数据进行预处理以消除异常值的影响。

③对样本量的要求。虽然数据包络分析法不需要预先估计参数且对样本量的要求相对较低，但过小的样本量可能会导致评价结果的不稳定或不可靠。因此，在应用数据包络分析法时需要确保样本量足够大以反映评价对象的真实情况。

④难以处理动态变化。数据包络分析法主要关注各 DMU 在某一时间点或时间段内的静态效率水平而忽略了其随时间变化的动态特性。然而在实际应用中，很多组织都面临着不断变化的市场环境和技术条件，这使得其绩效水平也会随时间发生变化。因此，如何将数据包络分析法扩展到动态绩效评价领域是一个值得深入研究的问题。

3. 模糊综合评判法

（1）模糊综合评判法的特点

在科学研究与绩效评价的广阔领域中，常常会遇到一类复杂且难以用传统精确数学方法准确描述的问题。这类问题往往涉及众多边界模糊、主观性强、难以量化的因素，如创新能力、团队合作氛围、客户满意度等。面对这些挑战，模糊数学应运而生，为处理这些不确定性问题提供了强有力的工具。模糊综合评判法作为模糊数学在绩效评价领域的一种具体应用，自我国学者汪培庄提出以来，便以其独特的视角和有效的解决方案，赢得了广泛的关注，得到了广泛的应用。其特点有以下四点。

①模糊性问题的普遍性。在科研绩效评价中，许多因素如科研创新能力、学术影响力等，都难以用精确的数值来衡量。这些因素的模糊性使传统的定量评价方法显得力不从心。模糊综合评判法正是基于这种模糊性问题的普遍性而提出的，它通过模糊数学的理论框架，为这些难以量化的因素提供了科学的量化途径。

②多因素综合评价的需求。科研绩效评价往往涉及多个方面、多个层次的因素，这些因素之间相互关联、相互影响，共同构成了评价对象的综合表现。模糊综合评判法通过构建多因素、多层次的评价指标体系，能够全面、系统地

反映评价对象的整体状况，为决策者提供更为全面、客观的信息支持。

③主观判断与客观数据的结合。在科研绩效评价中，主观判断与客观数据同样重要。模糊综合评判法通过引入模糊隶属度等概念，将主观判断与客观数据有机地结合起来，既保留了主观判断的合理性，又提高了评价的客观性和准确性。

④动态性与灵活性。当前的科研环境和技术发展日新月异，科研绩效评价也需要随之调整和完善。模糊综合评判法具有较强的动态性和灵活性，能够根据实际情况调整评价指标体系和权重分配，以适应不同的评价需求和评价目标。

（2）模糊综合评判法的优点

模糊综合评判法之所以能够在科研绩效评价领域得到广泛应用，主要得益于其具备以下五个方面的优点。

①数学模型简单易懂。模糊综合评判法的数学模型相对简单，易于理解和掌握。即使是非数学专业的科研人员和管理者，也能够通过学习和实践掌握其基本原理和操作方法。这种简单易懂的特性使得模糊综合评判法能够在更广泛的范围内得到应用和推广。

②评价过程科学严谨。模糊综合评判法通过构建多因素、多层次的评价指标体系，并采用模糊数学的方法进行量化处理，使得评价过程更加科学严谨。同时，该方法还充分考虑了各因素之间的相互作用和相互影响，提高了评价的全面性和准确性。

③适应性强。模糊综合评判法具有较强的适应性，能够根据不同的评价需求和评价目标，灵活调整评价指标体系和权重分配。这种灵活性使得该方法能够广泛应用于不同类型的科研绩效评价中，满足不同领域、不同层次的评价需求。

④处理模糊性问题的优势。模糊综合评判法通过引入模糊隶属度等概念，有效地解决了科研绩效评价中难以量化的模糊性问题。这种方法不仅能够反映评价对象的整体状况，还能够揭示其内部结构和变化趋势，为决策者提供更加全面、深入的信息支持。

⑤综合评判的公正性。模糊综合评判法通过综合考虑多个因素、多个层次的评价结果，避免了单一因素或层次评价可能带来的片面性和偏见。这种综合

评判的方式使得评价结果更加公正、客观，有助于提高科研绩效评价的公信力和可信度。

（3）模糊综合评判法的缺点

尽管模糊综合评判法在科研绩效评价中展现出了诸多优点和广泛的应用前景，但其也存在一定的缺点。

①主观性因素的影响。尽管模糊综合评判法通过引入模糊隶属度等概念减少了主观性因素的影响，但在实际操作中仍难以完全消除主观性。例如，在构建评价指标体系时，评价者的主观判断仍会对评价指标的选取和权重分配产生影响。这种主观性可能导致评价结果存在一定的偏差或不确定性。

②评价指标体系的复杂性。为了全面、准确地反映评价对象的整体状况，模糊综合评判法需要构建多因素、多层次的评价指标体系。然而，评价指标体系的这种复杂性也增加了评价工作的难度和成本。同时，过多的评价指标和层次可能导致评价过程变得烦琐和复杂，影响评价效率和效果。

③数据获取和处理的难度。在科研绩效评价中，部分评价指标的数据可能难以获取或处理。例如，某些主观评价指标如科研创新能力、团队合作氛围等难以通过客观数据直接衡量；而某些客观评价指标如论文引用次数等则可能受到多种因素的影响而难以准确反映评价对象的真实水平。这些数据的获取和处理难度可能影响评价结果的准确性和可靠性。

④评价结果的模糊性。模糊综合评判法通过模糊数学的方法进行量化处理，得出的评价结果往往具有一定的模糊性。这种模糊性虽然有助于反映评价对象的复杂性和不确定性，但也给评价结果的理解和应用带来了一定的困难。评价者需要具备一定的模糊数学知识和解释能力才能准确地理解和应用评价结果。

二、高职高专教师科研长周期评价的方法

由于高职高专教师科研评价指标具有层次结构特征，属于层次结构评价体系，故本研究拟采用定性与定量相结合的方法：（1）在构建高职高专教师科研长周期评价指标体系中采用德尔菲法与层次分析法，具体来说就是：在指标选取以及在构建两两判断矩阵时通过采取德尔菲法对指标的重要性进行比较，

这属于定性分析方法；而采用层次分析法确定指标权重则属于定量分析方法。（2）在实施高职高专教师科研长周期评价实证研究中采用同行评议法与文献计量法，具体来说就是：在实施评价时，对教师科研活动质量的评价采用同行评议法；对教师科研活动数量的评价采用文献计量法。

本章介绍了高职高专院校科研与本科院校科研的最大区别就是具有应用性的特点，高职高专科研与教学之间的密切关联性，以及政府科研管理部门、行业企业、高职高专院校、高职高专教师等参与高职高专科研的多样化的主体，分析了在这样的多样化主体下的高职高专科研的需求导向。然后介绍了科研评价的定性方法（同行评议法、维度测评法、德尔菲法），定量方法（文献计量法、层次分析法、主成分分析法），以及综合评价方法（灰色决策法、数据包络法、模糊综合评价法）。根据高职高专科研的特点，采用定性分析与定量分析相结合的方法，在构建高职高专教师科研长周期评价指标体系中采用德尔菲法与层次分析法，在实施高职高专教师科研长周期评价实证研究中采用同行评议法与文献计量法。

第六章

高职高专教师科研长周期评价体系建构

《《《 第一节 》》》

高职高专教师科研长周期评价体系概况

一、国外高校科研评价的体系

在西方发达国家，科技创新程度是衡量一个国家是否强盛的重要指标，知识的产出、转化和利用等一系列知识创新流程大部分要以大学为依托来实现，而要实现这样的知识创新就需要以高校先进的科研评价指标、评价制度、评价方法等科研评价体系为支撑。通过对经济合作与发展组织（Organization for Economic Co-operation and Development，OECD) 中的英国、美国、澳大利亚、法国等发达国家的高校科研评价进行研究，分析这几个国家高校科研评价的特点，并进行国际比较，为我国的科研评价体系建构提供国际经验借鉴。

（一）英国高校科研评价：从 RAE 到 REF 的变革

英国自 1986 年起便开展了首次科研评价活动，即“研究评估考核”（Research Assessment Exercise，RAE），在 1986 年至 2008 年间，先后于 1986 年、1989 年、1992 年、1996 年、2001 年、2008 年开展了 6 次科研评价工作，虽每次使用的都是 RAE 评价体系，但每次均会在上一次评价结果的基础上对下一次的评价目的、评价程序、评价指标、评价方法等进行调整，开展 RAE 的目的是为政府提供对高校进行科研经费拨款的依据，而 RAE 采用的是同行评议方式，造成了高校强者更强、弱者更弱的马太效应等一系列副作用。为此，英国政府在2008年后采取了新的科研评价体系——“卓越研究框架”（Research Excellence Framework，REF），该体系被称作是“英国高校学术研究排名”，主要针对具体的学术研究方向，把学科作为评估单元，按照各学科科研质量进行排名。英国REF报告每7年发布一次，并在2014年、2021年开展了2次科研评估，从1986年至2021年，高校科研评估间隔时间在不断拉长。

1.RAE：1986—2008年的英国高校科研评价体系

（1）评价目的

1986年，隶属于英国财政部的大学拨款委员会（University Grants Committee，UGC）首次开展了高校科研评价，目的是通过对高校的科研评价遴选出科研成果和质量较高的学校，并以此作为给各个高校进行科研经费拨款的依据。1989年出台的《教育改革法案》在评价目的上更加明确了科研评价结果和政府科研经费拨款的直接关系，完善了RAE科研评价体系。随后的1992年、1996年、2001年、2008年更是将科研评价结果做了质量等级上的划分，继续以此作为科研拨款的依据。这个时间段内的科研评价目的非常明确且固定，一直是提高高校科研质量，为政府对高校进行科研经费拨款提供依据。

（2）评价主体

1989年，英国按照出台的《教育改革法案》规定成立了大学基金委员会（University Fund Committee，UFC）和多科技术学院与其他学院基金会（Polytechnical College and Other College Foundation，PCFC），历经70年的大学拨款委员会UGC被UFC和PCFC所取代，英国的高校科研评价机构也由UGC变为UFC和PCFC，改变了UGC时代UGC组织成员由高校人员占大多数的情况。UFC和PCFC两个委员会由大学、工业、商业、金融业和其他行业内的具有丰富行业经验的成员组成。1992年，英国政府颁布了《高等教育和继续教育法》，成立了高等教育基金委员会（Higher Education Funding Council，HEFC）。HEFC由四个委员会组成：英格兰高等教育拨款委员会（Higher Education Funding Council for England，HEFCE）、苏格兰高等教育拨款委员会（Scottish Higher Education Funding Council，SHEFC）、威尔士高等教育拨款委员会（Higher Education Funding Council for Wales，HEFCW）、北爱尔兰教育部（Department of Education in Northern Ireland，DENI），同时撤销了UFC和PCFC，并由HEFC代替UFC和PCFC承担了科研评价和高校科研经费拨款的职责，同时还精简了评估专家组。之后，1996年、2001年、2008年的高校科研评估工作（即RAE）均是由高等教育基金委员会HEFC组织实施。可以看出这个时间段内的科研评价机构均是官方的政府机构，也就是说科研评价是由政府推动的。

（3）评价内容

这一时间段的科研评价内容和标准从最初的1986年仅仅以院系或研究中心所举的五个科研产出为依据，到1989年增加了科技出版物、研究生培养人数和研究经费进账等内容。到了1992年，评价指标逐渐规范和细化，划分为了六大项指标：①高校科研人员及其他人员信息等；②高校各类科研人员数量、科研工作量、出版物数量和参与科研的研究生数量等；③各类出版物和各类成果的数量；④各类出版物和成果的引用率；⑤参与研究的学生及研究奖学金的数量；⑥各类外部科研收入的来源、金额和价值。后续的评价指标均是在前一次的基础上做了略微的调整：1996年增加了研究计划的陈述和限制了参评科研成果的数量不超过四件，2001年增加了研究的环境、研究的组织、研究的政策以及研究与发展规划等，2008年增加了研究声望声誉等。可以看出这个时间段内的科研评价指标和内容到了1992年就比较清晰了，主要是评估高校的科研人员情况、科研产出等内容。

（4）评价标准

英国1986年的科研评价体系（即RAE）的评估结果以成果平均值为标准划分成四个等级。1989年的评价结果与其相比，则分为了1~5五个等级，且规定数字的大小决定了等级的高低。1992年的评估等级标准与1989年的基本类似，但为了更加合理地分配资金，列出了0~4五个等级的科研资金补助计分标准，0和1代表几乎没有达到国家卓越水平，而4和5代表已达到国际卓越水平。1996年的评价标准开始发生极大的变化，它将之前的五个等级标准细分到七个等级标准（即1、2、3b、3a、4、5、5*），处于1、2和3b等级的大学无法得到科研拨款，资金分配额度是非线性趋势，这表明科研拨款的选择性在逐步增强。由于3a等级以下的大学得不到科研拨款而导致一些大学愤怒不平，于是，英国高等教育基金委员会在2001年的评估结果中规定了如戏剧、艺术表演等七个新兴学科领域和获得3a等级以下的大学可以继续竞争少数科研拨款（HEFCE，2003）。随着对研究质量关注的不断提升，2008年的评价结果则开始以研究质量的“创造性、重要性和精确性”是否达到国内或国际水平为中心，将评价等级标准划分为无等级、1星、2星、3星和4星，反映了评价结果的精确性和简洁性。

（5）评价方法

英国REA评价体系在评价方法的选用上一直采用的是同行专家评议的方法，这种质性评价的方法在具体操作上通常如下：首先根据各个学科的不同成立主，评价小组，小组成员由科研协会、学术团体、专业机构、产业界、商业界和其他科研成果使用者等组成，在2001年还成立了次评价小组，次评价小组为主评价小组提供更深入的和交叉学科的辅助评价；其次是确定学科评估单元和学科领域，类似中国的一级学科、二级学科；最后就是根据RAE的评价标准开展评价工作。这个时间段的评价方法大致相同，均是采用以质性评价为主的同行评价法，其优点是评价覆盖面广，缺点是评价耗费时间较长，如2001年由于评估耗时太长，导致与下次的评估时间（2008年）间仅隔了7年，且同行评价的主观性较大。

2.REF：2014—2021年的英国高校科研评价体系

（1）评价目的

通过前六次的高校科研评估，英国政府发现该评估体系带来了评估时间过长、成本较高和评估的副作用较大，如新成立大学很难得到科研经费支持等问题。鉴于此，英国政府让高等教育基金委员会（HEFC）在2008年后采用一个全新的研究卓越框架即REF，其评价目的是全面评估英国所有学科的学术科研质量。

（2）评价主体

REF科研评价工作机构依然是英国高等教育基金委员会（HEFC），其由英格兰高等教育拨款委员会（HEFCE）、苏格兰高等教育拨款委员会（SFC）、威尔士高等教育拨款委员会（HEFCW）和北爱尔兰教育部（DENI）组成。REF报告的排名结果被这四个英国高等教育资助机构作为分配科研经费的参考依据。2014 年的大学科研评价工作，评价小组的成员数量与前 6 次相比虽不断减少，但成员质量却逐步提高，且学科评价单元的细分更加清晰，如 2014 年的评价活动是由 4 个主专家组和 36 个副专家组分别对 36 个评价单元进行评估。从 RAE 到 REF，高校科研评价的评价主体都不是由英国政府部门直接进行科研评价，而是由政府委托第三方高等教育基金委员会对高校科研进行评价。

（3）评价内容

2014 年新开发的 REF 不仅取代了原先 6 次评价所采用的 RAE 评价体系，而且在评价方法和评价指标上也都有了显著变化。评价指标上，划分成“成果（output）”“影响力（impact）”和“环境（environment）”三个维度，并分别赋予每个维度 65%、20% 和 15% 的权重值。2021 年的 REF 报告的评估指标只与学术研究相关，共有 157 所英国高校参与评估，评估单元相较于 2014 年再次精简，涉及 34 个学科的评估单元。2021 年，REF 第一次评估了所有对学术研究产生重大责任的人员提交的报告，比上一次（2014 年）的排名多出了 46% 的研究人员的学术成果被纳入考量。在评价指标上，每个学科的产出（outputs）要素占比 60%，影响（impact）要素占比 25%，环境（environment）要素占比 15%，依旧还是这三个维度，但是在要素占比上，产出要素占比降低为 60%，影响力要素占比提高为 25%，环境要素占比不变，为 15%。这说明 REF 报告的评估指标不再单纯追求科研成果的数量，而是从原创性、重要性和严谨性等方面对科研成果提出质量要求，影响指数也是首次被纳入到评价元素中，就算是 REF 评价周期前产出的科研成果，在 REF 评价周期内产生了研究影响，也可用于当年 REF 评价周期内的科研评价。

（4）评价标准

最新的大学 REF 评价等级仍然沿用 2008 年的 RAE，每个学科在评估指标中被分为 1 星到 4 星四个等级：4 星“world-leading”，被评为“世界顶尖”；3 星“internationally excellent”，被评为“国际优秀”；2 星“recognised internationally”，被评为“国际认可”；1 星“recognised nationally”，被评为“国内认可”；unclassified 代表无等级。2014 年、2021 年 REF 排名结果显示，牛津大学（University of Oxford）73% 的学术成果被评为四星（“世界顶尖”），21% 的学术成果被评为三星（“国际优秀”）（Hubble，2015），牛津大学也是继2008年和2014年登顶之后，在2021年的排名中第三次位居全英第一。

（5）评价方法

REF在评价方法上最大的改革就是在取长补短地承袭了前六次同行评价的评价方法后，还采用了文献计量指标评价方法，并且弱化同行评议对评价结果的影响。REF的文献计量指标占比更大，同行评议指标占比很小，它是从以同行评价为基础的评价演变为以文献计量为基础的评价，使用文献计量学数据指标减轻了专家的评价压力，弱化了同行评价会造成的评价结果主观性的问题，同时实现了评价过程透明化。但是在评估实践中发现，文献计量评估方法在理工、医学等学科领域实施比在艺术、人文和社会科学领域实施更有效，因此目前该方法对于不同学科领域的使用方法应该不同，文献计量的定量方法和专家评价的定性方法应该互为补充。

（二）澳大利亚高校科研评价：从RQF到ERA的变革

1988年，澳大利亚政府授权澳大利亚研究委员会（Australian Research Council，ARC）通过科研量（research quantum，RQ）对高校进行科研绩效评价，以期各个高校之间通过各自的科研表现来竞争经费。在RQ实施过程中，澳大利亚政府也认识到RQ这样单一的科研评价指标并不能完全代表科研水平。为了更为公平、合理、客观地分配高校的科研经费，1995年澳大利亚政府又通过ARC利用综合指数（composite index，CI）评价指标体系来评估高校的科研水平并分配科研经费。CI包括了科研产出和科研投入两大块：科研投入是指来自政府、其他公共部门和企业的科研拨款资金，所占权重比例为83%；科研产出则是指学术出版物的数量和授予的硕士及博士学位数量等指标，所占权重比例为17.5%，并在此一级指标下设置了更为精确的二、三级指标。CI较之RQ在评价标准上是更充分地基于高校的科研业绩，但是CI还是过多地使用定量的评价方法来衡量，体现的是科研的数量而不是科研的质量。为了使政府分配科研经费的方法更具有效性，2004年澳大利亚政府在借鉴了英国的RAE制度经验后，由ARC设计出了一个新的高校科研评价体系“科研质量框架”（Research Quality Framework，RQF）。到了2008年，由于澳大利亚政党更替，新政府又提出了“澳大利亚卓越研究”（Excellence in Research for Australia，

ERA），用来替代 RQF，该高校科研评价体系一直沿用至今。

1. 澳大利亚大学科研评价体系——科研质量框架 RQF

（1）评价目的

RQF 制度旨在为政府、工业界、商业界及更广泛的社区提供一个评价框架，通过国际公认的流程对澳大利亚高等教育机构进行的研究实施严格评估。这一框架的核心目标是全面评定研究团队在各个学科领域开展的科研活动的质量和影响，既包括国内标准也包括国际标准。RQF 制度鼓励研究人员进行高质量的研究工作，并将优秀的研究成果提供给社会各界使用，从而确保公共资金的有效投入并促进社会发展。通过提高评估活动的透明度和公正性，提升科研资金拨款的效率，减少评估成本和流程复杂性，RQF 不仅为澳大利亚的大学科研资金的合理分配提供参考，还识别出对该国具有重大影响的科研成果，这对于激发大学内部科研人员的热情、增强其科研竞争力以及推动澳大利亚产生更多高水平、高质量和高影响力的科研成果具有深远的意义。

（2）评价主体和评价方法

RQF 制度采用同行评价与计量指标相结合的多元化方法，针对不同学科单元和研究领域进行科研评估。其核心在于成立 13 个由大学学者、经济文化权威及国际专家组成的学科专业评价团体，涵盖人文社科、自然科学等领域，负责制定评价大纲、评判方法及跨学科研究评定，确保评价独立公正。成员构成上，注重跨学科能力与科研成果实际应用反馈，特别纳入科研成果终端使用者，如社会大众、企业等，以多维度反映研究成果的影响力。澳大利亚政府高度重视 RQF 制度，设立澳大利亚教育、科学与培训部（Department of Education,Science and Training，DEST）等专门机构，通过 DEST 的管理实施，配合 RQF 制定咨询委员会、资料委员会及协调小组的协作制度，形成完善的组织体系，确保制度的有效运行与持续优化。RQF 制度通过精细设计的评价小组和顾问体系，依托学科专业评价小组的专家团队，将量化指标与专业判断相结合，为澳大利亚高等教育科研提供全面、透明且高质量的评估服务。

（3）评价内容

RQF 制度在评估科研活动时，综合运用了科研质量和科研影响两大核心指标。科研质量评价聚焦于原始研究的内在价值与学术影响力，通过评估科研背景、团队中每位成员的最佳研究成果及整体工作，采用五点国际标准来衡量科研的原创性、学术贡献及对同行、社区的影响。而科研影响则超越了学术范畴，评估原创研究成果在广泛社区中产生的社会、经济、环境或文化效益，依据影响指标量表细致划分影响力等级，从国内认可到世界领先，逐级反映科研成果的效益强度。为实现全面评估，RQF 还选用了多元化指标，涵盖人员构成、科研成果商业化收入、国际合作、产学研合作、专利与获奖情况、学生培养与就业、资金拨款、个人及团队成果质量、学科产出及出版物影响力等，确保评估体系的科学性与全面性。

（4）评价程序

RQF 制度的评价程序是：根据官方文件中列出的要求，各学术机构对科研人员进行提名，合格的科研人员将会组成学科专业评价小组；各科研团队中符合条件的科研人员准备并提交科研评价材料；然后由专业评审对评价材料进行评价，并分别就其科研质量和科研影响给出评分；评分的差异会直接影响高校科研经费的投入；最后汇总评价分数并进行公开发布。在各个环节中，RQF 提供了明确的指导意见，确保评价过程的透明和公正。评价步骤包括五个主要方面：研究人员的提名、准备评价材料、专业团体评估、评定科研成果质量及影响力等级、向所有大学公布评估结果。这一流程旨在确保澳大利亚高等教育部门的科研活动得到公正且专业的评估，促进高质量科研的发展和科研资金的合理分配。

2. 澳大利亚大学科研评价体系——澳大利亚卓越研究 ERA

（1）评价目的

ERA 体系的核心目标在于：通过全面评价科研工作的质量，向学术界及社会各界证明政府科研经费分配的公正与合理，同时超越传统资金拨款的单一视角，聚焦于科研成果的最大化、最优化以及高质量产出。该体系旨在确保澳大利亚各大学的研究成果不仅满足国家、社会及企业的需求，还能通过科研评价积极探索并强化高校特色与重点学科，挖掘研究潜力，并致力于新兴学科与研究领域的发展。ERA 制度通过盘点与评价全国范围内的高校科研机构，精准把握国家科研水平，推动优势领域的卓越发展，进而提升整个国家的科研实力。其建立的卓越科研评价制度，旨在构建完善的评价框架，为政府、企业等提供高质量的科研信息，实现学科基准的全国盘点，鉴别卓越科研与新兴领域，并在国内外比较澳大利亚各学科科研活动，以推动科研水平的持续进步与国际竞争力的提升。

（2）评价主体和方法

ARC 通过设立研究评估委员会（REC）这一核心机构，按学科类别细致划分，对 180 个研究领域进行科研成果质量的全面评估。该机构下设八大学科专业评价委员会，由国内外顶尖学者组成，包括超过百位的专家成员，其中不乏来自其他国家一流大学的知名专家，这些专家共同参与“教育与人文社科”“环境与工程科学”等关键领域的评估工作。为确保评估的公正透明，ARC 还建立了研究评估专家数据库，收录 800 余名权威专家，依据其卓越的研究成果、专业知识、学术地位及评审能力进行甄选。ARC 自 1988 年成立以来，作为政府授权的第三方独立机构，不仅负责科研经费的分配，还精心设计并不断完善 ERA 制度的运行框架，确保其对科研评价结果的最终责任。在 ERA 制度下，22 个学科类目被精准划分为 8 个学科群，REC 针对每个学科群设立相应评价委员会，其主席与成员均需恪守严格的行为准则，保障评价工作的客观性、公正性与保密性。同行评议专家组及复审委员会则分别负责具体评价与复审工作，共同确保高校科研评价的准确性与可靠性。ERA 制度采用灵活的评价方法，人文社科类侧重同行专家评议，而其他学科则主要采用计量指标评价法，两者相辅相成，共同促进澳大利亚高校科研质量的持续提升。

（3）评价内容

ERA 体系采用五点计分法，通过量化评估研究成果的国际水平，确保了评价结果的广泛可比性。此体系中，5 分代表全球卓越，4 分为世界一流，3 分为国际标准，2 分和 1 分则分别表示低于和远远低于国际标准，而 N/A 则用于标识未达标成果。为精准衡量各学科表现，ARC 依据八大原则性指标构建了科研评价体系，涵盖数量标准、国际可比性、优秀成果识别、研究相关性、可重复性与可检验性、时限性及行为影响力等维度。基于此框架，ARC 细化了四大类评估指标：研究质量（如文献引用率、出版物与会议级别、ERA 同行评议等）、科研数量及活动（如科研收入与产出总量）、科研应用（如商业收入）、公认性（如知名学术团体成员数、权威出版编辑人数、科研奖金获得者数）。自2008年起，ARC专门设立科研评价指标开发小组，汇聚科学计量与统计专家，针对不同学科设计定制化指标，并通过广泛咨询与严格审查，确保每项指标的有效性与适用性。至2018年，ERA体系已逐渐完善成熟，成为涵盖科研质量（基于引文分析、同行评议等）、科研活动（基于成果、收入等）、科研应用（如商业化收入、专利等）的三大核心指标类别，依据翔实的科研评价量表，为每项研究赋予明确等级，从而全面且精准地反映研究实力与贡献。

（4）评价程序

ERA的科研评价流程高效而规范，涵盖四大核心步骤：首先，参选大学需精心准备并提交评估材料；随后，这些材料由研究质量评估系统自动编码分类；接着，研究评估委员会对分类后的资料进行深入评价；最后，委员会专家依据ERA严格标准进行多次评分，并通过协商讨论确定最终评价结果。此流程展现了ERA体系的先进性，特别是其计算机系统自动管理模式，不仅大幅节省了成本与时间，还显著提升了评价结果的精确性。整个评价程序细分为提交、分配、评价和报告四大环节，每环节又包含若干小阶段，如提交环节涵盖准备、提交、核验与认证四阶段，以确保数据准确无误；分配环节则由REC主席负责，公正分配评价单元，避免利益冲突；评价环节则通过REC成员的初步评价、意见交换、复审及全体会议，确保评价的全面性与公正性；最终，ARC将评价结果汇总成国家报告，公开透明地呈现给社会各界。

（三）法国从CNE到AERES主导的高校科研评价体系

法国科研管理体制深受其中央集权制历史传统的影响，体现了国家的显著干预，然而，这种由政府主导的体系非但未阻碍法国科研技术的持续进步，反而使其在全球经济和科技领域保持领先地位。法国科研发展的一大特色是“二元主体”格局，即除了大学外，还设立了欧洲最大的国家研究机构——法国国家科学研究中心（Centre National de la Recherche Scientifique，CNRS），自1939年成立以来，CNRS直接受法国高等教育与研究部管辖，旨在协调科研活动、推动科学进步。随着法国科研体系的日臻完善，CNRS已广泛覆盖社会科学、医学、农业、环境、计算机科学等多个研究领域，并与大学及其他研究机构紧密合作，其成员广泛分布于大学之中并共建实验室。截至2013年，

CNRS 拥有近 2.5 万名工作人员，包括大量研究人员及工程师，管理着超过 1 100 个研究实验室，经费主要来自国家财政拨款和自筹资金，年均预算高达 32 亿欧元，凸显了其在法国科研活动管理、评价与发展中的核心地位。通过分析法国大学科研评价机构的演变，可以清晰观察到其科研评价体系正朝着更加全面、深入的方向发展。

1. 法国 CNE、CNER、MSTP 主导的大学科研评价体系

在法国的科研领域，其独特的中央集权体制深刻影响着科研活动的运作方式，导致在人员遴选、科研管理、资金分配层面出现了冗余、重叠、严谨性不足的现象。为应对以上挑战，自 20 世纪 50 年代起，法国便踏上了科研评价体系的探索之旅，旨在优化资源配置，重塑科研管理体系，推动国家科研生态的革新。这一进程不仅促进了科研评价体系的构建，还成为法国大学科研评价体系逐步完善的催化剂，其标志性事件为 1984 年《高等教育法》（萨瓦里法案）的颁布，它催生了国家评估委员会（Comité Nationale d'Évaluation，CNE）这一独立行政机构，专门负责包括大学教育、科研在内的多方面质量评估，其评估结果直接呈报总统。

（1）评价目的

法国大学科研评价的核心目标在于激发大学的全面潜能，强化其在科研探索、成果转化、教育教学、知识传承与国际交流等领域的自我完善能力，构建高效、合理的内部评价体系，进而培育出卓越的学术文化氛围，响应法国社会与经济发展的迫切需求。

（2）评价方法

法国采用了一种融合定性与定量分析的评估策略，充分考虑了大学体系的复杂性与独特性。评估过程中，通过大学自评、实地考察、座谈会、问卷调查等多种渠道收集数据（数据涵盖科研人员绩效、基础设施状况等），并综合运用同行评议与统计分析等手段，实现全面而深入的评价。

（3）评价主体

CNE 由 50 名成员构成，包括由总统直接任命、任期为四年的执行主管，25 名委员会成员，以及 24 名专职行政人员。这些成员广泛分布于学术界、经济界、政府部门及国际科研领域，确保了评估视角的多元化与权威性。

（4）评价指标

评价指标体系是CNE与大学理事会紧密合作、共同协商的产物，涵盖了教师与科研人员质量、博士点规模、学生信息、科研资助、学术成果数量与质量、大学声誉等多个维度。这些指标不仅反映了大学的科研实力与教学质量，还直接影响到大学对科研资金的吸引力的增强、自主科研能力的提升，以及科研成果的产出效率。

CNE自成立以来，已对法国各大学进行了至少两次的全面科研评价，每轮评估周期长达一年。此外，法国还设有国家科研评价委员会（Comité National d' Évaluation de la Recherche，CNÉR）和科学、技术与教学审查团（Mission Scientifique Technique et Pédagogique，MSTP）等其他重要评估机构，它们各司其职，共同为法国大学科研体系的持续优化贡献力量。CNÉR专注于科研政策、规划与项目的评估分析，而MSTP则侧重于对大学培训项目与科研项目的评价，为大学科研体系的整体发展献计献策。

2. 法国AERES主导的大学科研评价体系

随着科研环境的变迁，既有的评价体系显现出了诸如主体重叠、流程繁复等问题。鉴于此，法国政府于2006年创新性地设立了研究与高等教育评估署（Agence d'Évaluation de la Recherche et de l'Enseignement Supérieur，AERES），这一独立机构有效整合了以往分散的评估组织——以科学、文化和职业为特点的公立机构国家评估委员会（CNE）、国家研究委员会（CNER）及科学、技术与教学审查团（MSTP），统一负责高等教育与科研领域的评估工作。AERES的成立，标志着法国科研评价体系迈入了一个崭新阶段，其特性可概括为独立性、公正性、透明度、多元化与高效性，具体体现在以下几个方面。

（1）评价宗旨

AERES的核心使命是通过促进法国大学、研究机构与经济、社会、文化及科技等多领域的深度融合，优化并健全法国的高等教育与科研评价体系，旨在构建一个在欧洲乃至全球范围内均具有高水准、高质量的评估框架。

（2）评估手段

AERES针对不同评估对象，灵活采用多元化的评估方法，包括但不限于实地考察、问卷调查、座谈讨论及自我评价等，确保了评估工作的针对性和实效性。

（3）评估组织

AERES 由评价委员会、理事会及多个分部共同构成。理事会汇聚了国内外顶尖的学术专家与学者，共 25 名成员，任期为四年，每两年轮换半数，确保了评估的专业性和时效性。分部则细分为行政部、科研部及教学与文凭认证部，各部由政府任命的管理者领导，分别负责大学整体发展评估、科研活动评估及教学与学位认证等工作，形成了分工明确、协同高效的评估体系。

（4）评估指标

AERES 以科研目标为导向，构建了一套全面而细致的评估指标体系，该体系不仅作为法国科研管理机构 CNRS 分配科研资金的重要依据，也是衡量高等教育质量的关键标尺。评估指标涵盖科研成果的质量与影响力、国际及特定领域出版量、出版物引用率、专利数量、产学研合作紧密度、国际化师资比例、研究性教师与研究生数量、欧洲研发项目参与度、社会服务贡献、科研文化传播与投资、国际网络及学位项目参与情况、机构声誉与资源等多个维度，全面而深入地反映了法国科研活动的综合绩效。

尽管 AERES 在宏观层面上极大地优化了法国的科研评价体系，但也应认识到，其在针对个体研究者、实验室及具体科研项目等微观层面的评估上，仍有待进一步探索更具针对性和灵活性的评估策略。总体而言，AERES 的成立标志着法国科研评价体系的重大变革，实现了机构精简、流程优化、主体多元及方式创新的目标，为构建一个高效透明、协调发展的科研评价体系奠定了坚实基础。

（四）美国高校科研评价体系

美国作为当今世界科技领域的佼佼者，其科技发展水平始终位居世界前列。这个国家不仅具备了全球顶尖的科研设施与手段，还建立了卓越的科研基地，并构建了一套成熟且高效的科研评价体系。这一体系历经时间的洗礼与不断完善，为美国攀登科技高峰、稳固其科技强国地位提供了坚实的支撑。美国的科研评价机构可划分为三大阵营：其一为非官方的科研评价中介组织，它们以独立、专业的视角为科研领域注入活力与公正。其二则是隶属于国会的科研评价办公室，作为官方机构，它们负责从宏观层面把握科研方向，确保科研活动与国家战略紧密对接。其三为美国高校。美国高校自身也扮演着举足轻重的角色，它们不仅是科研创新的摇篮，更在科研评价体系中发挥着独特的作用，推动着学术研究的不断进步与深化。这三者各司其职，又相辅相成，共同编织出一张紧密而高效的科研评价网络，为美国的科技进步与创新发展提供了强有力的保障。

1. 评价目的

美国的高校科研评价体系是希望通过构建科学、全面且具前瞻性的高校科研评价体系，能够精准地衡量与诊断各高校的科研发展水平，揭示其在科研领域的优势与潜力，以及存在的短板与挑战。这一过程不仅是对其高校科研实力的一次深度体检，更是为其未来科研发展方向的明确提供了重要依据，引导高校更加精准地定位自身的科研目标，优化资源配置，强化优势领域，同时针对薄弱环节制定有效的提升策略，如加州大学伯克利分校发起和组织的学术计划评估，与政府或社会中介机构毫无关系，其最终目的和根本动力就是保持该校的学术领先地位，为制定学科发展决策提供参考。

2. 评价主体

如前文所说，美国的科研评价机构由三个核心层面构成：国会层面的科研评价机构、非官方的科研评价中介机构，以及高校自身的科研评价体系。

（1）国会层面的科研评价机构。国会层面虽未于联邦政府之中设立专门的科研评价管理机构，但在与之紧密相关的部门均设立了科技评价办公室，如国会技术评价办公室（Office of Technology Assessment，OTA），负责向国会提交科研评价报告；而国会预算办公室（Congressional Budget Office，CBO）则专注于为国会提供前期科研政策方案、现行科研政策及项目的评估分析。这些机构共同构成了美国科研评价的官方视角与宏观指导。

（2）非官方科研评价中介机构。这些机构在美国科研评价体系中扮演着举足轻重的角色。联邦政府常委托这些高水平的中介机构承担具体的科研评价任务，例如，成立于 1989 年的世界技术评价中心（World Technology Evaluation Center，WTEC）便是其中的典型代表。此外，美国研究理事会（National

Research Council，NRC）也多次接受官方委托，对全国范围内的博士点项目进行权威评价，从最初的依赖基础数据和声誉调查，到融入计量数据，再到最终直接运用量化数据与声誉数据相结合的方式进行综合评估，其评价方法随时间的推移而日益完善。

（3）高校自身的科研评价体系。高校作为科研活动的主体，其内部评价体系同样不容忽视。美国各高校均会根据自身特色与需求，定期或不定期地对科研活动进行评价。这种评价方式多样且灵活，旨在全面反映高校的科研实力与潜力。例如，加州大学伯克利分校注重评价教师科研的深度与质量，而非单纯追求成果数量，以此作为教师薪酬调整、职位晋升及终身聘任的重要依据。而里士满大学则在终身教授评定标准上发生了显著变化，从过去的无须出版学术著作，转变为现今要求教师必须获得研究经费并发表多篇学术论文的严格要求。这些实例充分展示了美国高校在科研评价方面的自主性与创新性。

3. 评价内容

以加州大学伯克利分校为例，该校作为享誉全球的顶尖研究型学府，在 2023 年世界公认的四大大学排名之一——世界大学学术排名（Academic Ranking of World Universities，ARWU）中荣获第五名的佳绩。其科研评价体系历史悠久，可追溯至 1971 年的首次官方评估。为了进一步优化评价流程与标准，该校于 1997 年 8 月特别成立了学术规划工作组，该工作组在 2002 年提出了对评价程序进行全面改革的建议，随后学校采纳了该建议并发布了新的评价指南。该指南在 2011 年 5 月得到了进一步的修订和完善。

加州大学伯克利分校的教师科研评价遵循着每 8~9 年一个循环的周期，而 2014—2015 学年正是新一轮评价周期的开端。评价内容全面而细致，涵盖了教学、研究与其他创造性工作、专业能力与活动，以及大学与公共服务四大方面，且每部分的权重分配均衡，分别为教学占比 40%、研究与其他创造性工作占比 20%、专业能力与活动占比 20%、大学与公共服务占比 20%。

在评价过程中，加州大学伯克利分校采用了一套由三个核心标准系统构成的综合评价体系：学生评价占据 40% 的比重，同行评价同样重要，也占据了 40% 的份额，而教师本人的自我评价则占据了剩余的 20%。这一体系旨在通过定性与定量相结合的方式，全面而客观地评估教师的科研与教学表现，且这一评价体系贯穿了教师的整个职业生涯，确保了评价的连续性和一致性。值得注意的是，尽管有上述的权重分配，但在实际操作中，根据具体情况，各部分的占比可能会有所浮动，以适应不同的评价需求。

此外，加州大学伯克利分校还注重评价的透明度与可及性，评价的相关信息及内容均可通过伯克利学术计划评价网站进行实时查询,确保了评价的公正、公开与透明。

4. 评价方法

在美国高校科研评价的初期，主要依赖于定性评价，其核心机制为同行评议法，辅以案例分析、文献计量分析及指标分析等多元化手段。同行评议法凭借其独特的优势，在项目申请、评估、验收、奖项评定及项目运营等多个关键环节中，展现出其他方法难以企及的高效与精准。它依赖于相关学科领域内权威专家的专业知识与经验，对科研项目进行全面而深入的评价。

然而，随着科研实践的深入发展与学术环境的变迁，同行评议法在 20 世纪 70 年代末至 80 年代初逐渐显露出其局限性。人们开始意识到，尽管同行评议法在多数情况下能够确保评价的专业性与公正性，但在某些特定情境下，也可能受到个人主观因素的影响，导致评价结果难以完全避免主观偏见的干扰。

进入 21 世纪后，美国高校科研评价体系进一步完善与多元化。以佛罗里达大学发布的“美国最佳研究型大学”年度评价报告为例，该报告采用了多项综合指标进行综合评价，不仅涵盖了国家院士人数、博士学位授予数、教师获奖情况等反映学术实力与影响力的传统指标，还加入了联邦科研经费数、科研经费总量等量化数据，以更全面地评估各高校的科研实力与绩效。这种综合评价体系的建立,为美国乃至全球高校科研评价的开展提供了有益的借鉴与参考。

二、大学科研评价体系的国际比较

前文已对英国、美国、法国和澳大利亚这四个发达国家的高校科研评价体系进行了深入研究，本节将探讨四国高校科研评价体系的共性与差异，以期为我国高职高专科研评价体系的建构提供借鉴和参考。

（一）四国高校科研评价体系的共性特征

1. 以目的为科研评价活动的核心导向

在英、美、法、澳四国，大学科研评价活动的目标主要体现在以下几个方面：为科研资金的合理拨款提供决策依据；与大学科研人员的晋升、奖励及工资待遇挂钩；优化国家或大学的科研管理体制，从而提升整体科研水平。这些目标共同构成了科研评价体系的核心导向。

具体来看，英国的科研评价体系，无论是早期的 RAE 还是现行的 REF，其评估结果都直接决定了各大学所获得的科研资金拨款。这种与资金分配紧密相关的评价方式，有效地实现了英国各大学人力、物力等资源的优化配置。与英国不同，美国的科研评价结果虽与资金拨款无直接关系，但其先进的科研评价体系为各大学提供了科研能力的排名，从而帮助大学明确了自身的发展方向和改进措施。在澳大利亚，科研评价结果与资金拨款虽然并不直接相关，但能作为衡量各大学科研资金补助项目的参考。其 ERA 评价体系主要考核大学内部科研工作和科研人员的绩效，并根据绩效情况给予不同程度的资助，以助力大学制定科学合理的科研发展战略。法国则通过其科研评价体系 AERES 的评估结果来直接决定拨款，旨在将法国大学打造为科学研究的主体和中心，进而提升其国际知名度和竞争力。

尽管以上四国的科研评价方式和目的各有侧重，但都以明确的目标为执行指南，充分利用评价结果来决定各大学的资金配额。这种方式虽具有一定的公正性，并有助于资源配置和一流学科的建设，但也可能带来国家干预的政治色彩和大学内部科研人员低质量高产出的失衡问题。

2. 以国家政策或法律为科研评价体系的基石

英、美、法、澳四国在构建大学科研评价体系时，都高度重视其规范化、制度化和法律化。每当科研评价体系无法满足当时的社会需求和背景时，各国政府都会通过颁布相应的法律法规来指引科研体系的发展，确保科研始终为国家的整体发展服务。

例如，英国政府通过《教育改革法案》和《高等教育和继续教育法》等法律文件，不断完善其大学科研评价体系。美国政府则通过《政府绩效和成果法案》明确了科研评价的基本内涵、评价体制、遵循原则以及评价主体的权利与责任分配等具体条例。法国政府从《法国研究与技术发展方针和规则》到“科学研究法”“国家科研与创新战略”以及“卓越计划”等一系列政策文件，都为法国科学界提供了行动指南。澳大利亚政府也通过一系列白皮书和计划，如《高等教育政策声明》和“激励创意计划”，逐步建立起符合世界一流水平的国际标准科研成果评价机制。

这些国家政策或法律的出台不仅为科研评价体系提供了坚实的法律保障，还有助于科研评价体系的不断完善和发展，使其更加符合国际标准并能提升本国科研成果的国际竞争力。

3. 追求效益实现，强调科研成果的质与量并重

随着科研评价体系服务对象和价值理念的转变，英、美、法、澳四国在评价大学、科研机构和研究者的科研绩效时，逐渐从重视“量”向重视“质”的改革道路迈进。这一转变旨在全面科学地衡量其科研能力及学术水平，并推动科研成果的创新与利用率的最优化。

在具体实践中，英国和法国要求研究者在列出所有研究成果的同时，着重提交最具代表性的科研成果。这种评价方式不仅关注著作或论文的数量，更强调原创性、重要性和严谨性，并注重成果的社会应用及影响力。例如，英国REF的科研指标中赋予“影响力”一定比重，而澳大利亚ERA也将影响力细分为多类进行考量。这些发达国家由政府主导的科研评价体系都强调回归到科研自身的价值追求上来。在处理质与量的关系时，它们既重视数量也更强调质量，并以实现科研成果的影响力为效益中心。这些效益不仅包括经济效益也包括社会效益和生态效益。

相比之下，我国在科研评价体系方面虽有所改革，但仍有待完善。例如，在评价成果影响力方面观念不一且缺乏对成果影响力的充分关注。因此，借鉴和学习发达国家的先进经验对于推动我国科研评价体系的不断完善和发展具有重要意义。

4. 以学科类别评价为基础，建立多元评价方法

目前，四国最常采用的评价方法主要包括计量指标和同行评价。计量指标的方法以其客观性、科学性以及低成本、高效率的特点被广泛应用。它主要通过数据量化分析对科研成果进行客观、准确的评估。然而，这种方法的局限性

在于，它可能无法全面反映科研成果的价值，尤其是在某些需要深入理解和专业判断的领域。同行评价则以其权威性和专业性著称。它通过邀请领域内的专家对科研成果进行评审，能够深入挖掘科研成果的内在价值。但这种方法也存在主观性过强的问题，专家的个人偏见或判断失误可能会影响评价的公正性和科学性。为了弥补单一评价方法的不足，英国、法国和澳大利亚等国家在科研评价中往往将计量指标和同行评价相结合。这种综合评价方法既保证了评价的客观性，又兼顾了专业性，使得评价结果更加全面、准确。

除了上述两种评价方法外，美国还采用了调查法和回归分析法。调查法通过问卷形式收集被调查者对博士项目特征的评分结果，从而了解科研项目的社会认可度和影响力。回归分析法则通过相关人员对项目总体评分与项目特征关联度的分析，判定各博士项目特征的优劣，为科研评价提供了更加科学、全面的依据。

值得注意的是，发达国家在科研评价方法的使用上更注重以学科类别为基础。不同学科领域具有其独特的研究对象、研究方法和价值体系，因此，采用针对具体学科类别的详细指标对科研成果或大学排名进行评估显得尤为重要。以英国为例，其最新的评价体系 REF 基于四大主体学科类别划分了 36 个学科评价单元，根据国际科研质量标准对各学科成果进行评价。这种以学科类别为基础的评价方法不仅提高了评价的针对性和准确性，还有助于推动各学科的均衡发展。法国和澳大利亚也同样注重根据不同学科特点采用不同的评价标准和方法。

此外，以学科类别为基础的评价方法还有助于推动特色学科的发展。一些没有悠久历史的普通大学可以凭借自身特色专业学科的发展来与一流大学抗衡。这种注重特色学科发展的做法不仅提升了大学的知名度和影响力，也有助于培养更多具有创新精神和专业素养的人才。

以学科类别为基础建立多元化的科研评价方法是发达国家科研评价体系的重要特点之一。这种方法既保证了评价的客观性和专业性，又促进了各学科的均衡发展，为推动科研创新和人才培养提供了有力支持。

（二）四国高校科研评价体系的差异性特征

1. 以职能划分为依据，建立多方评价机构共同参与的科研评价体系

在科研评价体系的建构中，英、美、法、澳这些发达国家在评价机构建设方面的实践，为我们提供了有益的参考。这些国家根据各自的国情和科研发展实际情况，选用了适合的多方评价机构，以确保科研评价的公正性、规范性和客观性。

在英国，高等教育基金委员会（HEFC）作为半官方性质的科研评价机构，在政府与大学之间发挥着重要的桥梁作用。它主要受政府委托，负责分配科研资金，并制定详细的经费拨款方法和流程。同时，HEFC 还明确大学在使用科研经费时应承担的义务与职责，并对英国各类大学的教学与科研水平进行系统化评价。其内部设置了多个下属机构，分别执行科研评价、资金拨款等具体工作，以确保整个评价过程的效率和公正性。法国研究与高等教育评估署（AERES）则是由国家政府主导的官方性科研评价机构。它对法国各类大学的整体科研水平和具体学科成果进行评价，主要承担规划科研评价战略、选取评价小组组成员和发布评价结果等工作。AERES 直接参与到大学科研评价活动的整个评价流程中，以确保评价结果的客观性和准确性。澳大利亚研究委员会（ARC）作为具有半官方性质的科研评价机构，主要负责具体科研项目的组织与执行，以及改进与推动科研体系整体发展等工作。它通过设置研究评估工作小组、同行评价工作组和监督委员会等下属机构来确保整个科研评价过程的高效性和合理性。这些机构的设置和运作，都体现了澳大利亚在科研评价方面的严谨和专业。然而，与英国、法国和澳大利亚不同，美国高校科研评价机构虽也有官方性和半官方性的评价主体，但其具有权威性和典型性的评价主体是非官方性、非营利性科研评价机构——国家科学研究委员会（NRC）。该机构由美国政府投资并受其委托代理科研评估工作，主要承担评估研究型大学内部各学院的质量和水平的工作。大约每隔十年，NRC 就会进行一项美国研究型博士项目的排名，以全面、客观地反映美国各研究型大学的科研实力和水平。

这些科研评价机构在各自的国家中发挥着不可或缺的作用，它们根据各自的职能划分，选用适合的评价方法和指标，对大学的科研活动进行全面、客观的评价。尽管这些机构或多或少受到政府的干涉，但总体而言仍旧保持相对独

立性，成为连接政府与大学、社会、企业等多主体之间的纽带。

2. 以国际标准为基础，筛选各项科研评价特色指标

在科研评价体系中，各国大学科研评价指标的选用不仅要结合本国国情，还应参考国际标准指标体系。科研评价指标的科学性和合理性直接关系到能否正确反映大学科研发展水平。

英国的大学卓越科研评估框架（REF）在评价指标上进行了精心的设计和划分。该框架确定并划分为成果质量、成果影响力和科研环境三个维度指标体系，强调研究成果质量的优劣水平，并注重研究成果的经济、生态效益等影响力指标。这种评价指标体系旨在全面、客观地评价大学的科研实力和水平，同时推动科研成果的转化和应用。美国的评价指标维度则更加多元化并具有综合性，主要包括科研活动项目、学生参与和研究成果、教育环境中主体的多样性等方面。在科研活动项目一级指标下，包含论文和著作的出版量及引用率、科研人员基本信息、往年所获科研经费数额等具体指标；学生参与和研究成果则主要包括学生基本信息和层次、毕业就业率、所获全额奖学金所占比例等指标；而教育环境中主体的多样性又囊括了教师和学生民族种类多样性、女性教师和学生所占比例等具体指标。这些指标共同构成了美国科研评价体系的综合框架，旨在全面反映大学的科研实力和发展潜力。法国和澳大利亚的科研评价指标也各具特色。法国科研评价指标总体划分为科研活动、科研环境和科研应用三个方面，这些指标在大学科研评价活动中发挥着各自的功能与作用。而澳大利亚卓越研究（ERA）科研评价体系则从研究质量、科研数量及活动、科研应用、公认性四个维度进行分类，尤其关注科研成果质量和国际公认性指标。这些评价指标的设计和应用，都体现了各国在科研评价方面的严谨性和专业性。

英、美、法、澳所选用的具体指标各有侧重和特色，但共同特征在于都十分注重科研成果质量和研究产出的社会、经济、生态等各项效益。这些国家通过利用各国指标体系的国际比较，结合国内大学发展水平与特色，逐步调整与修正自身科研评价指标体系的不足，以构建既符合本国科研发展实情又与国际标准指标接轨的指标体系。

3. 以精准规范为方向，全面规划并推进科研发展战略

在全球科研领域，各国对科研评价工作的规范性和精准性要求日益提升。尽管在具体操作流程上，各国科研评价体系存在细微差异，但共同趋势是向更为规范化、精准化的方向迈进。

以英国为例，其大学科研评价流程清晰、步骤明确，通常包括评价单元的划分、科研评价资料的递交、专家委员会的评估以及评价结果的发布。这一流程体现了英国科研评价体系的严谨性和系统性。相较之下，美国的科研评价流程则因其评价机构和标准的多样性而显得更为复杂。例如，官方科研评价活动会精选国内外权威专家学者进行多次评估，以确保评价结果的全面性和准确性。同时，像加州大学伯克利分校这样的高等学府，在科研评价中不仅采用同行专家评议，还强调参评单位的自评，从而形成了多维度、全方位的评价体系。澳大利亚的ERA科研评价体系在操作流程上则展现了更为先进的特性。通过计算机系统自动管理模式，ERA体系不仅节约了成本和时间，更提高了评估结果的精准性。其评价流程从参选大学递交评估材料开始，经过研究质量评估系统的自动分类处理，再由研究评估委员会根据ERA评价标准进行多次评分，最终通过协商讨论确定并公布评价结果。这一流程充分体现了澳大利亚科研评价的规范性、高效性和精准性。

在科研评价活动的中长期发展战略上，各国也展现出不同的侧重点和调整策略。英国的中长期发展战略主要侧重于对科研政策、计划、项目、机构等进行系统规划，其科研评价周期也从最初的三年一周期逐步延长，以适应科研发展的实际需求。法国和澳大利亚的评价周期与英国类似，而美国则保持着相对较短的评价周期。在科研评价活动的中长期发展战略上，美国更注重对科研单位和科研人员各项信息的评估，澳大利亚则更侧重于评价科研政策和具体科研项目。此外，在科研评价时间段的选择上，英国、美国、法国会采用事前、事中、事后的系统化、连续化评价模式，以全面掌握科研评价体系的发展动态；而澳大利亚则强调在科研评价过程中的调整与修正评价，以及评价结束后的及时反馈评价，体现了其科研评价的动态性和灵活性。

4. 以评价对象为主体，深度挖掘并发挥科研评价的多重功能

科研评价在大学整体发展和改革以及内部特色学科建设和调整中扮演着

举足轻重的角色。其功能不仅局限于对科研成果的鉴定和认可，更在于通过评价活动激发评价对象的潜在能力和内部动力，引导科研活动朝着更高质量、更高效益的方向发展。

大学科研评价的功能主要体现在以下四个方面：识别与鉴定、激励与导向、诊断与调节、监督与管理。这些功能共同构成了大学科研评价活动的核心价值体系。首先，识别与鉴定功能是科研评价的基础。它通过对评价对象进行达标判定、优劣等级区分、资格审查等，帮助评价主体准确找出自身与科研期望目标之间的差距，为后续的发展方向调整提供有力依据。其次，激励与导向功能旨在引导并激励评价对象朝着科研期望目标努力。这一功能的发挥取决于评价标准的导向性，通过充分激发并维持评价对象的潜在能力和内部动力，调动其工作的积极性和热情，推动科研活动的持续发展和创新。再者，诊断与调节功能对于提高大学科研活动质量和实现科研管理目标具有重要意义。它通过对科研活动的成果与效益、矛盾与问题进行判别和分析，及时发现问题并采取相应的修正调整措施，确保科研活动的顺利进行和高质量完成。最后，监督与管理功能则是对评价对象进行持续检测和督促的重要环节。通过将评价对象与期望目标值进行比较和核实，确保其符合预期要求并顺利完成预定任务和目标。

在英、美、法、澳的科研评价实践中，由于对评价结果的使用不同，各国大学科研评价所发挥的功效也呈现出差异性。英国科研评价工作主要将评估结果用于决定各大学所获科研资金拨款的分配额数，体现了识别与鉴定的基本功能；美国科研评价活动则更注重帮助大学确定发展方向及改进措施，彰显诊断与调节的作用；法国科研评价体系则通过将评价结果作为提供科研资金支持的参照依据来激励和引导大学科研活动的发展方向；而澳大利亚的科研评价则兼顾了识别与鉴定以及监督与管理的双重功能，旨在全面考核大学内部各项科研工作和科研人员的绩效情况并帮助大学制定科学合理的科研发展战略。

以上四国大学科研评价工作基于不同的评价目标和具体的评估对象，充分发挥了自身应有的功效和潜在能力。这不仅有助于优化其大学科研评价体系，更推动了全球科研活动的持续创新和发展。

三、高职高专教师科研长周期评价体系构成

高校教师科研评价体系作为高校科研评价工作的重要且核心组成部分，其构建旨在科学、全面、客观地反映高校教师的科研水平和能力。该体系由多个要素构成，包括评价主体、评价对象、评价方法、评价指标、评价方向等，是一个相对完整且系统化的工程。合理的科研评价体系不仅能准确衡量高职高专教师的科研绩效，激励教师的科研积极性，还能为高职高专院校科研能力的提升和核心竞争力的增强提供有力支持。根据高校教师科研评价体系的内涵可以发现，构成高职高专教师科研长周期评价体系的要素主要包括以下几个部分：评价主体、评价对象、评价目标、评价方法、评价指标、评价周期、评价结果及运用、评价信息的参考者。

（一）评价主体

在高职高专科研评价体系中，评价主体作为推动科研评价工作有序进行的核心力量，其构成与角色定位对于确保评价结果的公正性、科学性和有效性至关重要。相较于传统的高等教育科研机构，高职高专院校在科研评价上呈现出独特的特点，这些特点直接影响了评价主体的选择与运作方式。以下是对书中评价主体的发散性解释。

1. 外部评估者：强化监督与指导

在高职高专科研评价体系中，外部评估者扮演着至关重要的角色，它们通过独立的视角和专业的评估手段，为高职高专院校的科研活动提供客观的评价与反馈。外部评估者主要包括官方评价机构和非官方评价机构两大类别。

（1）官方评价机构

以政府教育管理部门为主导的官方评价机构，是高职高专科研评价工作的主要管理者。它们通过制定评价政策、监督评价过程、发布评价结果等方式，确保高职高专院校科研工作的规范性和有效性。这些机构不仅能够引导院校科研方向与国家战略需求相契合，还能通过资源配置和政策激励，促进高职高专院校科研能力的提升。

（2）非官方评价机构

随着社会对高职高专院校科研能力关注度的提升，越来越多的非官方评价

机构，如社会第三方组织、科研机构等，积极参与到高职高专科研评价中来。其往往拥有较为完备的科研管理体系和丰富的评估经验，能够提供更加客观、公正的评价结果。尤其在国际上，许多发达国家已经建立了权威的第三方评价组织，为我国高职高专院校科研评价树立了标杆。

2. 内部评估者：自我反思与持续改进

高职高专院校作为科研活动的主体之一，也是科研评价的重要内部评估者。内部评估强调院校的自我反思和持续改进，旨在通过建立内部评价机制，促进科研管理体制的优化和科研资源的合理配置。

（1）院校自我评价

高职高专院校通过设立专门的评价机构或委托专业团队，定期对本校的科研能力进行评估。评估内容涵盖科研管理体制、科研活动进展、科研资源构成和科研成果等多个方面。通过对比分析自身科研目标与实际进展的差距，高职高专院校能够及时发现存在的问题和不足，并制定相应的改进措施。

（2）教师与科研团队参与

除了校级层面的自我评价外，教师与科研团队也是内部评估的重要力量。他们通过反思日常科研工作与积累科研经验，对科研项目的实施效果、科研成果的转化应用等方面进行自我评价。这种自下而上的评价方式有助于形成更加全面、深入的科研评价视角，为高职高专院校科研能力的提升提供有力支持。

在高职高专科研评价体系中，外部评估者与内部评估者并非孤立存在，而是相互依存、协同作用的关系。外部评估者通过提供客观、公正的评价结果，为高职高专院校科研能力的提升提供外部动力；内部评估者则通过自我反思和持续改进，为外部评价提供真实、可靠的数据支持。两者相互补充，相互促进，共同推动高职高专院校科研评价工作的深入开展。此外，高职高专院校还应积极寻求与国内外同行的交流与合作，共同构建多元化的评价主体体系。通过邀请国内外权威专家参与科研评价工作，引入先进的评价理念和方法，提升科研评价的专业性和国际化水平。同时，加强与行业企业、科研机构的合作，建立产学研用紧密结合的科研评价机制，促进科研成果的转化应用和社会价值的实现。

高职高专科研评价主体的多元化与专业性是确保评价结果公正、科学和有效的关键。通过强化外部监督与指导、推动内部反思与持续改进、加强与国际同行的交流与合作，高职高专院校能够不断提升自身的科研评价能力，为培养高素质技术技能人才、服务经济社会发展做出更大贡献。

（二）评价对象

在高职高专科研评价体系中，评价对象呈现出独特的特点和需求。高职高专院校以技能型、应用型人才培养为重任，因此其科研评价的对象不仅涉及传统的科研项目和成果，还包括科研团队与人才、科研平台与设施、产学研合作等多个方面。

1. 科研项目与成果

科研项目与成果是高职高专科研评价的核心对象。这些项目往往聚焦于行业应用、技术革新和社会服务，强调实际应用价值和成果转化效率。在评价时，应重点关注项目的创新性和实用性，以及其成果是否能够解决行业实际问题、推动技术进步和提升社会效益。

2. 科研团队与人才

科研团队与人才作为科研活动的主体，也是评价的重要对象。高职高专院校需要评估科研团队的专业结构、协作能力和创新能力，以及领军人物的学术和行业影响力。同时，对青年教师的培养和支持力度也是衡量科研潜力的重要指标。这种评价方式有助于推动高职高专院校加强科研团队建设，提升整体科研实力。

3. 科研平台与设施

科研平台与设施在高职高专科研活动中发挥着关键作用。评价时需关注高职高专院校是否建立了与行业紧密对接的科研平台，并考察这些平台在人才培养、技术研发和社会服务方面的作用。良好的科研平台和设施支撑有助于推动科研活动的深入开展，提升科研成果的质量和影响力。

4. 产学研合作

产学研合作情况也是高职高专科研评价的重要对象。产学研深度融合是高职高专科研发展的重要趋势，评价时需考察学校与企业、科研机构的合作深度、广度及合作成效。这种合作模式有助于推动科技创新与产业需求的有效对接，促进科研成果的快速转化和产业化。

高职高专科研评价的对象具有多样性和复杂性。在构建评价体系时，应注重实际应用与成果转化、强化社会服务能力、促进产学研深度融合、构建多元化评价体系等方面。这些举措有助于推动高职高专科研水平的提升，为地方经济社会发展做出更大的贡献。同时，为了满足高职高专科研评价的特性和需求，还应不断探索和创新评价方法和技术手段，以适应新时代科研发展的要求。

在实际操作中，高职高专院校可以结合自身特点和需求，制定具体的评价指标和方案。例如，可以增加成果转化相关的权重，关注科研成果的实际应用价值和转化效率；可以强调科研活动的社会服务属性，评估科研成果在推动区域产业升级、促进就业创业等方面的贡献；可以积极推动产学研深度融合，探索建立产学研用一体化的创新体系；可以构建多元化的评价体系，邀请行业专家、企业代表等参与评价工作，提升评价结果的客观性和公正性。通过这些措施的实施，可以进一步推动高职高专科研评价体系的完善和发展。

（三）评价目标

在高职高专科研评价体系中，评价目标的设定至关重要，它不仅引导着科研工作的方向，也是衡量科研工作成效的标尺。相较于本科院校，高职高专院校在科研评价上更注重实际应用与技术创新，这一特点在评价目标的设定上得到了充分体现。评价目标的设定应关注以下五个方面。

1. 关注科研管理体制的适应性

这种适应性不仅体现在科研管理体制能否有效支撑科研活动的开展，更在于其是否能促进科研成果的快速转化与应用，从而服务于地方产业升级和经济发展。在科研评价过程中，应考察管理体制的灵活性和高效性，以及其激发教师和研究人员科研热情的能力。同时，建立良好的产学研合作机制也是科研评价的重要方面，以确保科研成果能够及时转化为实际生产力。

2. 突出科研活动进展的实用性导向

与综合性大学不同，高职高专院校的科研活动更加侧重于应用技术研究、技术创新与产品开发。因此，在评价科研活动进展时，我们应深入考察科研项目的实际应用价值、市场需求度以及对企业技术改造和产品升级的贡献度。这样的评价方式有助于引导科研工作更加贴近市场需求，提高科研成果的转化率和市场竞争力。

3. 注重科研资源构成的优化与整合

由于高职高专院校在科研资源方面相对有限，因此在评价过程中应特别注重科研资源的合理分配和有效利用。这包括科研资金的分配、科研设施与设备的利用、科研团队的结构优化以及科研信息的共享与交流等方面。通过优化与整合科研资源，可以提高资源利用效率，促进科研工作的顺利开展。

4. 提升科研成果的社会影响力与经济效益

科研成果的最终价值应体现在其对社会的贡献度上。因此，在评价过程中应高度重视科研成果的实际应用效果与影响。具体来说，可以通过评估科研成果的转化率、市场占有率、经济效益以及社会贡献度等指标来全面衡量其价值与意义。

5. 助力科研创新能力的培养与提升

这包括提升教师的科研创新能力、培养学生的科研素养以及营造良好的科研氛围等方面。通过鼓励教师积极参与科研活动、勇于探索未知领域以及重视对学生科研素养的培养等方式来激发其创新思维和实践能力，进而为科研创新提供有力支持。

高职高专科研评价的目标应围绕科研管理体制的适应性、科研活动进展的实用性导向、科研资源构成的优化与整合、科研成果的社会影响力与经济效益、科研创新能力的培养与提升等方面展开。这些目标的设定旨在引导高职高专院校的科研工作朝着更加健康、可持续的方向发展，为地方经济发展和社会进步作出更大的贡献。

（四）评价方法

在高职高专科研评价中，评价方法不仅关乎评价的准确性，更影响着科研的发展方向和资源分配。结合第五章科研评价的方法，对于高职高专教师科研长周期评价可以从定性研究、定量研究及综合评价法三个方面进行深入探讨和运用。

1. 定性研究

定性研究法在高职高专教师科研评价中扮演着重要角色。由于高职高专院校注重实践应用和技术创新，因此，定性研究能够更全面地反映科研成果的社会价值和应用效果。我们可以通过完善专家评议制度，引入行业专家、企业代表等来进行深度评估；同时，建立学生反馈机制，将学生的实践成果和技能提升纳入评价指标；还可以评估科研成果的社会影响，来确保评价结果的全面性和客观性。本研究采取的定性研究方法主要是德尔菲法、访谈法等。

2. 定量研究

定量研究法在数据处理和结果呈现上具有优势。为了适应高职高专科研的特点，我们可以进行精细化调整，例如，分析科研投入与产出比，以客观评价科研效率；对不同科研成果进行分类量化，如量化技术专利、软件著作权等，并赋予不同的权重值；同时，建立动态监测机制，定期对科研进展和成果产出进行量化评估，确保评价结果的时效性和准确性。本研究采取的定量研究方法主要是层次分析法、文献计量法等。

3. 综合评价法

综合评价法是定性研究法与定量研究法的有机结合。在高职高专科研评价中，我们可以尝试引入同行评议与专家打分相结合的方法，既保留专业性又确保客观性；构建科研评价信息系统，利用现代信息技术手段提高评价工作的效率和准确性；同时，建立科研评价反馈与改进机制，形成良性循环的科研评价生态系统。本研究采取的综合分析研究方法主要是比较研究法、行动研究法等。

（五）评价指标

在构建高职高专科研评价体系时，评价指标的设定不仅需要精准反映高职高专科研的实际情况，还要能够引导和促进其科研能力的持续提升。本部分将高职高专教师科研长周期评价体系的评价指标分为以下五类。

1. 系统性指标

系统性指标要求我们从整体和全局的视角来构建科研评价体系。这意味着我们需要考虑科研项目管理、团队建设、成果产出、成果转化等多个环节，并确保这些环节之间的连贯性和协调性。例如，我们可以设立项目申报成功率、项目执行监控、结题质量评估等指标，以全面提升科研管理的系统性。

2. 创新性指标

创新性是科研评价中的核心要素，旨在鼓励科研人员进行原创性和前沿性的研究。这类指标可以关注新技术的应用、原创性论文的发表情况，以及专利和软件著作权的申请等。同时，通过设立创新奖励机制，我们可以进一步激发科研人员的创新活力。

3. 实践性指标

鉴于高职高专院校对实践应用的重视，实践性指标是衡量科研成果转化和应用效果的关键。这类指标包括科研成果的转化率、技术转移合同金额、校企合作项目的数量和成效等。它们旨在引导科研人员关注科研成果的实际应用价值和社会贡献。

4. 可持续性指标

为了确保科研工作的长期发展，我们需要关注科研团队的建设、资源的优化配置、科研环境的营造等方面。具体指标如科研团队梯队建设、项目在上一项目上的延续情况、团队主持人对成员的培养情况、科研经费的投入与产出比、科研设施的更新与维护等，都是衡量高职高专科研可持续发展的重要因素。

5. 社会服务性指标

高职高专院校在社会服务方面扮演着重要角色。因此，社会服务性指标应体现科研工作对社会的贡献和影响。这包括科研成果的社会影响力、科技咨询与服务的数量和质量，以及技术培训和知识普及的覆盖面等。通过这些指标，我们可以激励科研人员更加关注社会需求，并积极参与社会服务活动。

高职高专科研评价指标的设定应综合考虑系统性、创新性、实践性、可持续性和社会服务性等多个维度。通过不断优化和完善这些指标，我们可以引导科研人员树立正确的科研导向，提高科研质量和水平，并推动高职高专院校的科研能力和核心竞争力不断提升。

（六）评价周期

高职高专教师科研长周期评价着重考虑科研活动的持续性和长远性，通过合理的评价周期设定，旨在稳步推动教师的科研能力提升和学校科研环境的优化。结合第三章对长周期评价内涵的解释，本部分对高职高专教师科研长周期评价的评价周期进行系统的概括和解释。

1. 设定合理的评价周期

评价周期的设定显得至关重要。它不仅影响评价的有效性和及时性，更关系到教师的科研动力和对科研环境的塑造。在确定评价周期时，需要全面考虑高职高专的学科特性、可用科研资源和师资队伍的构成，避免评价周期过短导致的“短视效应”，也要防止评价周期过长而带来的拖沓和懈怠。一般而言，将评价周期设为三到五年较为合理，这样的时长既能体现科研的长期性，又能为教师提供适时的反馈。

2. 细化阶段性的周期目标

评价周期内应进一步细化阶段性目标。这有助于教师在不同的时间段内明确科研任务和方向，保障科研工作的有序开展。例如，可以将整个评价周期划分为前期准备、中期实施和后期总结提升三个阶段。在前期准备阶段，教师应结合兴趣点、学科发展前沿和学校需求选定研究课题，并制定详尽的研究计划。在中期实施阶段，则需要教师定期汇报科研进度，学校也应提供相应的支持和资源，确保科研的顺利进行。到了后期总结提升阶段，教师应提交全面的科研成果报告，学校组织专家进行成果鉴定，并根据结果给予相应的表彰和奖励。

3. 灵活调整周期内容

评价周期并非固定不变，而应根据实际情况灵活调整。例如，在面对重要科研项目或不可预见的事件时，可以适当调整评价周期或内容，以确保教师有充足的时间和精力进行科研工作。此外，随着科研环境和理念的变化，评价体系也应随之更新和完善，保持其科学性和时效性。

除了上述对评价周期的详细规划外，还需认识到高职高专教师科研长周期评价的深远意义。它不仅能够激发教师的科研热情和创造力，推动学校科研的持续发展，更有助于提升高等教育的整体科研水平。通过设置科学合理的评价体系，我们可以更好地发现和培养优秀的科研人才，促进科研成果的转化和应用，为社会进步和经济发展贡献力量。在未来的发展中，我们期待高职高专教师科研长周期评价体系能够不断完善与创新，更好地服务于高等教育科研事业。通过设定合理的评价周期、明确阶段性目标、灵活调整评价周期、持续优化评价体系等措施，我们可以为高职高专教师的科研工作提供更加科学、合理的指导和支持。这不仅有助于提升教师的科研能力和水平，更能够推动整个高等教育科研事业的繁荣发展。

（七）评价结果及运用

在高职高专科研评价体系中，评价结果不仅是对学校科研能力和成果的直接反映，更是指导未来科研战略规划、资源配置以及教学科研融合的关键依据。

1. 展现成效

高职高专的科研评价结果应全面而深入地展现学校在科研成果质量、社会服务与技术应用、人才培养与团队建设等多个方面的实际成效。这包括高质量论文、专利的产出情况，技术转移项目的实施情况，以及在业界、学术界的影响力等。同时，强调科研成果对产业升级、技术革新和地方经济发展的具体贡献，也是评价结果中的重要部分。

2. 确保公平

评价结果的信度和效度是确保评价公正、客观的关键。通过采用严格的评价方法、多元的评价主体和科学的指标体系，可以确保评价结果的可靠性和有效性。这要求在评价过程中，既要注重对定量数据的分析，也要结合定性评价，以全面、准确地反映学校的科研实力和潜力。

3. 反馈改进

评价的反馈与改进机制也是不可或缺的。根据评价结果，我们可以及时发现问题和不足，制定具体的改进措施和计划，从而推动科研工作的持续优化和提升。同时，评价结果还可以作为科研资源配置、职称评定和奖励激励的重要依据，以激发科研人员的积极性和创造力。

4. 产学研融合

高职高专的科研评价应推动产学研的深度融合，加强与企业的合作与交流，实现科研成果的转化和应用，为地方经济发展注入新的活力。同时，评价结果也应充分反映学校在服务区域经济发展方面的贡献和成效，如提供技术咨询服务、人才培养输出等，以提升高职高专院校的科研服务能力和社会影响力。

5. 教研融合

科研评价还应与教育教学改革紧密结合，推动教学内容的更新和教学方法的改革，提升学生的实践能力和创新能力。这种科研与教学之间的互动和融合，有助于促进科研成果向教学成果的转化，提高教育教学质量和人才培养质量。

高职高专科研评价结果不仅是对高职高专院校科研能力和成果的总结和评价，更是推动学校全面发展的重要动力。通过科学、客观、全面的评价结果分析和评价结果应用，可以不断提升高职高专院校的科研水平和社会影响力，为区域经济发展和社会进步作出更大的贡献。

（八）评价信息的参考者

与传统本科院校相比，高职高专院校的科研评价更注重实践应用与技术革新，因此其评价信息的参考者展现出多样性和复杂性。这些参考者不仅包括政府科研管理部门、教育管理部门、学校，还涵盖了行业企业、社会团体以及学生等多个层面。

1. 学校科研自我评价

对于学校整体科研水平的自我评价，高职高专科研评价可以提供一个全面而客观的视角。通过科研自我评价，学校可以了解到自身在科研投入、科研成果产出、科研团队建设、科研管理等多个方面的表现。这些信息有助于学校认清自身的科研实力和潜力、在同类院校中的位置和竞争力，还能够为判断教师科研水平高低提供重要依据。通过对每位教师的科研项目、科研成果、学术影响力等方面进行评价，可以客观地衡量教师的科研能力和贡献。这不仅有助于学校对教师进行公正的绩效考核和奖惩激励，还能帮助教师认清自身在科研方面的优势和不足，从而制定有针对性的提升计划。这样便为学校提供了一个自我审视和自我改进的平台，通过这一平台，高职高专院校可以更加明确自身的科研定位和发展方向，同时也能更好地激发教师的科研热情和创造力，推动高职高专院校科研工作的持续发展与创新。

2. 政府管理部门资源配置

政府科研管理部门和教育管理部门在宏观层面指导高职高专的科研方向，

通过制定相关政策、分配科研资源、监督科研进展来推动高职高专科研水平的提升，并确保科研成果服务于国家发展战略。同时，高职高专院校自身也积极参与科研评价，以便准确认清自身的科研实力，及时调整科研策略，并优化资源配置。

3. 行业企业信息参考

值得一提的是，行业企业在高职高专科研评价中扮演着重要角色。由于高职高专科研强调与行业的紧密结合，行业企业通过参与科研评价，能更深入地了解高职高专院校的科研实力和技术创新能力，从而为校企合作、技术转移等提供有力的决策支持。此外，社会团体如行业协会和科研机构等也可通过评价信息，促进科研成果的推广与应用。

4. 学生直观评价

学生作为教育的直接受益者，他们的评价为高职高专科研评价提供了新的视角。学生通过参与科研项目、体验科研氛围等方式，形成对学校科研水平的直观感受，其评价不仅反映了科研活动的普及度和影响力，还为学校提供了改进科研工作的宝贵建议。

以上评价信息参考者在高职高专科研评价体系中发挥着举足轻重的作用。他们不仅提供了宝贵的数据和信息支持，更通过参与和反馈，推动科研评价工作的持续改进和优化，促进科研资源的合理配置，提升科研活动的针对性和实效性，并增强科研评价的公信力与透明度。同时，学生的参与也促进了他们自身的全面发展，提升了其就业竞争力。

〈〈〈 第二节 〉〉〉

高职高专教师科研长周期评价指标体系

高等专科学校和高等职业学校同属于我国高等教育中的专科层次教育，作为我国高等教育的一部分，高职高专院校与普通本科院校既有共性，又有其独特性。特别是职业教育被定位为“类型教育”之后，就需要重新审视高职高专院校和普通本科院校科研工作的差别。高职高专院校不能再简单地照抄照搬或者生搬硬套本科院校的科研评价体系，而要建立具有高职高专院校自身特色的科研评价体系，首先就要了解高职高专院校自身的办学特点和科研特点，才能使构建的高职高专科研评价体系更具针对性、科学性和实用性。本部分的研究思路是：依据评价理论、工作分析理论、高校教师发展相关理论等理论基础，通过问卷调查法、德尔菲法、层次分析法等研究方法，分析高职高专院校的科研工作，厘清高职高专教师科研长周期评价的内涵和意义，调查贵州省高职高专教师科研长周期评价的现实表征，识别高职高专教师科研长周期评价的结构要素，以此来构建高职高专教师科研长周期评价指标体系。

一、高职高专教师科研长周期评价指标体系

本研究综合运用问卷调查法、文献法、比较法、德尔菲法等，构建高职高专教师科研长周期评价指标体系。通过高职高专院校教师科研工作分析、高职高专教师科研长周期评价概念和意义阐释、高职高专教师科研评价调查分析，提取高职高专教师科研长周期评价特征，然后运用德尔菲法，对 21 位专家发放专家咨询问卷。这 21 位专家包括：研究机构中从事教育评价的专家 2 名、职业本科中的专任教师和科研管理人员 2 名、高职高专院校中的专任教师和科研管理人员 17 名。对高职高专教师科研长周期评价的指标进行了三轮问卷咨询，并形成了高职高专教师科研长周期评价的初始指标，再使用德尔菲法，对构建的高职高专教师科研长周期评价的指标体系的主要内容进行验证和修正。需要特别说明的是，在将修正后的高职高专院校教师科研长周期评价的初始指标向专家征求意见的过程中，有专家建议，高职高专教师科研长周期评价指标体系可以构建职业教育大科研观的“教”“学”“研”“训”“赛”全面的职业教育全生命的一级指标体系，又在每一个一级指标下构建了平台 / 团队、项目、活动、成果、获奖、转化 / 应用等科研活动全生命周期的二级指标，在每一个二级指标下构建了平台 / 团队主持人和成员全体发展、项目从立项到结项的全过程、项目从上一个项目到下一个项目的延续性、科研活动从组织到参与的积极程度、科研规划到科研增值的过程成长等的科研长周期在空间上的评价。高职高专教师科研长周期评价指标体系的最终模型见表 6-1。

表 6–1　高职高专教师科研长周期评价指标体系最终模型

一级指标	二级指标	三级指标
A1 教学研究	A11 教育教学改革与研究项目	A111 教育教学改革与研究项目 / 课题
		A112 组织教研活动
		A113 参加教研活动
		A114 教育教学改革与研究项目 / 课题到账经费
		A115 教育教学改革与研究项目 / 课题获奖
	A12 教育教学改革与研究成果	A121 教育教学改革与研究著作
		A122 教育教学改革与研究论文
		A123 教育教学改革与研究会议出版物
		A124 教育教学改革与研究知识产权
		A125 教育教学改革与研究成果获奖
	A13 教育教学改革与研究的应用与转化	A131 教育教学改革与研究专利转化 / 许可金额
		A132 教育教学改革与研究决策咨询 / 研究报告被党政部门采纳或得到领导批示
		A133 教育教学改革与研究技术服务
		A134 教育教学改革与研究成果在教育管理中的应用
		A135 教育教学改革与研究成果在教学中的应用
	A14 作为带头人建设教学团队 / 平台	A141 教学团队 / 平台结构完整度
		A142 在上一团队基础上形成新的团队
		A143 教学团队 / 平台等级
		A144 教学团队 / 平台带头人成果等级
		A145 教学团队 / 平台成员最高成果等级
		A146 教学团队 / 平台所获科研荣誉
	A15 作为团队成员建设教学团队 / 平台	A151 参与的教学团队 / 平台成果等级
		A152 参与教学团队 / 平台所获科研荣誉
B2 学生培养	B21 指导学生获得职业证书	B211 所授学生获得职业资格证书人数占所授学生比例
		B212 所授学生获得职业资格等级证书人数占所授学生比例
	B22 学生参与教师立项项目	B221 学生参与教师科研立项项目人数

续表

一级指标	二级指标	三级指标
B2 学生培养	B23 指导学生科研成果	B231 指导学生获专利数
		B232 指导学生公开发表论文
	B24 指导学生竞赛	B241 指导学生科技 / 创新创业竞赛获奖
		B242 指导学生技能比赛（体育、艺术比赛）获奖
C3 学术研究	C31 学术研究项目	C311 学术研究纵向项目 / 课题
		C312 学术研究纵向项目到账经费
	C32 学术研究成果	C321 学术研究著作
		C322 学术研究论文
		C323 学术研究会议出版物
		C324 学术研究知识产权
		C325 学术研究成果获奖
	C33 学术研究成果应用与转化	C331 学术研究专利转化 / 许可金额
		C332 学术研究决策咨询 / 研究报告被党政部门采纳或得到领导批示
		C333 学术研究技术咨询服务
	C34 作为带头人建设科研团队 / 平台	C341 科研团队 / 平台结构完整度
		C342 在上一团队基础上形成新的团队
		C343 团队 / 平台等级
		C344 团队 / 平台带头人成果等级
		C345 团队 / 平台成员最高成果等级
		C346 团队 / 平台所获科研荣誉
	C35 作为团队成员建设科研团队 / 平台	C351 参与的团队 / 平台成果等级
		C352 团队 / 平台所获科研荣誉
	C36 科研规划	C361 制定个人三年科研发展规划
		C362 个人科研计划完成程度
	C37 科研成长	C371 作为主讲人在行政部门、行业企业组织的培训、讲座、宣讲等中开展科研交流
		C372 三年科研增值量
		C373 参加学术活动

续表

一级指标	二级指标	三级指标
D4 实训实践	D41 实训 / 实践项目	D411 横向项目与课题
		D412 在上一项目基础上生成新的项目
		D413 横向项目到账经费
	D42 实训 / 实践成果	D421 专业实践报告、论文等
		D422 行业标准
		D423 实训研发
	D43 实训 / 实践成果运用与转化	D431 实训研发转化金额
		D432 实训实践成果采用 / 批示
		D433 技术咨询
	D44 科学普及与推广	D441 科普项目
		D442 科普的范围
		D443 科普次数
		D444 科普成果
E5 比赛竞赛	E51 个人竞赛	E511 参加科技 / 创新创业竞赛获奖
		E512 参加技能或专业类比赛获奖
		E513 参加教学比赛获奖

二、高职高专教师科研长周期评价指标内涵阐释

（一）一级指标

一级指标包括 5 个，分别为教学研究、学生培养、学术研究、实训实践、比赛竞赛。

1. 教学研究

我国高等教育学家潘懋元曾将中国的高等学校分为三种类型：学术型大学、应用型本科高校、职业技术高校，其中的职业技术高校也就是高职高专院校，其定位是培养职业技能型人才（潘懋元、董立平，2009）。高职高专院校也主要是通过教学进行人才培养。何万国等学者（2015）经过文献总结，也将高等学校分为专科教学型学院、本科教学型学院、教学科研型大学、科研型大学。熊丙奇（2020）认为高职高专院校应聚焦教学，鼓励并引导教师进行教育教学

研究和创新，就是开展科研。从专家们对高等学校的分类可以看出，我国高校分为专科层次和本科层次，专科层次的高校（也就是高职高专院校）都是以教学为主要任务，因此按照高职高专院校科研定位和特点，其目标首先是要解决教育教学实践中的理念、模式和方法的创新问题。教学是高职高专教师最主要的工作，高职高专教师除了要潜心教学实践，还要对在教学实践中发现的新问题进行反复研究、思考、研讨和探索，将其转化成科研成果，并通过科研成果再转换成教育资源用于日常教学，以丰富教学内容，改进教学方法，提高自身素养，促进教学改革，形成教与研相互促进、相互带动的良好氛围。因此，高职高专教师科研评价的目的首先是提高教育教学质量及促进教育教学，而高职高专教师教学研究评价则主要考察的是教师是否在开展教育教学研究项目、教师的教育教学研究成果质量如何、教师的教育教学研究成果是否在教育教学中得到应用与转化、教师的教研活动参与程度和参与建设教育教学研究团队 / 平台等的情况。

2. 学术研究

职业教育的职业属性决定了高职高专院校的科研具有技术性和学术性并存的特点。虽然高职高专院校与本科院校的科研在本质上存在应用性和学术性的差别，但是并不意味着高职高专教师的科研不具学术性，事实上，高职高专教师作为高校教师也会因为其专业背景不同而分布于学校的各个专业中（此时的专业是作为独立的教学单位而存在）。此时，高职高专教师要承担所在专业的教学任务，就需要将自己原有的专业和所教授的专业相结合，而如果教师想在教学中得到更好的效果，就需要将这两者有机融合。因此，高职高专教师除了要进行教学研究，还需要对自己的专业进行深入研究，并思考两者之间的结合点，我们可以将高职高专教师的这种研究称为专业研究或者是学术研究。

由此可见，高职高专教师科研评价的另一目的也是要提高教师的专业水平和能力。高职高专教师学术研究评价主要考查的是教师是否在开展专业研究项目、教师的专业研究成果质量如何、教师的专业研究成果是否在行业企业中得到应用与转化、教师的学术活动参与程度、参与建设学术研究团队 / 平台的情况、教师对自身的科研规划情况等。

3. 学生培养

高校的基本职能之一是人才培养，高职高专院校作为一种高校类型，人才培养也是其办学的生命线。高职高专院校的人才培养任务是要通过教师将学生培养成为高素质的技能型和应用型人才，因而在其培养过程中，必须重视学生职业经验和职业技能的获得。因此，在人才培养过程中，除了通过日常教学实践，要培养学生的岗位适应能力，还要基于学生所学专业与所对应的职业和岗位进行培养，指导学生获取所学专业对应的职业证书，如职业资格证书、执业资格证、职业等级证书等，还要指导学生参加各级各类的技能竞赛和比赛。除此之外，还要培养学生的创新创业能力，要通过鼓励学生参与教师科研项目，指导学生发挥创新才能，帮助学生将其科研成果转化为实践应用。高职高专教师的这一系列人才培养工作要想取得良好的效果和成绩，就必须要在人才培养实践工作中反复钻研和探索。在高职高专院校中，教师对人才培养工作进行不断研究也是一种科研工作。

因此，高职高专教师科研评价的目的之一也是要提高教师的人才培养水平和能力。高职高专教师人才培养研究评价主要考查的是教师指导学生获得职业证书、指导学生科研成果、指导学生竞赛，以及学生参与教师立项项目等的情况。

4. 实训实践

高职高专院校的人才培养目标定位是培养高素质的技术型和技能型人才。在培养过程中，还要重视学生实践能力的培养，教师是学生实践能力的直接培养者，教师自身的实践和实训能力的高低直接影响学生实践和实训能力的质量高低，影响高技术高技能人才培养质量的高低。目前，高职高专教师主要是专业教师，其来源大部分为来自于综合性大学的应届毕业生，还有一小部分来自于行业企业引进或聘用的管理人才、高技术技能人才或者高职高专院校留校任教的、具有较强动手操作能力的优秀毕业生。大部分的高职高专教师往往从“校门”直接到“校门”，缺乏一线岗位实践经历，对行业知识掌握不够，对行业企业发展趋势把握不足，动手操作能力不强，对学生实践学习的指导能力不强，并且高职高专教师普遍存在着实践教学能力不足、实训指导能力普遍偏弱的情况（冯旭芳，2020）。为落实教育部《关于加强高职（高专）院校师资队伍建设的意见》，要建设一支具有较强实践能力、较强应用技术能力的“双师型”

教师队伍，教师就要通过反复的企业实践和探索来提高自身的实践实训能力。

因此，高职高专教师科研评价的目的也是要提高教师的实践实训水平和能力。高职高专教师实践实训研究评价主要考查的是教师实训 / 实践项目、实训 / 实践成果、实训 / 实践成果运用与转化、科学普及与推广等的情况。

5. 比赛竞赛

高职高专的比赛竞赛主要包含学科竞赛、技能比赛、教学比赛等。比赛竞赛是全面展示、培养和提高教师教学技能和专业水平的有效途径。首先，比赛竞赛能够给予每位教师展现个人能力的机会。其次，比赛竞赛是提高教师教学技能和专业水平的一种重要途径，在比赛的准备和比赛过程中，教师会得到真正的锻炼和提高，教师在展示自己的同时，还能与其他参赛教师进行各个层面的广泛交流，开拓思维，互相学习，共同进步。最后，比赛竞赛是促进高职高专教师成长的重要手段。比赛竞赛不仅是为了提升教师教学技能和专业水平，更是为了通过比赛活动来引导教师健康地成长和进一步发展，引导他们关注和了解最新的专业前沿和教育教学的现状，潜移默化地培养他们的责任意识、创新意识和学习意识。在此过程中，教师需要对以往比赛、赛制、规程等进行反复的研究，以科学制定比赛计划、比赛内容和比赛的训练方案等，这是一项艰巨的任务。

因此，高职高专教师科研评价还有要提高教师的教学技能、专业水平和自身素质能力的目的。高职高专教师比赛竞赛研究评价主要考查参加科技 / 创新创业竞赛获奖、参加技能或专业类比赛获奖、参加教学比赛获奖的情况。

（二）二级指标

21 个二级指标，即教育教学改革与研究项目、教育教学改革与研究成果、教育教学改革与研究的应用与转化、作为带头人建设教学团队 / 平台、作为团队成员建设教学团队 / 平台，指导学生获得职业证书、学生参与教师立项项目、指导学生科研成果、指导学生竞赛，学术研究项目、学术研究成果、学术研究成果应用与转化、作为带头人建设科研团队 / 平台、作为团队成员建设科研团队 / 平台、科研规划、科研成长，实训 / 实践项目、实训 / 实践成果、实训 / 实践成果运用与转化、科学普及与推广，个人竞赛。

（三）三级指标

69 个三级指标，即教育教学改革与研究项目 / 课题、组织教研活动、参加教研活动、教育教学改革与研究项目 / 课题到账经费、教育教学改革与研究项目 / 课题获奖、教育教学改革与研究著作、教育教学改革与研究论文、教育教学改革与研究会议出版物、教育教学改革与研究知识产权、教育教学改革与研究成果获奖、教育教学改革与研究专利转化 / 许可金额、教育教学改革与研究决策咨询 / 研究报告被党政部门采纳或得到领导批示、教育教学改革与研究技术服务、教育教学改革与研究成果在教育管理中的应用、教育教学改革与研究成果在教学中的应用、教学团队 / 平台结构完整度、在上一团队基础上形成新的团队、教学团队 / 平台等级、教学团队 / 平台带头人成果等级、教学团队 / 平台成员最高成果等级、教学团队 / 平台所获科研荣誉、参与的教学团队 / 平台成果等级、参与教学团队 / 平台所获科研荣誉、所授学生获得职业资格证书人数占所授学生比例、所授学生获得职业资格等级证书人数占所授学生比例、学生参与教师科研立项项目人数、指导学生获专利数、指导学生公开发表论文、指导学生科技 / 创新创业竞赛获奖、指导学生技能比赛（体育、艺术比赛）获奖、学术研究纵向项目 / 课题、学术研究纵向项目到账经费、学术研究著作、学术研究论文、学术研究会议出版物、学术研究知识产权、学术研究成果获奖、学术研究专利转化 / 许可金额、学术研究决策咨询 / 研究报告被党政部门采纳或得到领导批示、学术研究技术咨询服务、科研团队 / 平台结构完整度、在上一团队基础上形成新的团队、团队 / 平台等级、团队 / 平台带头人成果等级、团队 / 平台成员最高成果等级、团队 / 平台所获科研荣誉、参与的团队 / 平台成果等级、团队 / 平台所获科研荣誉、制定个人三年科研发展规划、个人科研计划完成程度、作为主讲人在行政部门、行业企业组织的培训、讲座、宣讲等中开展科研交流、三年科研增值量、参加学术活动、横向项目与课题、在上一项目基础上生成新的项目、横向项目到账经费、专业实践报告和论文等、行业标准、实训研发、实训研发转化金额、实训实践成果采用 / 批示、技术咨询、科普项目、科普的范围、科普次数、科普成果、参加科技 / 创新创业竞赛获奖、参加技能或专业类比赛获奖、参加教学比赛获奖。

三、国际国内高校科研评价指标体系

（一）国际科研评价指标体系

1. 世界大学学术排名

世界大学学术排名（Shanghai Ranking's Academic Ranking of World Universities，ARWU），全称为软科世界大学学术排名，是由中国独立设置并发布的全球大学排名，旨在评价全球大学的学术实力和研究水平。ARWU排名以其评价体系的客观和透明引领了国际大学排名的浪潮，是全球最具影响力和权威性的大学排名之一。其科研评价指标（表6-2）包含：教师和校友质量，包括教师和校友获得诺贝尔奖和菲尔兹奖的情况，这反映了学校培养和吸引顶尖科研人才的能力；科研成果，特别关注在*Nature*和*Science*等国际顶尖学术期刊上发表论文的情况，因为这些期刊代表了科研领域的最高水平；学科领域影响力，评估各学科领域被引用次数最高的科学家数量，这体现了学校在特定学科领域的国际影响力和研究深度。

表6–2　世界大学学术排名 (ARWU) 学术评价指标及内容

序号	指标	内容
1	教师和校友质量	获诺贝尔奖和菲尔兹奖的校友的折合数、获诺贝尔奖和菲尔兹奖的教师的折合数
2	学科领域影响力	各学科领域被引用次数最高的科学家数量
3	科研成果	在*Nature*和*Science*杂志上发表的论文折合数、被科学引文索引（SCI）和社会科学引文索引（SSCI）收录的论文数

世界大学学术排名 (ARWU) 的科研评价指标中诺贝尔奖和菲尔兹奖的获奖者在我国国内人数甚少，显然ARWU的前两项指标都不太适合应用于我国国内的高校科研评价当中，而优秀校友和教师的折合数仍然值得参考。

2. 英国科研卓越框架

科研卓越框架（REF）是英国政府组织的高校评估，用于评价英国高等教育机构的科研质量和影响力，并为政府拨款提供依据。REF评估通常每7年进行一次，对英国高校的科学研究进行全面、深入的评估。其科研评价指标包含：科研成果（output），占60%，包括学术论文、专著、艺术作品、专利等科研成果的质量和数量；科研影响（impact），占25%，评估科研成果对经济、社会、文化、政策、健康、环境和人们生活水平的积极影响；科研环境（environment），占15%，包括科研人员的水平、设备仪器、团队文化、工作氛围、项目监管、资金管理等，反映科研机构的综合支持能力。REF的评价结果分为四个等级（表6-3）：4*（世界顶尖）、3*（国际优秀）、2*（国际认可）、1*（国内认可），以及无法分类（unclassified）。

表6–3　英国科研卓越框架(REF)评价指标

序号	指标	权重	内容
1	科研成果	60%	学术论文、专著、艺术作品、专利等科研成果的质量和数量
2	科研影响	25%	评估科研成果对经济、社会、文化、政策、健康、环境和人们生活水平的积极影响
3	科研环境	15%	科研人员的水平、设备仪器、团队文化、工作氛围、项目监管、资金管理等，反映科研机构的综合支持能力

REF评价体系的评价维度包括科研成果、科研影响、科研环境三个方面，涵盖了科研活动的重要方面，非常有参考价值。而其中还涉及代表作评价制度和个案研究材料等，对于当下我国科研评价工作而言，同样也值得借鉴。

3. 德国科研顾问委员会的科学研究类研究所评价

德国的科学研究类研究所，如马普学会、弗朗霍夫学会等，通常接受来自德国科研顾问委员会或其他独立评估机构的定期评估。这些评估旨在确保研究所的科研质量和效率，并为其明确未来发展方向提供建议。其科研评价指标（以马普学会为例）包括：研究活动，包括研究计划的创新性、相关性、中期前景、与国内外科研领域的一致性，科研成果的质量和数量，青年科学家和客座科学家的贡献等；管理，包括预算规划、第三方经费获取、人员结构、设备与工作环境的安排等，反映研究所的管理水平和资源利用效率；对外关系，包括与高校的合作、科研成果的应用与转化、国际交流与合作等，体现研究所的社会影响力和国际化程度。（如表6-4所示）

表 6-4　德国科研顾问委员会对科学研究类研究所的评价指标

序号	指标	内容
1	研究活动	研究计划的创新性、相关性、中期前景、与国内外科研领域的一致性，科研成果的质量和数量，青年科学家和客座科学家的贡献等
2	管理	预算规划、第三方经费获取、人员结构、设备与工作环境的安排等，反映研究所的管理水平和资源利用效率
3	对外关系	与高校的合作、科研成果的应用与转化、国际交流与合作等，体现研究所的社会影响力和国际化程度

德国科研顾问委员会的评价指标主要包含了人员发展情况、科研规划和发展、资源建设状况、科研成果产出、机构的科研合作情况、经济效益等方面，内容比较广泛与全面。

4. 美国的科研评价与高校的综合评价

美国的科研评价与高校的综合评价体系复杂多样，涉及多个评价机构和标准。其中，美国国家科学基金会（National Science Foundation，NSF）发布的报告、同行评议法以及 SCI、EI 等文献计量指标是常用的评价工具。其科研评价指标（表 6-5）包含：研发支出，包括所有专门用于产生研究成果的活动的资金支出，反映高校对科研的投入力度；学术论文与引用次数，通过 SCI、EI 等文献计量指标评估学术论文的质量和影响力；学术奖项，如诺贝尔奖、普利兹克奖等，反映高校在特定领域的顶尖科研成就；科研成果的应用与商业化，包括专利转让、技术许可、创办衍生企业等，体现科研成果的社会效益和经济价值。

表 6-5　美国的科研评价与高校的综合评价的评价指标

序号	指标	内容
1	研发支出	所有专门用于产生研究成果的活动的支出资金，反映高校对科研的投入力度
2	学术论文与引用次数	通过 SCI、EI 等文献计量指标评估学术论文的质量和影响力
3	学术奖项	如诺贝尔奖、普利兹克奖等，反映高校在特定领域的顶尖科研成就
4	科研成果的应用与商业化	专利转让、技术许可、创办衍生企业等，体现科研成果的社会效益和经济价值

美国的科研评价指标在科研活动方面的指标集中关注 SCI 论文的发表和引用、科研经费、科研获奖情况，指标比较单一。而相对于其他指标体系，其对学生培养和教学环境多样性方面的重视是一个重要特点。

5. 澳大利亚卓越科研 (ERA) 评价

澳大利亚卓越科研 (ERA) 评价是澳大利亚政府分阶段构建的以政府为主导的科研评价制度。该评价体系注重科研质量和影响力，强调研究成果的应用价值和社会互动。其科研评价指标（表 6-6）包括：科研质量，通过同行评议对科研成果进行质量评价，包括学术论文、专著、艺术作品等；科研声誉，引入社会互动与影响力评价机制，评估科研成果对经济、社会、文化等方面的积极影响和贡献；科研数量，通过科研成果产出的数量和获得的科研经费收入来量化评价；科研应用，ERA 的指标体系纳入了科研商业收入的相关评价，能够引导科研不单只向理论层面发展，同时也向应用方面发展，与本研究的研究目标一致，有一定的借鉴意义。

表 6-6　澳大利亚卓越科研 (ERA) 评价指标

序号	指标	内容
1	科研质量	学术论文、专著、艺术作品、出版物及会议的级别、引用分析、ERA 同行评议、经同行评议的国内和国际科研收入
2	科研声誉	引入社会互动与影响力评价机制，评估科研成果对经济、社会、文化等方面的积极影响和贡献
3	科研数量	科研产出总量、科研收入等指标
4	科研应用	科研商业收入等应用测量指标

（二）国内科研评价指标体系

由于中国存在多个大学排行榜，且每个排行榜的评价指标和方法可能有所不同，因此这里以几个具有代表性的排行榜为例进行介绍。

1. 软科中国大学排名

软科中国大学排名是一份由软科（上海软科教育信息咨询有限公司）发布的中国大学综合排名榜单，该排名自 2015 年首次发布以来，以专业、客观、透明的优势赢得了广泛关注和认可，已经成为具有重要社会影响力和权威参考价值的中国大学排名领先品牌。其科研评价指标与世界大学学术排名（ARWU）相似，包括获奖情况、高被引科学家数量、在顶尖学术期刊上发表的论文数等（表 6-7）。这些指标综合反映了中国大学的科研实力和学术水平。

表 6–7　软科中国大学排名的科研评价指标

序号	指标	内容
1	获奖情况	具体奖项的获得情况（如国家级科技奖励）
2	高被引科学家数量	在特定时间段内高被引科学家的数量
3	顶尖学术期刊论文发表情况	在 *Nature*、*Science* 等顶尖学术期刊上发表的论文数

2. 中国校友会网大学排行

中国校友会网大学排行，通常也被称为校友会中国大学排名，是由全国第三方大学评价机构艾瑞深校友会网发布的。这一排名自发布以来，以其专业、客观的评价标准和广泛的数据收集，成为了中国高等教育领域内具有广泛社会影响力和权威参考价值的大学排名之一。其科研评价指标（表 6-8）包括：科研成果数量与质量（如论文数量、被引次数、专利数等）、科研平台建设（如重点实验室、工程研究中心等的数量和质量）、科研团队建设（如院士、长江学者等高层次人才的数量和质量）。这些指标全面评估了中国大学在科研方面的综合实力和潜力。

表 6–8　中国校友会网大学排行中的科研评价指标

序号	指标	内容
1	科研成果数量与质量	论文数量、被引次数、专利数等
2	科研平台建设	重点实验室、工程研究中心等的数量和质量
3	科研团队建设	院士、长江学者等高层次人才的数量和质量

从整体来看，中国校友会网的指标体系没有考虑到长久的影响力和社会效益。

3. 中国科学评价研究中心大学排行

中国科学评价研究中心大学排行（以下简称中评中心排行），并未像软科、校友会等机构那样广泛发布具体的大学综合排名或排行榜。中评中心排行可能更多地专注于科学研究评价、学科评估、期刊评价等领域，而非直接发布大学综合排名。其科研评价指标（表 6-9）包括：科研队伍与基地、科研项目与经费、科研产出、成果数量、效率与效益，设 5 个二级指标、19 个三级指标，三级指标具有明显的量化特征。但是成果和效益方面三级指标只有两个产出率指标，仍有欠缺。

表 6–9　中国科学评价研究中心大学排行的科研评价指标

序号	指标	权重	内容	权重
1	科研队伍与基地	0.140 5	优秀科技创新团队	0.558 4
			国家重点实验室、研究中心、研究基地	0.319 6
			R&D 全体人员占教师比重	0.122
2	科研项目与经费	0.244 7	国家自然科学基金项目	0.354 5
			国家社会科学基金项目	0.354 5
			科研项目总数	0.130 8
			当年科研支出经费	0.160 2
3	科研产出	0.106 5	专利申请授权数	0.399 3
			SCI、SSCI、A&HCI 收录	0.302 6
			EI、ISTP、ISSHP 收录论文数	0.136 3
			CSTPC、CSSCI 收录论文数	0.092
			社会科学专著	0.069 8
4	成果数量	0.322 9	获国家最高科学、自然、发明、进步奖，教育部人文社科奖	0.487 5
			Science、*Nature* 论文，ESI 顶尖论文数	0.227 7
			标志性精品成果	0.141 8
			SCI、SSCI、A&HCI 被引次数	0.087 4
			CSTPC、CSSCI 被引次数	0.055 6
5	效率与效益	0.185 4	人均产出率	0.5
			万元产出率	0.5

第三节
高职高专教师科研长周期评价指标建构

一、高职高专教师科研长周期评价指标建构的原则

为更科学合理地构建高职高专教师科研长周期评价指标，本研究借鉴了管理学中应用于项目管理、员工绩效管理等多个领域的“SMART”原则来构建评价指标。“SMART”原则是一种被广泛用于设计指标体系的方法，它起源于管理学，由五个英文单词的首字母组成：具体化（specific）指的是指标的内容表述必须具体明确、不含糊，它应该能够清晰地指出要衡量的具体对象或行为；可衡量（measurable）指的是指标应该有明确的标准和量化方法，以便能够客观地衡量和比较；可实现（achievable）指的是指标应该是在付出努力的情况下可以实现的，既不过高也不过低；相关性（relevant）指的是指标应该与整体目标或战略方向紧密相关，确保所有努力都朝着同一个方向前进，亦有将r解释为现实性（realistic）；时限性（time-bound）指的是指标应该有明确的时间限制，以便为完成目标创造紧迫感和动力。

（一）具体化

具体化原则作为科研评价指标设计的首要原则，强调指标必须明确、具体，避免笼统和模糊。在高职高专院校的科研评价体系中，这一原则尤为重要，它要求评价指标与学校的科研管理战略目标紧密相连，并且要足够精细，以便能够准确反映科研活动的实际情况。

首先，科研评价指标应与高职高专院校的整体战略目标相一致，特别是与科研管理相关的目标一致。这意味着评价指标不仅要关注科研成果的数量，如发表的论文数量、获得的科研项目数量等，还要关注其质量和对学校发展的实际贡献。例如，评价指标可以包括科研成果的创新性、实用性，以及科研成果对学校教学质量提升、产学研合作等方面的促进作用。这样的评价指标设计，可以确保科研活动与学校的整体发展方向保持一致，推动学校科研工作的有序进行。

其次，评价指标应尽可能细化，以便能够捕捉到科研活动的细微差别。高职高专院校的科研活动涉及多个领域，不同类型的科研项目具有不同的特点和价值。因此，在设计评价指标时，应充分考虑科研项目的多样性，为不同类型的科研项目设计具体的评价指标。例如，对于基础研究项目，可以关注其学术价值、理论创新等方面；对于应用研究项目，可以关注其技术实用性、产业化前景等方面。通过细化评价指标，可以更准确地反映科研活动的实际情况，提高科研评价的准确性和公正性。

最后，在构建科研评价指标体系时，需要全面考虑各种可能影响科研活动的因素，特别是高职高专院校科研管理和经费开支的惯例。高职高专院校的科研活动受到多种因素的影响，包括学校的科研管理水平、经费投入、科研团队建设等。因此，在设计评价指标时，应充分考虑这些因素对科研活动的影响，并将其纳入评价指标体系中。例如，可以设计评价指标来反映学校的科研管理效率、科研经费的使用效益、科研团队的协作能力等。这样的评价指标设计，可以更全面地反映科研活动的实际情况，提高评价的全面性和客观性。

在具体应用方面，高职高专院校可以根据自身的科研管理战略目标和实际情况，制定具体的科研评价指标。例如，可以制定针对不同科研项目的评价指标，包括项目的创新性、实用性、技术难度、产业化前景等；也可以制定针对不同科研团队的评价指标，包括团队的科研能力、协作能力、成果产出等。同时，学校还可以建立科研评价信息系统，对科研活动进行实时跟踪和评价，以便及时发现问题并进行改进。

（二）可衡量

可衡量原则要求科研评价指标必须是可以计量的，并且其原始数据或信息是可以获取和验证的。这一原则在高职高专院校的科研评价中尤为重要，因为它能够确保评价的客观性和准确性，提高科研管理的效率和效果。

首先，评价指标所需的数据应易于获取，并且来源可靠。这要求高职高专院校在科研管理过程中建立完善的数据收集、整理和存储机制。学校应设立专门的科研管理部门或岗位，负责科研数据的收集、整理和存储工作，确保数据的准确性和完整性。同时，学校还应积极利用现代信息技术手段，如科研管理系统、数据库等，提高科研数据的管理效率和利用价值。这样，在进行科研评价时，评价人员就能够快速、准确地获取所需的数据，为评价提供有力的支持。

其次，评价指标应尽可能量化，以便进行客观、准确的比较和分析。在高职高专院校的科研评价中，量化分析是一种非常重要的方法。通过量化分析，评价人员可以将科研成果、科研投入等转化为具体的数值，从而进行客观、准确的比较和分析。例如，可以通过计算科研项目的经费使用效率、科研成果的转化率等指标来评估科研活动的绩效。这些量化指标能够更直观地反映科研活动的实际情况，提高评价的准确性和公正性。

最后，评价指标的计量结果应易于验证，并且能够提供有用的反馈信息。这要求高职高专院校在科研评价过程中建立有效的验证机制。验证机制可以包括数据审核、现场核查、专家评审等多种方式。通过验证机制，学校可以确保评价结果的准确性和可靠性，避免虚假数据和评价结果的失真。同时，验证机制还可以提供有用的反馈信息，帮助学校了解科研活动的实际情况和存在的问题，为改进科研管理提供依据。

在高职高专院校的科研评价中，可衡量原则的应用还需要注意以下几点。

一是要注重评价指标的科学性和合理性。量化指标虽然能够提供更客观、准确的评价依据，但也需要考虑其科学性和合理性。学校应根据自身的科研特点和目标，制定符合实际情况的量化指标，避免盲目追求科研项目数量而忽视科研成果质量。

二是要注重评价指标的全面性和多样性。科研活动涉及多个方面和多个环节，因此评价指标也应具有全面性和多样性。学校应制定包括科研成果、科研投入、科研管理等多个方面的评价指标，以全面反映科研活动的实际情况和价值。

三是要注重评价指标的动态性和发展性。科研活动是一个动态的过程，因此评价指标也应具有动态性和发展性。学校应根据科研活动的发展变化和实际情况，及时调整和完善科研评价指标，以确保科研评价的准确性和有效性。

（三）可实现

可实现原则要求科研评价指标必须是可实现的，既不过高也不过低，以便能够发挥导向作用，引导学校向更好的方向发展。作为科研评价指标设计的核心要素，强调指标必须切实可行，既不过于苛求也不显得轻而易举，从而真正发挥其导向功能，引领学校稳步前行，迈向更高的科研层次。在高职高专院校的科研评价体系中，这一原则的贯彻尤为重要，它关乎评价的公正性、激励效果以及学校的长远发展。

首先，评价指标需具备导向性，不仅要精准反映学校的科研现状，更应展现出前瞻性，为学校科研工作的未来发展指明方向。这意味着，评价指标的设计不能仅局限于对现有成果的简单衡量，而应着眼于激励教师探索未知，勇攀科研高峰。在高职高专院校的背景下，这尤其要求评价指标能够平衡教学与科研的关系，鼓励教师在提升教学质量的同时，也积极拓展科研领域，实现教学与科研的良性互动。

其次，评价指标应追求可操作性，力求简洁明了，便于操作与理解。高职高专院校科研评价的实践表明，过于复杂的指标体系往往导致评价过程烦琐，增加执行难度，甚至可能因理解偏差而影响评价结果的公正性。因此，高职高专院校在设计评价指标时，应充分考虑其实用性和可操作性，确保评价工作能够高效、顺畅地进行。这包括指标的定义要明确，数据采集要便捷，以及评价方法要易于掌握等。

最后，量化考核是实现科研评价指标可操作性和客观性的关键。高职高专院校的科研评价应当建立一套科学、合理的量化考核机制，将评价指标转化为具体、可衡量的数值，从而得出准确、公正的评价结果。这不仅有助于提升科研评价的客观性和准确性，还能增强科研评价的可比性和说服力。例如，可以通过设定科研项目完成率、科研成果转化率等量化指标，来具体评估学校的科研绩效。

在高职高专科研评价的具体实践中，可实现原则的应用还需注意以下几点。

一是动态调整。科研评价指标应根据学校科研工作的实际进展和外部环境的变化进行适时调整，确保指标的时效性和适用性。

二是反馈机制。建立有效的反馈机制，及时收集和处理评价过程中的信息，以便对评价指标进行必要的修正和完善。

三是激励与约束并重。评价指标的设计应既体现激励作用，又包含必要的约束条件，以引导教师在追求科研目标的同时，也能保持科研活动的规范性和可持续性。

四是注重长期发展。在设定科研评价指标时，应充分考虑学校的长期发展战略，确保评价指标能够与学校的长远规划相协调，避免短期行为。

（四）现实性

现实性原则要求科研评价指标必须是现实存在的，能够通过观察和证明来获取。其作为科研评价指标设计的基石，强调指标必须植根于现实，能够通过观察和证明来具体获取。这一原则在高职高专院校的科研评价体系中尤为重要，它确保了评价的实用性、针对性和可信度，为学校科研工作的健康发展提供了坚实的支撑。

首先，评价指标的制定必须紧密贴合学校的实际情况和科研活动的特点。高职高专院校与综合性大学在科研定位、资源投入、人才队伍等方面存在差异，因此其科研评价指标不能一概而论。这就要求学校在构建科研评价体系时，深入调研和分析自身的科研现状、优势领域、发展需求以及面临的挑战，确保评价指标能够真实反映学校的科研实力和潜力，同时又能有效引导学校科研工作的方向。

其次，评价指标的设计应坚持定量与定性相结合的原则。定量指标，如科研经费投入、科研成果数量等，能够直观、客观地反映学校的科研绩效水平。然而，在高职高专院校的科研评价中，定量指标并不能涵盖所有重要的评价维度。例如，学术论文的质量、科研团队的合作精神、科研成果的实际应用效果等，这些难以被量化的方面对于评价学校科研工作的整体质量和价值同样具有重要意义。因此，定性评价作为定量评价的补充和完善，也是必不可少的。通过定性评价，可以更全面地揭示学校科研工作的内涵和特色，为科研评价提供更为丰富和深入的信息。

最后，评价指标所反映的科研活动或成果必须是可观察和可证明的。这一要求强调了科研评价的真实性和可靠性。在高职高专院校的科研评价过程中，必须建立有效的监督机制，确保评价指标的数据来源真实可靠，评价过程公开透明。例如，对于科研成果的转化率和应用效果，可以通过实地考察、用户反馈、第三方评估等方式进行验证；对于科研团队的合作精神，可以通过团队成员的互评、科研项目的合作情况等方式进行考察。通过采用这些可观察和可证明的方式，确保评价指标的真实性和准确性，提高科研评价的可信度。

在高职高专科研评价的具体实践中，现实性原则的应用还需注意以下几点。

一是进行动态调整与更新。随着学校科研工作的不断发展和外部环境的变化，评价指标也需要进行适时的调整和更新，以确保其始终与现实情况保持紧密的联系。

二是注重实践与反馈。在科研评价过程中，应注重实践经验的积累和反馈信息的收集，以便对评价指标进行必要的修正和完善。

三是强化监督与评估。为了确保评价指标的真实性和可靠性，必须加强对科研评价过程的监督和评估，防止虚假数据和评价结果的失真。

（五）时限性

时限性原则要求科研评价指标必须具有明确的时间节点限制，以保证评价的即时有效。这一原则在高职高专院校的科研评价体系中尤为重要，它关乎评价的时效性、灵活性和激励效果，对于推动学校科研工作的持续进步和创新发展具有重要意义。

首先，评价指标的时间节点设置是时限性原则的核心体现。在高职高专院校的科研评价中，明确的时间节点能够确保评价任务在规定的时间内得以完成，避免评价的拖延和滞后。这要求学校在制定评价指标时，充分考虑评价周期和评价任务的实际情况，合理设定评价的时间节点，以确保评价指标的可行性和有效性。同时，时间节点的设置还应考虑学校科研活动的节奏和周期性，以便更好地与学校的科研工作相契合。

其次，时限性原则要求科研评价指标具有一定的动态调整性。虽然评价指标应具有一定的稳定性，以保证评价的连续性和可比性，但随着学校科研活动的不断发展和变化，评价指标也需要进行适时的动态调整。这要求学校在科研评价过程中建立有效的反馈机制，及时收集和分析评价过程中的信息，以便及时发现评价指标存在的问题并进行必要的调整。例如，随着学校科研方向的调整或科研重点的转移，评价指标也应相应地进行调整，以确保科研评价的针对性和有效性。

最后，时限性原则还要求学校能够及时对科研活动进行反馈和激励。在高职高专院校的科研评价中，及时的反馈和激励对于激发科研人员的积极性和创造力具有重要意义。因此，学校应在科研评价过程中建立有效的激励机制，及时对优秀的科研成果和科研团队进行奖励和表彰。这不仅能够增强科研人员的成就感和归属感，还能够进一步激发他们的科研活力和创新潜力。

在高职高专科研评价的具体实践中，时限性原则的应用还需注意以下几点。

一是合理规划评价周期。学校应根据科研活动的特点和需求，合理规划评价周期，确保评价任务能够在规定的时间内高质量完成。

二是建立灵活的调整机制。学校应建立灵活的评价指标调整机制，以便在科研活动发生变化时能够及时对评价指标进行必要的调整和完善。

三是强化即时激励机制。学校应强化即时激励机制的建设，确保优秀的科研成果和科研团队能够及时得到应有的表彰和奖励。

四是注重时效性与质量并重。在追求评价时效性的同时，学校也应注重评价的质量，确保评价指标的科学性和公正性。

综上所述，“SMART”原则及其扩展应用在高职高专科研评价中具有重要的指导意义。通过坚持这些原则，学校可以构建科学、有效的科研评价指标体系，为学校的科研管理和发展提供有力的支持。同时，这些原则也为学校科研评价的持续改进和优化提供了明确的方向和思路。

二、评价指标建构的思路

高职高专教师科研长周期评价指标的建构，是本研究的重点工作。评价指标的科学性程度，直接关乎对高职高专教师科研长周期评价的科学性和客观性。因此，有必要对整个评价指标体系建构的思路予以详细说明。

（一）建构目标

评价指标建构的逻辑起点是明确评价指标制定的目标，高职高专科研的定位理应是促进教育教学、培养高技能型的应用人才，以及通过科研的成果转化促进地方经济社会发展。而实际上高职高专院校的科研评价活动更多是仿照本科院校“学术导向”开展，评价往往以年度为周期，而不是根据高职高专科研定位进行“应用导向”的评价活动，没有考虑到科研的应用效果的长周期评价。为转变高职高专科研评价的“错位”，就需要建构有助于高职高专科研发展的科研长周期评价指标。本研究的首要任务就是，将这一目标变成可操作的指标，用一定的研究工具测量出高职高专目前的科研评价状态与高职高专科研定位之间的差距，设计科学的评价指标建构程序，使用科学的建构方法，从而从技术层面达到高职高专科研评价指标的建构目标。

（二）建构程序

本研究从整体上将科研评价指标的建构分为三个步骤：第一步，高职高专教师科研长周期评价指标专家咨询与结构生成。借助德尔菲法，运用多轮专家咨询，初步确定高职高专教师科研长周期评价指标体系，厘清高职高专教师科研长周期评价的基本结构维度。第二步，高职高专教师科研长周期评价指标数据采集与结构修正。在初步确定评价指标体系框架之后，通过文献分析和访谈，设计出预测问卷，在发放与回收预测问卷之后，对问卷进行项目分析和探索性因素分析，进而调整和修正指标体系的结构维度。第三步，高职高专教师科研长周期评价指标权重确定与等级评估。为保证指标体系的权威性和客观性，在这一步，本研究将结合专家咨询意见，利用层次分析法划分出三级指标权重，并划分出科研评价指标的权重积分，从而为后续高职高专教师科研长周期评价的积分考核奠定基础。

（三）评价指标框架设计

构建评价指标体系是开展高职高专教师科研评价的核心，本文对近十年关于高职高专教师科研评价指标体系的文献进行了搜索和整理，具体见表 6-10。

表 6–10　各类文献中的科研评价指标选取

序号	作者	论文题目	年份	指标选取
1	颜艳	高职院校教师科研能力综合评价模型构建	2013	一级指标：基本能力、学术成果； 二级指标：学术论文、教材专利、纵向课题、横向课题、教师获奖、指导学生获奖、专业建设、精品课程、技术转让、技术服务； 三级指标：一级期刊、二级期刊、三级期刊、核心期刊、省级期刊、论文集、增刊、国家级出版社、专业出版社、其他出版社、发明专利、实用新型、外观设计
2	丁帮俊	基于质量与贡献导向的高职院校科研分类评价研究	2017	一级指标：科研水平、科研速度、科研强度； 二级指标：代表性科研成果（按科研成果总数量的 30% 提交代表性成果）：（1）代表性著作，（2）代表性论文，（3）代表性会议出版物，（4）其他非传统科研成果； 科研成果的应用水平：（1）专利，（2）软件注册权，（3）科研推广应用收入，（4）其他代表科研应用水平的成果； 科研成果总量与科研时间的比值； 科研活动时间与整个社会活动时间比； 科研经费投入总量
3	闫志刚，吕凡任，李瑞贤	基于某普通高职院校科研评价体系的实例分析	2019	二级指标：科研成果指标、教研成果指标、科研项目指标、科研团队建设； 三级指标：论文、论文最高级别、专利授权、成果获奖、教材、教材最高级别、专著、专著最高等级、教研成果获奖、科研成果获奖等级、横向科研项目、纵向科研项目、项目到账经费、科研项目等级、科研项目获奖、团队带头人成果等级、科研梯队完整度、团队成员成果、团队成员最高成果等级
4	柴燕	高职院校科研项目绩效评价指标体系研究——以 A 职业院校为例	2020	一级指标：财务维度、效益维度、业务流程维度、学习与成长维度； 二级指标：科研业务投入占比率、科研团队建设投入占比率、仪器设备及实验室建设投入占比率、图书资料投入占比率、合作与交流投入占比率、科研项目级别、科研成果获奖情况、发表论文或出版专著及教材数获取专利情况、技术转让收入、项目经费到位情况、项目经费预算与实际支出情况、项目执行情况、项目验收情况、职称晋升和学位取得
5	刘晓娟，付立军，范玥，肖斌，杨启航	“破五唯”背景下高职科研评价画像研究与实践	2021	一级指标：科研成果、科研项目； 二级指标：论文、学术著作、专利、初级评审、中期报告评审、结题报告评审； 三级指标：期刊名称、期刊类型、是否为第一作者、出版社、作者分工、申请类型、级别、作者排序、初级评审

构建一个完整的科研评价指标体系，必须包含两个核心部分：各级各项评价指标及其相应的权重，这两者共同构成了一个有机的整体。评价指标是评估

被评价对象的最基本单元，任何指标的变化都会直接影响到科研评价的结果。科研评价指标实质上是科研评价目标的具体化表现，是构成目标的具体要素。没有目标的指标缺乏实际意义，而没有具体指标的目标则无法被明确识别。在科研评价指标体系中，三级指标具体反映了科研的投入和产出情况。权重（w）则表示各项指标在整个指标体系中的相对重要性程度。由于科研评价指标体系中不同指标所起的作用各不相同，因此，为了使每项指标都能发挥其应有的作用，就需要赋予不同的评价指标以不同的权重。构建科研评价指标体系的关键在于确保指标体系的科学性和合理性。在选择指标时，应根据学校的层次定位、长远发展目标与整体规划等，明确评价目标、评价标准及评价的重点，同时针对不同评价对象和评价内容，科学地筛选指标，并合理地分配评价指标的权重，从而建立起一个科学、合理的评价指标体系。

本研究的高职高专教师科研长周期评价核心指标体系根据高校教师发展理论选定，高校教师发展（也称大学教师发展）的概念始于哈佛大学的“学术休假”制度。在20世纪80年代，史密兹（Schmitz）和布兰德（Bland）认为大学教师发展是促进教师发展的科研活动。1988年由克劳德（Claude）和米特兹（Mitzel）出版的《教育研究百科全书》（*Encyclopedia of Educational Research*）中认为，高校教师发展是指“那些为保持和促进高校教师个人专业能力发展，使他们在特定的院校中完成各种任务的项目、活动、实践和策略，教师发展关注的方面包括教师所在学科的科研与学术活动，以及正式的课堂教学和个人职业生涯的非正式的管理”。在我国，高校教师发展的实践主要还是由上级教育主管部门组织的高校教师培训。随着研究的深入，越来越多的学者开始更多地从发展的角度而不是单单从培训的角度看待高校教师问题，潘懋元认为高校教师发展是指一切在职大学教师通过各种途径、方法的理论学习与实践，使自己的专业化水平持续提高、不断完善的过程。徐延宇（2009）提出，高校教师发展是以提高高校教师教学水平为核心，促进其有效地完成各种工作任务的有关理念、方法和实践的综合性框架，包括教学发展、组织发展、专业发展、个人发展等内容。其中，教学发展是指改进教师的课程设计、提高教学技能、优化对学生学习的评价；专业发展是指提高专门技能、促进学科研究水平提升；组织发展是指强化教师对高校学术管理的参与度，提高高校管理绩效；

个人发展是指改变教师对自身的理解和认识，改善他们的组织环境，改变他们对自己工作的态度。高职高专教师也属于高校教师的一个部分，按照高校教师发展相关理论，高职高专教师发展也应该是以提高高职高专教师教学水平为核心，促进其有效地完成各种工作任务的有关理念、方法和实践的综合性框架。本研究将高校教师发展相关理论运用到高职高专教师科研评价标准核心指标框架中来，将其作为德尔菲法建构高职高专教师科研评价标准核心指标框架的雏形，其由教育教学科研、专业科研、组织科研、个人科研四个部分构成，因此本研究的评价指标也从这四个维度构建一级指标雏形，每个一级指标下包含二级指标、三级指标，其结构如图 6-1 所示。

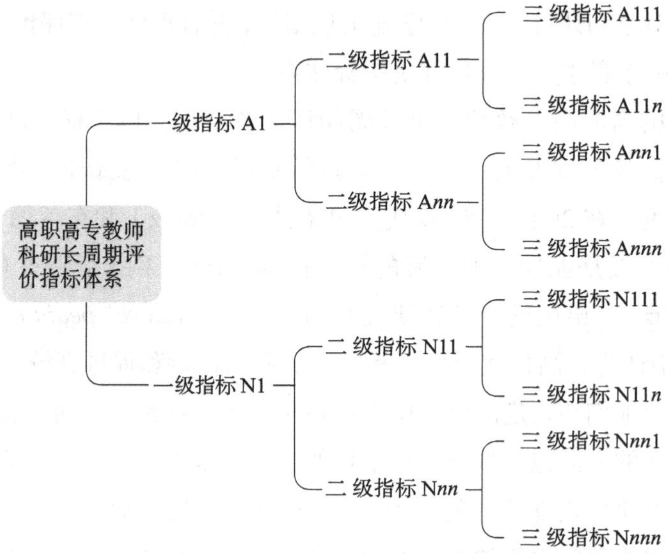

图 6-1　高职高专教师科研长周期评价指标体系框架

1. 教育教学科研发展

教育教学科研发展指标指的是高职高专教师在教育教学研究方面取得的业绩，包含的二级指标有：教研成果、教研成果的应用、教研项目、人才培养支撑。包含的三级指标有：教改 / 教学研究著作 / 译著、教改 / 教学研究论文、教改 / 教学研究会议出版物、教改 / 教学研究专利、其他非传统教改 / 教学研究成果、教改 / 教学研究成果获奖、教改 / 教学研究专利转化 / 许可、教改 / 教学研究决策咨询 / 研究报告得到领导批示或被党政部门采纳、教改 / 教学研究技术咨询服务、教改 / 教学研究横向项目 / 课题、教改 / 教学研究纵向项目 / 课题、教改 / 教学研究横向项目到账经费、教改 / 教学研究纵向项目到账经费、教改 / 教学研究项目获奖、指导学生科技创新项目、学生参与教师科研项目人均数、指导学生获专利数、指导学生科技竞赛获奖、指导学生发表论文。

2. 专业科研发展

专业科研发展指标指的是高职高专教师在专业或者学科研究方面取得的业绩，包含的二级指标有：学科研究成果、学科研究成果应用、学科研究项目、科学普及。包含的三级指标有：学科研究著作 / 译著，学科研究论文，学科研究会议出版物，学科研究专利，学科领域的行业、地方标准，其他非传统学科研究成果，学科研究成果获奖，学科研究专利转化 / 许可，学科研究决策咨询 / 研究报告得到领导批示或被党政部门采纳，学科研究技术咨询服务，学科研究横向项目 / 课题，学科研究纵向项目 / 课题，学科研究横向项目到账经费，学科研究纵向项目到账经费，学科研究项目获奖，科普项目，科普的范围，科普的次数，科普成果。

3. 组织科研发展

组织科研发展指标指的是高职高专教师在研究团队中取得的业绩，包含的二级指标有：作为带头人建设科研团队、作为团队成员建设科研团队。包含的三级指标有：科研团队梯度完整度、团队带头人成果等级、团队成员最高成果等级、团队所获荣誉、参与的团队成果等级。

4. 个人科研发展

个人科研发展指标指的是高职高专教师个人的研究计划和成长情况，包含的二级指标有：科研计划、科研成长。包含的三级指标有：制定个人三年科研发展计划，个人科研计划完成程度，作为主讲人在行政部门组织的培训、讲座中开展科研交流，三年科研增值量。

三、评价指标专家咨询和结构生成

高职高专教师科研长周期评价指标体系的建构，旨在确定高职高专教师科研长周期评价的基本结构维度。本部分将借鉴德尔菲法，运用多轮专家咨询，来逐步完善高职高专教师科研长周期评价指标体系。

（一）德尔菲法及其在本研究中的应用

1. *方法简介*

德尔菲法，也叫作专家调查法，本质上是一种反馈匿名函询法，1964 年由美国兰德公司创始实行，其大致流程是：在对所要预测的问题征得专家的意见之后，进行整理、归纳、统计，再匿名反馈给各专家，再次征求意见，再集中，再反馈，经过若干轮后直至得到一致的意见。德尔菲法的主要特征是，它可以吸收专家参与预测，充分利用专家的经验和学识，采用匿名或者“背靠背”方式征询专家意见，能使每一位专家独立自由地作出自己的判断；通过多轮次调查专家对问卷所提问题的看法，经过反复征询、反馈、修改和归纳，最后汇总成专家基本一致的看法，作为专家调查的结果。德尔菲法的优点主要是简便易行，具有一定科学性和实用性，可以避免会议讨论时产生的害怕权威，随声附和，或固执己见，或因顾虑情面不愿与他人意见冲突等弊病。同时也可以较快收集大家发表的意见，参加者也易接受结论。德尔菲法最初产生于科技领域，后来逐渐被应用于多种领域的预测，如军事预测、人口预测、医疗保健预测、经营和需求预测、教育预测等。此外，还用来进行评价、决策、管理沟通和规划工作。

2. *实施步骤*

本研究在科研评价指标框架建构阶段就旨在运用德尔菲法反复征询专家对高职高专教师科研长周期评价的意见和看法，直到专家意见趋于一致，以此初步构建科研评价指标框架。德尔菲法的实施主要包含两类关键的人：一是预测的组织者，也就是本研究的研究团队成员；二是被选出来的专家。在这里面专家的选择显得尤为关键，专家不仅要有与本研究相关的理论知识和实践经验，还要对本研究感兴趣，同时根据研究的需要确定选取的专家人数，在确定了专家人数之后根据专家咨询的反馈情况还要进行至少两轮的专家咨询。基于以上原则和研究需要，本研究初步遴选了 21 位专家共开展了三轮专家咨询，其中就包含科研院所、本科高校中研究职业教育的专家 2 名，高职学校、高专学校中科研处管理人员和专任教师 19 名，专家情况见表 6-11。考虑到专家咨询问卷的复杂性与可反馈性，本研究主要采用微信、电子邮件等通讯工具和一对一访谈的方式向专家发送电子版和纸质版问卷。在进行第一轮专家咨询之前，研究人员向专家详细说明了德尔菲法的主要工作方式,以及本次调查的主要目的。在得到专家许可之后，开始进行第一轮专家咨询。在对各种客观数据与开放性建议进行梳理之后，研究人员对咨询问卷的相关问题进行了修订，并将第一轮咨询结果反馈给专家，从而形成第二轮专家咨询问卷。经过两轮专家咨询，专家意见趋于集中，但仍未达到理想效果。因此，研究人员在对第二轮专家意见进行梳理之后，将咨询结果继续反馈给专家，而后进行了第三轮专家咨询。经过三轮专家咨询，数据显示，专家意见逐渐趋于一致，并得出初步的高职高专教师科研长周期评价三级指标体系。

表 6–11　专家基本情况表

编号	性别	职称	现工作单位	单位类型	从事工作
Z1	男	教授	贵州大学	科研院所	高教评估
Z2	男	副教授	贵州师范大学	本科	职业教育研究
Z3	女	教授	贵阳幼儿师范高等专科学校	高等专科学校	科研管理
Z4	男	教授	贵阳幼儿师范高等专科学校	高等专科学校	职教专家
Z5	男	教授	毕节医学高等专科学校	高等专科学校	科研管理
Z6	男	教授	毕节医学高等专科学校	高等专科学校	职教专家
Z7	男	教授	铜仁幼儿师范高等专科学校	高等专科学校	科研管理
Z8	女	教授	六盘水幼儿师范高等专科学校	高等专科学校	科研管理
Z9	男	教授	黔南幼儿师范高等专科学校	高等专科学校	科研管理
Z10	女	副教授	黔南幼儿师范高等专科学校	高等专科学校	职教专家
Z11	女	教授	毕节职业技术学院	高等职业学校	科研管理
Z12	男	副教授	毕节职业技术学院	高等职业学校	职教专家
Z13	女	教授	贵阳康养职业大学	职业本科	科研管理
Z14	男	教授	贵阳康养职业大学	职业本科	职教专家
Z15	男	教授	六盘水职业技术学院	高等职业学校	科研管理
Z16	女	副教授	六盘水职业技术学院	高等职业学校	职教专家
Z17	男	教授	贵州交通职业技术学院	高等职业学校	科研管理
Z18	女	教授	贵州交通职业技术学院	高等职业学校	职教专家

续表

编号	性别	职称	现工作单位	单位类型	从事工作
Z19	男	教授	安顺职业技术学院	高等职业学校	科研管理
Z20	男	副教授	安顺职业技术学院	高等职业学校	科研管理
Z21	女	副教授	毕节幼儿师范高等专科学校	高等专科学校	科研管理

3. 问卷设计

在前期文献研究、高职高专教师科研评价现状的调研、高职高专院校相关科研政策文本分析的基础上，本研究问卷包含了三个主体部分：专家基本信息、专家咨询表内容、专家咨询反馈。

为保证专家的权威性和代表性，问卷第一部分将专家基本信息设置为性别、最高学历、职称、现工作单位、单位类型、企业工作经历、专业所属的学科 7 个内容。专家咨询表的内容来源主要包括文献资料、访谈资料、学校科研现状调研和相关文本资料、政策文件、其他调查问卷等将咨询的内容。专家咨询表从高校教师发展理论的教学发展、专业发展、组织发展、个人发展四个维度入手，提出了教育教学科研发展、学科科研发展、组织科研发展、个人科研发展 4 个一级指标，在 4 个一级指标下设置了教研成果、教研成果的应用等 12 个二级指标，并在 12 个二级指标下设置了教改 / 教学研究著作 / 译著、教改 / 教学研究论文等 48 个三级指标。针对一、二、三级指标设置了不同级别的打分表，按照合理性程度，将其分为五个等级：非常合理、比较合理、一般、比较不合理、非常不合理，分别赋值为 5、4、3、2、1，请专家在评分时选择相应数字。此外，还要求专家对指标提出分类、删除或修改建议等。专家咨询反馈表主要设计了三个问题：专家对咨询内容的熟悉程度、专家选择指标合理性程度的判断依据、其他建议。由于在第一轮咨询中，研究人员已经掌握专家基本信息，在随后的第二轮、第三轮专家咨询中，咨询问卷中不再呈现专家基本信息。但为了帮助专家了解前一轮专家咨询情况，在第二轮和第三轮专家咨询中都设计了详细的专家意见反馈。

4. 数据处理

通过专家咨询获取的数据包括两类，一类是定量数据，一类是定性数据。定量数据主要包括专家权威系数、肯德尔和谐系数、均值、标准差和变异系数。

专家权威系数可以反映专家对指标体系作出评价的权威性。一般而言，专家权威系数至少要在 0.6 以上，0.8 以上则表示较为良好。但由于权威系数是由专家个人评价所得，具有较强的主观性和偶然性，因此并不作为筛选无效问卷的依据。权威系数受到专家对指标熟悉程度和判断系数两个因素的影响，其计算公式为 Cr=(Cs+Ca)/2，其中 Cs 为专家对指标的熟悉程度，Ca 为专家对指标合理性程度的判断系数。其中，专家对指标的熟悉程度按非常熟悉、比较熟悉、一般、比较不熟悉、非常不熟悉分别赋值为 1.0、0.8、0.6、0.4、0.2。专家对指标合理性程度的判断系数和赋值方式如表 6-12 所示。

表 6–12　专家对指标合理性程度的判断系数

判断依据	大	中	小
实践经验	0.5	0.4	0.3
理论分析	0.3	0.2	0.1
查阅文献	0.1	0.1	0.05
直觉判断	0.1	0.1	0.05
合计	1	0.8	0.5

指标均值如果小于 3.5，则考虑删除。标准差表示专家意见的协调程度，标准差越小说明指标协调性越高。指标标准差如果大于 1, 则考虑删除。变异系数又称为离散系数，表示数据的离散程度，变异系数越小，说明数据收敛性越好, 专家意见较为集中。变异系数计算公式为: CV=(标准差 / 平均值) × 100%。在本研究中，指标变异系数如果大于 0.25，则考虑删除。

定性数据主要是指专家对指标名称提出的修改意见，以及对指标的修改、分类和删除意见等。对于这类数据的处理方式是，结合定量数据以及研究者本人对问题的理解，来作出取舍或修改。

（二）三轮专家咨询问卷的参与情况

专家咨询问卷的参与情况，可以反映专家参与问卷咨询的积极性。表 6-13 展示了每一轮参与专家的基本信息，包括性别、最高学历、职称、现工作单位、单位类型、企业工作经历等。第一轮发放专家咨询问卷 21 份，回收有效问卷 21 份，专家积极系数为 1。第二轮发放专家咨询问卷 21 份，回收有效问卷 17

份，专家积极系数为 0.809 5。与第一轮相比，专家 Z3、Z12、Z15、Z20 未在第二轮继续参与。第三轮发放专家咨询问卷 21 份，回收有效问卷 18 份，专家积极系数为 0.904 7。与第一轮相比，专家 Z1、Z6、Z8 未在第三轮继续参与。整体来看，专家参与问卷咨询的积极性较高。

表 6–13　三轮专家咨询问卷的参与情况

编号	性别	最高学历	职称	现工作单位	单位类型	从事工作	第一轮	第二轮	第三轮
Z1	男	博士研究生	教授	贵州大学	科研院所	高教评估	参与	参与	未参与
Z2	男	博士研究生	副教授	贵州师范大学	本科	职业教育研究	参与	参与	参与
Z3	女	硕士研究生	教授	贵阳幼儿师范高等专科学校	高等专科学校	科研管理	参与	未参与	参与
Z4	男	硕士研究生	教授	贵阳幼儿师范高等专科学校	高等专科学校	职教专家	参与	参与	参与
Z5	男	硕士研究生	教授	毕节医学高等专科学校	高等专科学校	科研管理	参与	参与	参与
Z6	男	硕士研究生	教授	毕节医学高等专科学校	高等专科学校	职教专家	参与	参与	未参与
Z7	男	博士研究生	教授	铜仁幼儿师范高等专科学校	高等专科学校	科研管理	参与	参与	参与
Z8	女	本科	教授	六盘水幼儿师范高等专科学校	高等专科学校	科研管理	参与	参与	未参与
Z9	男	硕士研究生	教授	黔南幼儿师范高等专科学校	高等专科学校	科研管理	参与	参与	参与
Z10	女	硕士研究生	副教授	黔南幼儿师范高等专科学校	高等专科学校	职教专家	参与	参与	参与
Z11	女	本科	教授	毕节职业技术学院	高等职业学校	科研管理	参与	参与	参与
Z12	男	硕士研究生	副教授	毕节职业技术学院	高等职业学校	职教专家	参与	未参与	参与
Z13	女	硕士研究生	教授	贵阳康养职业大学	职业本科	科研管理	参与	参与	参与
Z14	男	硕士研究生	教授	贵阳康养职业大学	职业本科	职教专家	参与	参与	参与
Z15	男	本科	教授	六盘水职业技术学院	高等职业学校	科研管理	参与	未参与	参与
Z16	女	本科	副教授	六盘水职业技术学院	高等职业学校	职教专家	参与	参与	参与
Z17	男	硕士研究生	教授	贵州交通职业技术学院	高等职业学校	科研管理	参与	参与	参与
Z18	女	博士研究生	教授	贵州交通职业技术学院	高等职业学校	职教专家	参与	参与	参与

续表

编号	性别	最高学历	职称	现工作单位	单位类型	从事工作	第一轮	第二轮	第三轮
Z19	男	本科	教授	安顺职业技术学院	高等职业学校	科研管理	参与	参与	参与
Z20	男	硕士研究生	副教授	安顺职业技术学院	高等职业学校	科研管理	参与	未参与	参与
Z21	女	硕士研究生	副教授	毕节幼儿师范高等专科学校	高等职业学校	科研管理	参与	参与	参与

1. 第一轮专家咨询问卷分析与处理

（1）定量数据分析

①专家权威系数

如表6-14所示，第一轮21位专家的权威系数大部分在0.6以上。其中，13位专家的权威系数在0.8及以上，占总数的62%，这21位专家咨询结果的权威性和可靠性较高。

表6-14　第一轮专家权威系数数据分析

编号	熟悉程度	判断系数	权威系数
Z1	0.6	0.5	0.55
Z2	0.8	0.95	0.875
Z3	1.0	0.9	0.95
Z4	0.8	0.8	0.8
Z5	1.0	0.5	0.75
Z6	1.0	1.0	1.0
Z7	0.8	0.8	0.8
Z8	0.8	0.5	0.65
Z9	1.0	0.5	0.75
Z10	0.6	0.9	0.75
Z11	0.8	0.85	0.825
Z12	1.0	0.85	0.925
Z13	0.6	0.85	0.725
Z14	0.8	0.3	0.55
Z15	0.8	0.9	0.85
Z16	1.0	0.8	0.9

续表

编号	熟悉程度	判断系数	权威系数
Z17	0.8	0.85	0.825
Z18	0.8	0.9	0.85
Z19	0.6	0.75	0.675
Z20	0.8	0.8	0.8
Z21	0.8	0.85	0.825

②均值、标准差与变异系数

经过对第一轮专家咨询数据的统计，本研究得出专家咨询内容均值、标准差与变异系数的第一轮咨询结果。表 6-15 呈现了一级指标、二级指标和三级指标的专家咨询结果，一级指标的均值、标准差和变异系数均在正常范围以内；二级指标中的人才培养支撑、学科研究项目、科学普及、科研成长的标准差大于 1，科研成长的变异系数大于 0.25，需要进一步修改；三级指标中学生参与教师科研项目人均数，其他非传统学科研究成果，学科研究技术咨询服务，学科研究横向项目 / 课题，学科研究纵向项目 / 课题，学科研究横向项目到账经费，学科研究纵向项目到账经费，学科研究项目获奖，制定个人三年科研发展计划，个人科研计划完成程度，作为主讲人在行政部门组织的培训、讲座中开展科研交流，三年科研增值量等标准差均大于 1，变异系数大于 0.25，需要进一步的修改。但由于第一轮专家咨询还处于指标内容确定的阶段，定量数据仅供参考，还需结合定性数据做进一步的分析判断。

表 6–15　第一轮专家咨询指标得分结果

指标层次	指标内容	均值	标准差	变异系数
一级指标	A1 教育教学科研发展	4.63	0.62	0.13
一级指标	A2 学科科研发展	4.56	0.73	0.16
一级指标	A3 组织科研发展	4.38	0.89	0.20
一级指标	A4 个人科研发展	4.44	0.96	0.22
二级指标	A11 教研成果	4.81	0.40	0.08
二级指标	A12 教研成果的应用	4.81	0.40	0.08
二级指标	A13 教研项目	4.63	0.81	0.17

续表

指标层次	指标内容	均值	标准差	变异系数
二级指标	A14 人才培养支撑	4.38	1.09	0.25
二级指标	A21 学科研究成果	4.63	0.72	0.16
二级指标	A22 学科研究成果应用	4.63	0.72	0.16
二级指标	A23 学科研究项目	4.38	1.02	0.23
二级指标	A24 科学普及	4.43	1.02	0.23
二级指标	A31 作为带头人建设科研团队	4.56	0.81	0.18
二级指标	A32 作为团队成员建设科研团队	4.56	0.81	0.18
二级指标	A41 科研计划	4.33	0.98	0.23
二级指标	A42 科研成长	4.00	1.25	0.31
三级指标	A111 教改 / 教学研究著作 / 译著	4.69	0.48	0.10
三级指标	A112 教改 / 教学研究论文	4.81	0.40	0.08
三级指标	A113 教改 / 教学研究会议出版物	4.81	0.54	0.11
三级指标	A114 教改 / 教学研究专利	4.75	0.45	0.09
三级指标	A115 其他非传统教改 / 教学研究成果	4.44	0.96	0.23
三级指标	A121 教改 / 教学研究成果获奖	4.80	0.56	0.12
三级指标	A122 教改 / 教学研究专利转化 / 许可	4.50	0.89	0.20
三级指标	A123 教改 / 教学研究决策咨询 / 研究报告得到领导批示或被党政部门采纳	4.50	0.89	0.20
三级指标	A124 教改 / 教学研究技术咨询服务	4.44	0.89	0.20
三级指标	A131 教改 / 教学研究横向项目 / 课题	4.67	0.82	0.18
三级指标	A132 教改 / 教学研究纵向项目 / 课题	4.63	0.89	0.19
三级指标	A133 教改 / 教学研究横向项目到账经费	4.44	0.89	0.20
三级指标	A134 教改 / 教学研究纵向项目到账经费	4.31	0.95	0.22
三级指标	A135 教改 / 教学研究项目获奖	4.67	0.82	0.18
三级指标	A141 指导学生开展科技创新项目	4.63	0.89	0.19
三级指标	A142 学生参与教师科研项目人均数	4.25	1.00	0.24
三级指标	A143 指导学生获专利数	4.75	0.58	0.12
三级指标	A144 指导学生科技竞赛获奖	4.69	0.79	0.17
三级指标	A145 指导学生发表论文	4.63	0.89	0.19
三级指标	A211 学科研究著作 / 译著	4.63	0.81	0.17

续表

指标层次	指标内容	均值	标准差	变异系数
三级指标	A212 学科研究论文	4.75	0.77	0.16
三级指标	A213 学科研究会议出版物	4.81	0.54	0.11
三级指标	A214 学科研究专利	4.75	0.77	0.16
三级指标	A215 学科领域的行业标准、地方标准	4.69	0.79	0.17
三级指标	A216 其他非传统学科研究成果	4.19	1.11	0.26
三级指标	A221 学科研究成果获奖	4.73	0.80	0.17
三级指标	A222 学科研究专利转化 / 许可	4.56	0.89	0.20
三级指标	A223 学科研究决策咨询 / 研究报告得到领导批示或被党政部门采纳	4.38	0.96	0.22
三级指标	A224 学科研究技术咨询服务	4.20	1.08	0.26
三级指标	A231 学科研究横向项目 / 课题	4.38	1.09	0.25
三级指标	A232 学科研究纵向项目 / 课题	4.50	1.10	0.24
三级指标	A233 学科研究横向项目到账经费	4.38	1.10	0.25
三级指标	A234 学科研究纵向项目到账经费	4.19	1.11	0.26
三级指标	A235 学科研究项目获奖	4.33	1.11	0.26
三级指标	A241 科普项目	4.50	0.97	0.22
三级指标	A241 科普的范围	4.62	0.81	0.18
三级指标	A241 科普的次数	4.56	0.81	0.18
三级指标	A241 科普成果	4.50	0.89	0.20
三级指标	A311 科研团队梯度完整度	4.71	0.83	0.18
三级指标	A312 团队带头人成果等级	4.88	0.34	0.07
三级指标	A313 团队成员最高成果等级	4.81	0.40	0.08
三级指标	A314 团队所获荣誉	4.88	0.34	0.07
三级指标	A321 参与的团队成果等级	4.81	0.40	0.08
三级指标	A322 团队所获荣誉	4.81	0.54	0.11
三级指标	A411 制定个人三年科研发展计划	4.36	1.15	0.26
三级指标	A412 个人科研计划完成程度	4.43	1.02	0.23
三级指标	A421 作为主讲人在行政部门组织的培训、讲座中开展科研交流	4.29	1.33	0.31
三级指标	A422 三年科研增值量	4.29	1.33	0.31

（2）定性数据分析

结合第一轮专家咨询的定量数据分析，以及专家咨询的定性意见，本研究对指标体系做了很大调整，本轮专家咨询意见对一级指标、二级指标和三级指标都做了非常大的修改，修改意见将原来的个人发展指标和组织发展指标融入到专业发展指标中，除此之外还增加了人才培养支撑、实训与实践两个一级指标，并根据高职高专院校教师的科研特点相应修改和增加了二级指标和三级指标的内容，删除了不适合高职高专院校的和不合理的指标。

①修改的指标

一级指标修改情况如下："A1 教育教学科研发展"修改为"A1 教研"、"A2 学科科研发展"修改为"C3 专业研究"。

二级指标修改情况如下："A11 教研成果"修改为"A11 教研项目"；"A12 教研成果的应用"修改为"A12 教研成果"；"A13 教研项目"修改为"A13 教研成果的应用与转化"；"A21 学科研究成果"修改为"C32 专业研究成果"；"A23 学科研究项目"修改为"C31 专业研究项目"；"A22 学科研究成果应用"修改为"C33 专业研究成果应用与转化"；"A24 科学普及"修改为"D44 科学普及与推广"；"A31 作为带头人建设科研团队"修改为"C34 作为带头人建设科研或教学团队 / 平台"；"A32 作为团队成员建设科研团队"修改为"C35 作为团队成员建设科研团队 / 平台"；"A41 科研计划"修改为"C36 科研规划"。

三级指标修改情况如下："A132 教改 / 教学研究纵向项目 / 课题"修改为"A111 教育教学改革与研究项目 / 课题"；"A134 教改 / 教学研究纵向项目到账经费"修改为"A112 教育教学改革与研究项目 / 课题到账经费"；"A135 教改 / 教学研究项目获奖"修改为"A113 教育教学改革与研究项目 / 课题获奖"；"A111 教改 / 教学研究著作 / 译著"修改为"A121 教育教学改革与研究著作"；"A112 教改 / 教学研究论文"修改为"A122 教育教学改革与研究论文"；"A113 教改 / 教学研究会议出版物"修改为"A123 教育教学改革与研究会议出版物"；"A114 教改 / 教学研究专利"修改为"A124 教育教学改革与研究知识产权"；"A121 教改 / 教学研究成果获奖"修改为"A125 教育教学改革与研究成果获奖"；"A122 教改 / 教学研究专利转化 / 许可"修改为"A131 教育教学改革与研究专利转化 / 许可金额"；"A123 教改 / 教学研究决策咨询 / 研究报告得

到领导批示或被党政部门采纳”修改为“A132 教育教学改革与研究决策咨询/研究报告被党政部门采纳或得到领导批示”；“A124 教改/教学研究技术服务”修改为“A133 教育教学改革与研究技术服务”；“A141 指导学生科技创新项目”修改为“A141 教学团队/平台结构完整度”；“A142 学生参与教师科研项目人均数”修改为“B221 学生参与教师科研立项项目人数”；“A232 学科研究纵向项目/课题”修改为“C311 专业研究纵向项目/课题”；“A234 学科研究纵向项目到账经费”修改为“C312 专业研究纵向项目到账经费”；“A211 学科研究著作/译著”修改为“C321 专业研究著作”；“A212 学科研究论文”修改为“C322 专业研究论文”；“A213 学科研究会议出版物”修改为“C323 专业研究会议出版物”；“A214 学科研究专利”修改为“C324 专业研究知识产权”；“A221 学科研究成果获奖”修改为“C325 专业研究成果获奖”；“A222 学科研究专利转化/许可”修改为“C331 专业研究专利转化/许可金额”；“A223 学科研究决策咨询/研究报告得到领导批示或被党政部门采纳”修改为“C332 专业研究决策咨询/研究报告被党政部门采纳或得到领导批示”；“A224 学科研究技术咨询服务”修改为“C333 专业研究技术咨询服务”；“A311 科研团队梯度完整度”修改为“C341 科研团队/平台结构完整度”；“A312 团队带头人成果等级”修改为“C344 团队/平台带头人成果等级”；“A313 团队成员最高成果等级”修改为“C345 团队/平台成员最高成果等级”；“A314 团队所获荣誉”修改为“C346 团队/平台所获科研荣誉”；“A321 参与的团队成果等级”修改为“C351 参与的团队/平台成果等级”；“A322 团队所获荣誉”修改为“C352 团队/平台所获科研荣誉”；“A411 制定个人三年科研发展计划”修改为“C361 制定个人三年科研发展规划”；“A421 作为主讲人在行政部门组织的培训、讲座中开展科研交流”修改为“C371 作为主讲人在行政部门、行业企业组织的培训、讲座等中开展科研交流”；“A145 指导学生发表论文”修改为“B232 指导学生公开发表论文”。

②删除的指标

删除的一级指标为“组织科研发展”“个人科研发展”，删除的三级指标为“A131 教改/教学研究横向项目/课题”“A133 教改/教学研究横向项目到账经费”“A144 指导学生科技竞赛获奖”。

③增加的指标

增加的一级指标为“学生培养”“实践实训”。

增加的二级指标为“B21 指导学生获得职业证书”“D41 实训 / 实践项目”“D42 实训 / 实践成果”“D43 实训 / 实践成果运用与转化”。

增加的三级指标为“D421 专业实践报告、论文等”“D422 行业标准”“D423 实训研发”“D431 实训研发转化金额”“D432 专业实践成果采用 / 批示”“D433 技术咨询”“E512 指导学生参加技能比赛获奖”“E521 参加科技 / 创新创业竞赛获奖”“E522 参加技能比赛获奖”“E523 参加教学比赛获奖”“C373 参加学术活动”“C343 团队 / 平台等级”。

2. 第二轮专家咨询问卷分析与处理

（1）定量数据分析

①专家权威系数

如表 6-16 所示，第二轮 17 位专家中有 1 位专家的权威系数在 0.6 以下，其他专家的权威系数均在 0.6 及以上。其中，12 位专家的权威系数在 0.8 及以上，占总数的 70.6%，第二轮专家咨询结果的权威性和可靠性较之前一轮要高 5.6%，从而有效保证了专家咨询结果的权威性。对于两轮之后权威系数始终较低的专家，在第三轮专家咨询时，可考虑不再发放咨询问卷。

表 6–16　第二轮专家权威系数数据分析

编号	熟悉程度	判断系数	权威系数
Z1	0.8	0.7	0.75
Z2	0.8	0.95	0.875
Z4	0.8	0.8	0.8
Z5	1.0	0.75	0.875
Z6	0.4	0.7	0.55
Z7	0.8	0.8	0.8
Z8	0.8	0.5	0.65
Z9	0.9	0.75	0.825
Z10	0.6	0.9	0.75
Z11	0.8	0.85	0.825

续表

编号	熟悉程度	判断系数	权威系数
Z13	0.8	0.8	0.8
Z14	0.8	0.85	0.825
Z16	1.0	0.8	0.9
Z17	0.8	0.85	0.825
Z18	0.8	0.7	0.75
Z19	0.7	0.9	0.8
Z21	0.8	0.85	0.825

②均值、标准差与变异系数

根据第一轮专家咨询提出的意见，结合对研究问题的组内讨论，以及第二轮专家咨询问卷表数据的统计，本研究得出专家咨询内容均值、标准差与变异系数的第二轮咨询结果。表 6-17 呈现了一级指标、二级指标和三级指标的专家咨询结果，一级指标、二级指标和三级指标的均值、标准差和变异系数均在正常范围以内。大部分的变异系数在 0.15 以下，说明指标变异系数得到很大的收敛，专家的意见逐渐趋于一致。因此，在第二轮专家咨询中，将对主要参考定性数据进行相应的修改。

表 6–17　第二轮专家咨询指标得分结果

指标层次	指标内容	均值	标准差	变异系数
一级指标	A1 教研	4.63	0.62	0.13
一级指标	B2 学生培养	4.56	0.73	0.16
一级指标	C3 专业研究	4.38	0.89	0.16
一级指标	D4 实训实践	4.44	0.96	0.17
一级指标	E5 比赛竞赛	4.83	0.83	0.12
二级指标	A11 教研项目	4.81	0.40	0.08
二级指标	A12 教研成果	4.81	0.40	0.08
二级指标	A13 教研成果的应用与转化	4.63	0.81	0.17
二级指标	A14 作为带头人建设教学团队 / 平台	4.38	0.75	0.18
二级指标	A15 作为团队成员建设教学团队 / 平台	4.63	0.72	0.16
二级指标	B21 指导学生获得职业证书	4.33	0.41	0.17

续表

指标层次	指标内容	均值	标准差	变异系数
二级指标	B22 学生参与教师立项项目	4.38	0.99	0.23
二级指标	B23 指导学生科研成果	4.43	0.89	0.23
二级指标	B24 指导学生科技竞赛	4.56	0.81	0.18
二级指标	C31 专业研究项目	4.56	0.81	0.18
二级指标	C32 专业研究成果	4.33	0.41	0.17
二级指标	C33 专业研究成果应用与转化	4.00	0.83	0.21
二级指标	C34 作为带头人建设科研团队 / 平台	4.58	0.50	0.18
二级指标	C35 作为团队成员建设科研团队 / 平台	4.83	0.63	0.12
二级指标	C36 科研规划	4.67	0.63	0.11
二级指标	C37 科研成长	4.83	0.73	0.11
二级指标	D41 实训 / 实践项目	4.50	0.83	0.14
二级指标	D42 实训 / 实践成果	4.67	0.79	0.11
二级指标	D43 实训 / 实践成果运用与转化	4.48	0.48	0.20
二级指标	D44 科学普及与推广	4.88	0.52	0.10
二级指标	E51 指导学生竞赛	4.78	0.39	0.17
二级指标	E52 个人竞赛	4.75	0.60	0.14
三级指标	A111 教育教学改革与研究项目 / 课题	4.69	0.48	0.10
三级指标	A112 教育教学改革与研究项目 / 课题到账经费	4.81	0.40	0.08
三级指标	A113 教育教学改革与研究项目 / 课题获奖	4.81	0.54	0.11
三级指标	A121 教育教学改革与研究著作	4.75	0.45	0.09
三级指标	A122 教育教学改革与研究论文	4.44	0.56	0.13
三级指标	A123 教育教学改革与研究会议出版物	4.80	0.56	0.12
三级指标	A124 教育教学改革与研究知识产权	4.50	0.69	0.18
三级指标	A125 教育教学改革与研究成果获奖	4.50	0.69	0.18
三级指标	A131 教育教学改革与研究专利转化 / 许可金额	4.44	0.89	0.20
三级指标	A132 教育教学改革与研究决策咨询 / 研究报告被党政部门采纳或得到领导批示	4.67	0.82	0.18
三级指标	A133 教育教学改革与研究技术服务	4.63	0.62	0.19
三级指标	A134 教育教学改革与研究成果在教育管理中的应用	4.44	0.77	0.10
三级指标	A135 教育教学改革与研究成果在教学中的应用	4.31	0.95	0.11

续表

指标层次	指标内容	均值	标准差	变异系数
三级指标	A141 教学团队 / 平台结构完整度	4.67	0.82	0.18
三级指标	A142 在上一团队基础上形成新的团队	4.2	0.77	0.14
三级指标	A143 教学团队 / 平台等级	4.25	0.75	0.14
三级指标	A144 教学团队 / 平台带头人成果等级	4.75	0.58	0.12
三级指标	A145 教学团队 / 平台成员最高成果等级	4.69	0.79	0.17
三级指标	A146 教学团队 / 平台所获科研荣誉	4.63	0.40	0.19
三级指标	A151 参与的教学团队 / 平台成果等级	4.63	0.81	0.17
三级指标	A152 参与教学团队 / 平台所获科研荣誉	4.75	0.77	0.16
三级指标	B211 所授学生获得职业资格证书人数占所授学生比例	4.81	0.54	0.11
三级指标	B212 所授学生获得职业资格等级证书人数占所授学生比例	4.75	0.77	0.16
三级指标	B221 学生参与教师科研立项项目人数	4.69	0.79	0.17
三级指标	B231 指导学生获专利数	4.19	0.88	0.23
三级指标	B232 指导学生公开发表论文	4.73	0.88	0.23
三级指标	C311 专业研究纵向项目 / 课题	4.56	0.45	0.18
三级指标	C312 专业研究纵向项目到账经费	4.38	0.96	0.18
三级指标	C321 专业研究著作	4.20	0.40	0.10
三级指标	C322 专业研究论文	4.38	0.34	0.11
三级指标	C323 专业研究会议出版物	4.50	0.45	0.16
三级指标	C324 专业研究知识产权	4.38	0.49	0.16
三级指标	C325 专业研究成果获奖	4.19	0.39	0.11
三级指标	C331 专业研究专利转化 / 许可金额	4.33	0.51	0.12
三级指标	C332 专业研究决策咨询 / 研究报告被党政部门采纳或得到领导批示	4.50	0.97	0.22
三级指标	C333 专业研究技术咨询服务	4.62	0.81	0.18
三级指标	C341 科研团队 / 平台结构完整度	4.56	0.61	0.18
三级指标	C342 在上一团队基础上形成新的团队	4.50	0.79	0.15
三级指标	C343 团队 / 平台等级	4.71	0.53	0.18
三级指标	C344 团队 / 平台带头人成果等级	4.88	0.34	0.07
三级指标	C345 团队 / 平台成员最高成果等级	4.81	0.40	0.08
三级指标	C346 团队 / 平台所获科研荣誉	4.88	0.34	0.07

续表

指标层次	指标内容	均值	标准差	变异系数
三级指标	C351 参与的团队 / 平台成果等级	4.81	0.40	0.08
三级指标	C352 团队 / 平台所获科研荣誉	4.81	0.54	0.11
三级指标	C361 制定个人三年科研发展规划	4.36	0.55	0.17
三级指标	C362 个人科研计划完成程度	4.43	0.52	0.17
三级指标	C371 作为主讲人在行政部门、行业企业组织的培训、讲座等中开展科研交流	4.29	0.68	0.12
三级指标	C372 三年科研增值量	4.29	0.72	0.17
三级指标	C373 参加学术活动	4.50	0.62	0.08
三级指标	D411 横向项目与课题	4.13	0.88	0.17
三级指标	D412 在上一项目基础上生成新的项目	3.92	0.60	0.15
三级指标	D413 横向项目到账经费	4.44	0.90	0.23
三级指标	D421 专业实践报告、论文等	4.19	0.45	0.19
三级指标	D422 行业标准	4.58	0.80	0.12
三级指标	D423 实训研发	4.67	0.62	0.14
三级指标	D431 实训研发转化金额	4.50	0.75	0.10
三级指标	D432 实训实践成果采用 / 批示	4.65	0.84	0.12
三级指标	D433 技术咨询	4.63	0.62	0.16
三级指标	D441 科普项目	4.83	0.42	0.10
三级指标	D442 科普的范围	4.63	0.41	0.11
三级指标	D443 科普次数	4.65	0.52	0.10
三级指标	D444 科普成果	4.67	0.56	0.10
三级指标	E511 指导学生科技 / 创新创业竞赛获奖	4.50	0.70	0.16
三级指标	E512 指导学生技能比赛获奖	4.61	0.63	0.11
三级指标	E521 参加科技 / 创新创业竞赛获奖	4.13	0.69	0.16
三级指标	E522 参加技能比赛获奖	4.11	0.66	0.14
三级指标	E523 参加教学比赛获奖	4.19	0.67	0.14

（2）定性数据分析

结合第二轮专家咨询的定量数据分析，以及专家咨询的定性意见，本研究对指标体系做了进一步调整。本轮在二级指标、三级指标上结合高职高专科研特点继续增加了部分指标。

增加的一级指标：比赛竞赛。

增加的二级指标：指导学生竞赛、个人竞赛。

增加的三级指标：A142 在上一团队基础上形成新的团队、C342 在上一团队基础上形成新的团队、E512 指导学生技能比赛获奖、B211 所授学生获得职业资格证书人数占所授学生比例、B212 所授学生获得职业资格等级证书人数占所授学生比例、E521 参加科技 / 创新创业竞赛获奖、E522 参加技能比赛获奖、E523 参加教学比赛获奖。

3. 第三轮专家咨询问卷的结果分析

（1）定量数据分析

①专家权威系数

如表 6-18 所示，第三轮 18 位专家的权威系数均在 0.7 以上，其中有 3 位专家权威系数在 0.8 以下，其余专家的权威系数均在 0.8 及以上，占总数的 83%。第三轮专家咨询结果的权威性和可靠性较之第二轮要高 12.7%，这说明专家咨询结果的权威性越来越高，从而有效保证了专家咨询结果的权威性。

表 6-18　第三轮专家权威系数

编号	熟悉程度	判断系数	权威系数
Z2	0.8	0.95	0.875
Z3	0.7	0.9	0.8
Z4	0.8	0.8	0.8
Z5	1.0	0.75	0.875
Z7	0.8	0.8	0.8
Z9	0.9	0.75	0.825
Z10	0.8	0.65	0.73
Z11	0.8	0.85	0.825
Z12	1.0	0.85	0.925
Z13	0.6	0.85	0.725
Z14	0.8	0.85	0.825

续表

编号	熟悉程度	判断系数	权威系数
Z15	0.8	0.9	0.85
Z16	1.0	0.8	0.9
Z17	0.8	0.85	0.825
Z18	0.8	0.7	0.75
Z19	0.7	0.9	0.8
Z20	0.8	0.8	0.8
Z21	0.8	0.85	0.825

②均值、标准差与变异系数

经过对第三轮专家咨询数据的统计，本研究得出关于均值、标准差与变异系数的第三轮咨询结果。表 6-19 分别呈现了一级指标、二级指标和三级指标的专家咨询结果。所有一级指标、二级指标、三级指标的均值、标准差和变异系数均在正常范围以内。尤其是变异系数大部分在 0.16 及以下，说明指标变异系数得到很大收敛，专家的意见已经趋于一致。

表 6–19　第三轮专家咨询指标得分结果

指标层次	指标内容	均值	标准差	变异系数
一级指标	A1 教学研究	4.63	0.62	0.13
一级指标	B2 学生培养	4.56	0.73	0.16
一级指标	C3 学术研究	4.38	0.89	0.16
一级指标	D4 实训实践	4.44	0.96	0.17
一级指标	E5 比赛竞赛	4.83	0.83	0.12
二级指标	A11 教育教学改革与研究项目	4.81	0.40	0.08
二级指标	A12 教育教学改革与研究成果	4.81	0.40	0.08
二级指标	A13 教育教学改革与研究的应用与转化	4.63	0.81	0.17
二级指标	A14 作为带头人建设教学团队 / 平台	4.38	0.75	0.18
二级指标	A15 作为团队成员建设教学团队 / 平台	4.63	0.72	0.16
二级指标	A16 教研活动	4.12	0.90	0.18
二级指标	B21 指导学生获得职业证书	4.63	0.72	0.16
二级指标	B22 学生参与教师立项项目	4.38	0.99	0.23

续表

指标层次	指标内容	均值	标准差	变异系数
二级指标	B23 指导学生科研成果	4.43	0.89	0.23
二级指标	B24 指导学生竞赛	4.56	0.81	0.18
二级指标	C31 学术研究项目	4.56	0.81	0.18
二级指标	C32 学术研究成果	4.33	0.41	0.17
二级指标	C33 学术研究成果的应用与转化	4.00	0.83	0.21
二级指标	C34 作为带头人建设科研团队 / 平台	4.58	0.50	0.18
二级指标	C35 作为团队成员建设科研团队 / 平台	4.83	0.63	0.12
二级指标	C36 科研规划	4.67	0.63	0.11
二级指标	C37 科研成长	4.83	0.73	0.11
二级指标	D41 实训 / 实践项目	4.50	0.83	0.14
二级指标	D42 实训 / 实践成果	4.67	0.79	0.11
二级指标	D43 实训 / 实践成果运用与转化	4.48	0.48	0.20
二级指标	D44 科学普及与推广	4.88	0.52	0.10
二级指标	E51 指导学生竞赛	4.78	0.39	0.17
二级指标	E52 个人竞赛	4.75	0.60	0.14
三级指标	A111 教育教学改革与研究项目 / 课题	4.69	0.48	0.10
三级指标	A112 教育教学改革与研究项目 / 课题到账经费	4.81	0.40	0.08
三级指标	A113 教育教学改革与研究项目 / 课题获奖	4.81	0.54	0.11
三级指标	A121 教育教学改革与研究著作	4.75	0.45	0.09
三级指标	A122 教育教学改革与研究论文	4.44	0.56	0.13
三级指标	A123 教育教学改革与研究会议出版物	4.80	0.56	0.12
三级指标	A124 教育教学改革与研究知识产权	4.50	0.69	0.18
三级指标	A125 教育教学改革与研究成果获奖	4.50	0.69	0.18
三级指标	A131 教育教学改革与研究专利转化 / 许可金额	4.44	0.89	0.20
三级指标	A132 教育教学改革与研究决策咨询 / 研究报告被党政部门采纳或得到领导批示	4.67	0.82	0.18
三级指标	A133 教育教学改革与研究技术服务	4.63	0.62	0.19
三级指标	A134 教育教学改革与研究成果在教育管理中的应用	4.44	0.77	0.10
三级指标	A135 教育教学改革与研究成果在教学中的应用	4.31	0.95	0.11

续表

指标层次	指标内容	均值	标准差	变异系数
三级指标	A141 教学团队 / 平台结构完整度	4.67	0.82	0.18
三级指标	A142 在上一团队基础上形成新的团队	4.63	0.65	0.19
三级指标	A143 教学团队 / 平台等级	4.25	0.75	0.14
三级指标	A144 教学团队 / 平台带头人成果等级	4.75	0.58	0.12
三级指标	A145 教学团队 / 平台成员最高成果等级	4.69	0.79	0.17
三级指标	A146 教学团队 / 平台所获科研荣誉	4.63	0.40	0.19
三级指标	A151 参与的教学团队 / 平台成果等级	4.63	0.81	0.17
三级指标	A152 参与教学团队 / 平台所获科研荣誉	4.75	0.77	0.16
三级指标	A161 组织教研活动	4.50	0.71	0.14
三级指标	A162 参加教研活动	0.61	0.71	0.16
三级指标	B211 所授学生获得职业资格证书人数占所授学生比例	4.81	0.54	0.11
三级指标	B212 所授学生获得职业资格等级证书人数占所授学生比例	4.75	0.77	0.16
三级指标	B221 学生参与教师科研立项项目人数	4.69	0.79	0.17
三级指标	B231 指导学生获专利数	4.19	0.88	0.23
三级指标	B232 指导学生公开发表论文	4.73	0.88	0.23
三级指标	C311 专业研究纵向项目 / 课题	4.56	0.45	0.18
三级指标	C312 专业研究纵向项目到账经费	4.38	0.96	0.18
三级指标	C321 专业研究著作	4.20	0.40	0.10
三级指标	C322 专业研究论文	4.38	0.34	0.11
三级指标	C323 专业研究会议出版物	4.50	0.45	0.16
三级指标	C324 专业研究知识产权	4.38	0.49	0.16
三级指标	C325 专业研究成果获奖	4.19	0.39	0.11
三级指标	C331 专业研究专利转化 / 许可金额	4.33	0.51	0.12
三级指标	C332 专业研究决策咨询 / 研究报告被党政部门采纳或得到领导批示	4.50	0.97	0.22
三级指标	C333 专业研究技术咨询服务	4.62	0.81	0.18
三级指标	C341 科研团队 / 平台结构完整度	4.56	0.61	0.18
三级指标	C342 在上一团队基础上形成新的团队	4.50	0.79	0.15
三级指标	C343 团队 / 平台等级	4.71	0.53	0.18
三级指标	C344 团队 / 平台带头人成果等级	4.88	0.34	0.07

续表

指标层次	指标内容	均值	标准差	变异系数
三级指标	C345 团队 / 平台成员最高成果等级	4.81	0.40	0.08
三级指标	C346 团队 / 平台所获科研荣誉	4.88	0.34	0.07
三级指标	C351 参与的团队 / 平台成果等级	4.81	0.40	0.08
三级指标	C352 团队 / 平台所获科研荣誉	4.81	0.54	0.11
三级指标	C361 制定个人三年科研发展规划	4.36	0.55	0.17
三级指标	C362 个人科研计划完成程度	4.43	0.52	0.17
三级指标	C371 作为主讲人在行政部门、行业企业组织的培训、讲座等中开展科研交流	4.29	0.68	0.12
三级指标	C372 三年科研增值量	4.29	0.72	0.17
三级指标	C373 参加学术活动	4.50	0.62	0.08
三级指标	D411 横向项目与课题	4.13	0.88	0.17
三级指标	D412 在上一项目基础上生成新的项目	3.92	0.60	0.15
三级指标	D413 横向项目到账经费	4.44	0.90	0.23
三级指标	D421 专业实践报告、论文等	4.19	0.45	0.19
三级指标	D422 行业标准	4.58	0.80	0.12
三级指标	D423 实训研发	4.67	0.62	0.14
三级指标	D431 实训研发转化金额	4.50	0.75	0.10
三级指标	D432 实训实践成果采用 / 批示	4.65	0.84	0.12
三级指标	D433 技术咨询	4.63	0.62	0.16
三级指标	D441 科普项目	4.83	0.42	0.10
三级指标	D442 科普的范围	4.63	0.41	0.11
三级指标	D443 科普次数	4.65	0.52	0.10
三级指标	D444 科普成果	4.67	0.56	0.10
三级指标	E511 指导学生科技 / 创新创业竞赛获奖	4.50	0.70	0.16
三级指标	E512 指导学生技能比赛（体育、艺术比赛）获奖	4.63	0.71	0.15
三级指标	E521 参加科技 / 创新创业竞赛获奖	4.13	0.69	0.16
三级指标	E522 参加技能比赛获奖	4.11	0.66	0.14
三级指标	E523 参加教学比赛获奖	4.19	0.67	0.14

（2）定性数据分析

结合第三轮专家咨询的定量数据分析，以及专家咨询的定性意见，本研究对指标体系做了进一步调整。需要指出的是，经过前两轮专家咨询，专家对一级指标、二级指标和三级指标的内容基本达成一致，对指标的修改主要为修改指标的表达方式。

①修改的指标

修改的一级指标：实训与实践改为“实训实践”，“比赛”改为“比赛竞赛”。

修改的二级指标：“E51 指导学生竞赛”修改为“B24 指导学生竞赛”。

修改的三级指标：“E512 指导学生技能比赛（体育、艺术比赛）获奖”修改为“B242 指导学生技能比赛（体育、艺术比赛）获奖”，“C371 作为主讲人在行政部门、行业企业组织的培训、讲座等中开展科研交流”修改为“C371 作为主讲人在行政部门、行业企业组织的培训、讲座、宣讲等中开展科研交流”。

②增加的指标

增加的二级指标：A16 教研活动。

增加的三级指标：A161 组织教研活动、A162 参加教研活动。

（三）评价初始指标结构的生成

通过德尔菲法，在经过三轮专家咨询之后，本研究初步得出高职高专教师科研长周期评价的三级指标体系，具体如表 6-20 所示。在该指标体系中，一级指标包括 5 个，分别为教学研究、学生培养、学术研究、实训实践、比赛竞赛。二级指标包括 21 个，分别为教育教学改革与研究项目、教育教学改革与研究成果、教育教学改革与研究的应用与转化、作为带头人建设教学团队 / 平台、作为团队成员建设教学团队 / 平台、指导学生获得职业证书、学生参与教师立项项目、指导学生科研成果、指导学生竞赛、学术研究项目、学术研究成果、学术研究成果应用与转化、作为带头人建设科研团队 / 平台、作为团队成员建设科研团队 / 平台、科研规划、科研成长、实训 / 实践项目、实训 / 实践成果、实训 / 实践成果运用与转化、科学普及与推广、个人竞赛。三级指标包括 69 个，分别为教育教学改革与研究项目 / 课题，组织教研活动，参加教研活动，教育教学改革与研究项目 / 课题到账经费，教育教学改革与研究项目 / 课题获奖，教育教学改革与研究著作，教育教学改革与研究论文，教育教学改革与研究会议出版物，教育教学改革与研究知识产权，教育教学改革与研究成果获奖，教育教学改革与研究专利转化 / 许可金额，教育教学改革与研究决策咨询 / 研究报告被党政部门采纳或得到领导批示，教育教学改革与研究技术服务，教育教学改革与研究成果在教育管理中的应用，教育教学改革与研究成果在教学中的应用，教学团队 / 平台结构完整度，在上一团队基础上形成新的团队，教学团队 / 平台等级，教学团队 / 平台带头人成果等级，教学团队 / 平台成员最高成果等级，教学团队 / 平台所获科研荣誉，参与的教学团队 / 平台成果等级，参与教学团队 / 平台所获科研荣誉，所授学生获得职业资格证书人数占所授学生比例，所授学生获得职业资格等级证书人数占所授学生比例，学生参与教师科研立项项目人数，指导学生获专利数，指导学生公开发表论文，指导学生科技 / 创新创业竞赛获奖，指导学生技能比赛（体育、艺术比赛）获奖，学术研究纵向项目 / 课题，学术研究纵向项目到账经费，学术研究著作，学术研究论文，学术研究会议出版物，学术研究知识产权，学术研究成果获奖，学术研究专利转化 / 许可金额，学术研究决策咨询 / 研究报告被党政部门采纳或得到领导批示，学术研究技术咨询服务，科研团队 / 平台结构完整度，在上一团队基础上形成新的团队，团队 / 平台等级，团队 / 平台带头人成果等级，团队 / 平台成员最高成果等级，团队 / 平台成员最高成果等级，团队 / 平台所获科研荣誉，参与的团队 / 平台成果等级，团队 / 平台所获科研荣誉，制定个人三年科研发展规划，个人科研计划完成程度，作为主讲人在行政部门、行业企业组织的培训、讲座、宣讲等中开展科研交流，三年科研增值量，参加学术活动，横向项目与课题，在上一项目基础上生成新的项目，横向项目到账经费，专业实践报告和论文等，行业标准，实训研发，实训研发转化金额，实训实践成果采用 / 批示，技术咨询，科普项目，科普的范围，科普次数，科普成果，参加科技 / 创新创业竞赛获奖，参加技能或专业类比赛获奖，参加教学比赛获奖。

表 6-20　高职高专教师科研长周期评价三级指标体系（初始）

一级指标	二级指标	三级指标
A1 教学研究	A11 教育教学改革与研究项目	A111 教育教学改革与研究项目 / 课题
		A112 组织教研活动
		A113 参加教研活动
		A114 教育教学改革与研究项目 / 课题到账经费
		A115 教育教学改革与研究项目 / 课题获奖
	A12 教育教学改革与研究成果	A121 教育教学改革与研究著作
		A122 教育教学改革与研究论文
		A123 教育教学改革与研究会议出版物
		A124 教育教学改革与研究知识产权
		A125 教育教学改革与研究成果获奖
	A13 教育教学改革与研究的应用与转化	A131 教育教学改革与研究专利转化 / 许可金额
		A132 教育教学改革与研究决策咨询 / 研究报告被党政部门采纳或得到领导批示
		A133 教育教学改革与研究技术服务
		A134 教育教学改革与研究成果在教育管理中的应用
		A135 教育教学改革与研究成果在教学中的应用
	A14 作为带头人建设教学团队 / 平台	A141 教学团队 / 平台结构完整度
		A142 在上一团队基础上形成新的团队
		A143 教学团队 / 平台等级
		A144 教学团队 / 平台带头人成果等级
		A145 教学团队 / 平台成员最高成果等级
		A146 教学团队 / 平台所获科研荣誉
	A15 作为团队成员建设教学团队 / 平台	A151 参与的教学团队 / 平台成果等级
		A152 参与教学团队 / 平台所获科研荣誉
	A16 教研活动	A161 组织教研活动
		A162 参加教研活动

续表

一级指标	二级指标	三级指标
B2 学生培养	B21 指导学生获得职业证书	B211 所授学生获得职业资格证书人数占所授学生比例
		B212 所授学生获得职业资格等级证书人数占所授学生比例
	B22 学生参与教师立项项目	B221 学生参与教师科研立项项目人数
	B23 指导学生科研成果	B231 指导学生获专利数
		B232 指导学生公开发表论文
	B24 指导学生竞赛	B241 指导学生科技 / 创新创业竞赛获奖
		B242 指导学生技能比赛（体育、艺术比赛）获奖
C3 学术研究	C31 学术研究项目	C311 学术研究纵向项目 / 课题
		C312 学术研究纵向项目到账经费
	C32 学术研究成果	C321 学术研究著作
		C322 学术研究论文
		C323 学术研究会议出版物
		C324 学术研究知识产权
		C325 学术研究成果获奖
	C33 学术研究成果应用与转化	C331 学术研究专利转化 / 许可金额
		C332 学术研究决策咨询 / 研究报告被党政部门采纳或得到领导批示
		C333 学术研究技术咨询服务
	C34 作为带头人建设科研团队 / 平台	C341 科研团队 / 平台结构完整度
		C342 在上一团队基础上形成新的团队
		C343 团队 / 平台等级
		C344 团队 / 平台带头人成果等级
		C345 团队 / 平台成员最高成果等级
		C346 团队 / 平台所获科研荣誉
	C35 作为团队成员建设科研团队 / 平台	C351 参与的团队 / 平台成果等级
		C352 团队 / 平台所获科研荣誉
	C36 科研规划	C361 制定个人三年科研发展规划
		C362 个人科研计划完成程度
	C37 科研成长	C371 作为主讲人在行政部门、行业企业组织的培训、讲座、宣讲等中开展科研交流
		C372 三年科研增值量
		C373 参加学术活动

续表

一级指标	二级指标	三级指标
D4 实训实践	D41 实训 / 实践项目	D411 横向项目与课题
		D412 在上一项目基础上生成新的项目
		D413 横向项目到账经费
	D42 实训 / 实践成果	D421 专业实践报告、论文等
		D422 行业标准
		D423 实训研发
	D43 实训 / 实践成果运用与转化	D431 实训研发转化金额
		D432 实训实践成果采用 / 批示
		D433 技术咨询
	D44 科学普及与推广	D441 科普项目
		D442 科普的范围
		D443 科普次数
		D444 科普成果
E5 比赛竞赛	E51 个人竞赛	E511 参加科技 / 创新创业竞赛获奖
		E512 参加技能或专业类比赛获奖
		E513 参加教学比赛获奖

《《《 第四节 》》》

高职高专教师科研长周期评价指标结构修正

本部分将继续采用德尔菲法对前面研究构建的高职高专教师科研长周期评价初始指标体系的主要内容进行验证，对指标体系进行修正，进而提高高职高专教师科研长周期评价指标体系的科学性。

一、实施步骤

在高职高专教师科研长周期评价初始指标体系的基础上，继续编制专家咨询问卷，专家之间独立打分，互不交流。收集专家意见并进行汇总分析，共进行一轮专家咨询。

二、问卷设计

依据高职高专教师科研长周期评价初始指标体系主要内容，编制专家咨询问卷。请评议专家对一级和二级指标的重要性进行评价，针对一级和二级指标设置了不同级别的打分表，按照合理性程度，将其分为五个等级：非常合理、比较合理、一般、比较不合理、非常不合理，分别赋值为5、4、3、2、1，请专家在评分时选择相应数字。

三、专家选择

本次德尔菲法调查选取的专家从第一轮德尔菲法所选的21名专家中随机选取11名，具体专家情况见表6-21。

表6–21　专家信息表

编号	性别	最高学历	职称	现工作单位	单位类型	从事工作
Z1	男	博士研究生	教授	贵州大学	科研院所	高教评估
Z2	男	博士研究生	副教授	贵州师范大学	本科	职教研究
Z3	女	硕士研究生	教授	贵阳幼儿师范高等专科学校	高等专科学校	科研管理
Z4	男	硕士研究生	教授	贵阳幼儿师范高等专科学校	高等专科学校	职教专家
Z5	男	硕士研究生	教授	毕节医学高等专科学校	高等专科学校	科研管理
Z6	男	硕士研究生	教授	毕节医学高等专科学校	高等专科学校	职教专家
Z7	男	博士研究生	教授	铜仁幼儿师范高等专科学校	高等专科学校	科研管理
Z8	女	本科	教授	六盘水幼儿师范高等专科学校	高等专科学校	科研管理
Z9	男	硕士研究生	教授	黔南幼儿师范高等专科学校	高等专科学校	科研管理
Z10	女	硕士研究生	副教授	黔南幼儿师范高等专科学校	高等专科学校	职教专家
Z11	女	本科	教授	毕节职业技术学院	高等职业学校	科研管理

四、结果与讨论

采用邮件发放和纸质问卷发放两种方式发放专家咨询问卷。纸质问卷发放主要针对校内专家，校外专家则主要采用邮件和纸质快递邮寄相结合的方式发放。发放问卷11份，回收率和有效率均为100%。对回收问卷进行统计分析，并用均值（大于 3.75 为基准）分析专家意见的集中程度，用变异系数（变异系数的评判标准是：低于 0.15 则数据分布均衡，高于 0.5 则数据分布明显不均衡）考察专家意见的离散程度。同时，综合考评专家填写的反馈意见，具体统计结果如表 6-22 所示。

表 6–22　专家咨询问卷调查结果分析

调查结果					
一级指标	二级指标	重要性 mean	合适度		
			mean	*SD*	*CV*
教学研究	教育教学改革与研究项目	4.83	4.42	0.515	0.12
	教育教学改革与研究成果	4.17	4.25	0.622	0.15
	教育教学改革与研究的应用与转化	3.75	3.33	0.492	0.15
	作为带头人建设教学团队 / 平台	4.67	4.24	0.515	0.12
	作为团队成员建设教学团队 / 平台	4.25	3.75	0.754	0.20
	教研活动	4.25	4.24	0.289	0.11
学生培养	指导学生获得职业证书	4.08	4.58	0.515	0.11
	学生参与教师立项项目	3.83	4.21	0.515	0.12
	指导学生科研成果	4.08	4.75	0.452	0.10
	指导学生竞赛	4.75	4.92	0.289	0.06
学术研究	学术研究项目	4.83	4.92	0.000	0.00
	学术研究成果	4.75	4.92	0.289	0.06
	学术研究成果应用与转化	3.92	4.75	0.452	0.10
	作为带头人建设科研团队 / 平台	4.67	4.50	0.674	0.15
	作为团队成员建设科研团队 / 平台	4.17	4.58	0.515	0.11
	科研规划	4.00	4.17	0.577	0.14
	科研成长	4.08	4.67	0.492	0.11
实践实训	实训 / 实践项目	4.17	4.33	0.651	0.15
	实训 / 实践成果	4.08	4.67	0.492	0.11
	实训 / 实践成果运用与转化	3.92	4.08	0.515	0.13
	科学普及与推广	4.33	3.25	0.452	0.14
比赛竞赛	个人竞赛	4.75	4.92	0.289	0.06

《《《 第五节 》》》
高职高专教师科研长周期评价指标权重确定

通过德尔菲法的使用，本研究开发出高职高专教师科研长周期评价初始指标体系，随后再次利用德尔菲法对初始指标体系做了进一步的修正。至此，基本明确了高职高专教师科研长周期评价指标的内容。但是，各个指标在高职高专教师科研评价工作中的重要程度都不同，为了准确了解和反映其重要程度，还需要结合专家意见对各级评价指标赋予不同的权重系数。

一、层次分析法在本研究中的应用

层次分析法（AHP）是由美国运筹学专家、匹兹堡大学教授萨蒂提出的一种层次权重决策分析方法。层次分析法是确定评价指标权重常用的有效方法之一，其核心思想是通过对复杂的评价对象进行分层分析，把评价对象按照目标层、准则层、子准则层、指标层的顺序进行逐步分解；然后通过计算矩阵的特征向量，看是否通过一致性检验，求出最底层（评价指标）相对于最高层（评价总指标）的相对重要性，从而对最底层元素进行优劣等级的排序（郭亚军，2007）。这种传统的层次分析法是建立在判断矩阵基础上的，但是判断矩阵有很大的主观性，为了减少判断矩阵主观性的弊端带来的研究结果偏差，学者们通常会引入群组决策概念，即群组层次分析（Multi-AHP），即通过模拟人思维中的分解、判断和综合，将一位专家扩大到多位专家，将一组判断矩阵扩大到多组判断矩阵，通过对比较判断结果的综合计算处理，得到关于指标重要性的排序，从而为决策者提供定量形式的决策依据（熊小刚，2011）。

二、实施步骤

层次分析法比较适用于那些决策结果难以直接准确计量的场合，运用层次分析法之前要对这个决策的问题、影响因素进行深入分析，并将这些问题分成不同的层次，从而形成一个多层的分析结构模型。这种方法就是用少量定量的数学方法与定性分析相结合，根据公式计算出权重，通过层层排序将多目标、多准则的复杂决策变成简单的决策。其确定权重的具体步骤如下。

（一）建立层次结构

在确定科研评价指标权重之前，AHP 法首先把复杂的系统对象表示为有序的递阶层次结构模型，即首先要把问题层次化，这个结构模型应该是有上层、中层和下层，上面的一层是问题的总的概括，下面的一层可以详细解释上一层。根据问题的性质和所要达到的目标，一般分为顶层目标、中间层规则和底层元素三个层次：顶层目标也被称为目标层，通常只有一个元素，即评价所要达成的预期目标或者结果；中间层规则也被称为准则层，是实现顶层目标的中间环节，可以根据研究需要做进一步分解，它是实现预定目标采取的某种方式、策略、原则等；底层元素也被称为指标层，是实现评价目标可供选择的各种具体评价指标，以及为实现目标可供选择的各种措施、决策方案等（郭亚军，2007）。在这个层次结构中，每个层次上的各因素从属于上一层的因素或者对上层因素有影响，支配下一层的因素又受到下层因素的作用。

（二）构建两两比较判断矩阵

用 A 表示目标，u_i、u_j（$i, j = 1, 2, \cdots, n$）表示因素。u_{ij} 表示 u_i 对 u_j 的相对重要性数值。并由 u_{ij} 组成 A — U 判断矩阵 P。

$$p = \begin{bmatrix} u_{11} & u_{12} & \cdots & u_{1n} \\ u_{21} & u_{22} & \cdots & u_{2n} \\ \vdots & \vdots & \vdots & \vdots \\ u_{n1} & u_{n2} & \cdots & u_{nn} \end{bmatrix}$$

判断矩阵元素值可以反映专家对各指标相对重要性程度的认识，根据萨蒂教授提出来的层次分析法，一般可用 1~9 及其倒数的标度法来表示，用 1、3、5、7、9 分别表示同样重要、稍微重要、明显重要、强烈重要、极端重要，2、4、6、8 表示的重要度分别介于相邻两者之间（宁宜熙，2003），如表 6-23 所示，以此赋予各因素一定数值得到两两比较判断矩阵。

表 6-23　各级标度含义

标度	各级标度含义
1	i 比 j 同样重要
3	i 比 j 稍微重要
5	i 比 j 比较重要
7	i 比 j 非常重要
9	i 比 j 绝对重要
1/3	i 比 j 稍微不重要
1/5	i 比 j 比较不重要
1/7	i 比 j 非常不重要
1/9	i 比 j 绝对不重要
2、4、6、8、1/2、1/4、1/6、1/8	重要程度介于 1~3、3~5、...... 之间

如：以指标 A1 及其三个所属指标 A11、A12、A13 为例，

$$\mathrm{A1}\begin{cases}\mathrm{A11}\\ \mathrm{A12}\\ \mathrm{A13}\end{cases}$$

某专家对三个指标的重要性进行两两比较分析后，对照表 6-23 所列标度作出了如下判断，见表 6-24。

表 6-24　A11、A12、A13 重要性的比较分析

指标	A11	A12	A13
A11	1	1/3	8
A12	3	1	5
A13	8	1/5	1

从上表可以看出，A11 比 A12 略微不重要（即 A12 比 A11 略微重要）；A11 比 A13 的重要性介于非常重要与绝对重要之间；A12 比 A13 明显重要。

（三）计算重要性排序

根据判断矩阵，求出其最大特征根 λmax 所对应的特征向量 w。方程如下：

$$p_w = \lambda_{\max} \cdot w$$

还是以 A1 为例，我们再通过计算判断以下矩阵的最大特征根及其对应的特征向量，即可得出每一指标相对于上一层次指标的权重，即 A11、A12、A13 相对于 A1 的权重，最后再对其进行一致性检验。

$$A=\begin{pmatrix} 1 & 1/3 & 8 \\ 3 & 1 & 5 \\ 1/8 & 1/5 & 1 \end{pmatrix}$$

所求特征向量 w 经归一化，即为各评价因素的重要性排序，也就是权重分配。

（四）一致性检验

要判断以上得到的权重分配是否合理，还需要对判断矩阵进行一致性检验。检验使用下面公式：

$$CR = \frac{CI}{RI}$$

公式中“CR”为判断矩阵的随机一致性比率。“CI”为判断矩阵的一致性指标，它由下式给出：

$$CI = \frac{\lambda_{\max} - n}{n-1}$$

“RI”为判断矩阵的平均随机一致性指标 ,1~9 阶判断矩阵的 RI 值参见下表 6-25。

表 6-25　矩阵阶数 n 与随机一致性指标 RI 对照表

n	1	2	3	4	5	6	7	8	9
RI	0	0	0.52	0.89	1.12	1.26	1.36	1.41	1.46

当判断矩阵 P 的 $CR<0.1$ 时或 $\lambda max=n$，$CI=0$ 时，认为 P 具有满意的一致性，否则需调整 P 中的元素以使其具有满意的一致性。

（五）确定指标权重

利用 CR 求得专家的相对权重，计算公式为：

$$p_k = \frac{1}{1 + aC_R^k} (a > 0, k = 1, 2, 3, \ldots, m)$$

公式中“a”是调节参数，当 a 的取值过大或过小的时候，专家权重难以衡量，此时的 a 可以确定为 10（熊小刚，2011）。将专家相对权重进行归一化处理，则有：

$$p_k^{\#} = \frac{p_k}{\sum_{k=1}^{m} p_k}$$

在求得每一位专家的权重 $p_k^{\#}$ 和单个维度的权重 $W_i^{'}$ 后，进而可以确定多位专家的相对权重：

$$W_i^{'} = \sum_{k=1}^{m} W_i^k p_k^{\#}$$

而后，对 $W_i^{'}$ 进行归一化处理，得到多位专家的指标权重：

$$W_k^{\#} = \frac{w}{\sum_{k=1}^{m} w_k}$$

三、基于层次分析法的评价指标权重确定

在本研究中，主要借助迈实 AHP 层次分析法软件进行高职高专教师科研长周期评价指标权重的确定。在专家选择上，本研究从前文通过德尔菲法专家咨询所建立的专家库中遴选了 6 位有丰富高职高专院校科研评价经验的专家，并在征求专家同意的基础上，向其发放了高职高专院校教师科研长周期评价调查表。

（一）层次结构模型搭建

运用层次分析法，本文将高职高专教师科研长周期评价分为三个层次，目标层（第一层）是高职高专教师科研长周期评价目标（V）。准则层（第二层）包括教学研究（V1）、学术研究（V2）、学生培养（V3）、实践实训（V4）、

比赛竞赛（V5）。指标层（第三层）共包含 78 个具体的评价指标。将这些因素按照支配关系分组，形成有序的递阶层次结构，得到高职高专教师科研长周期评价的层次结构图，见图 6-2。用求解判断矩阵特征向量的办法，求得每一层次的各元素在上一层次某元素的范围内的权重，以及每个层次各元素和同级层次元素之间相对重要性的权重。

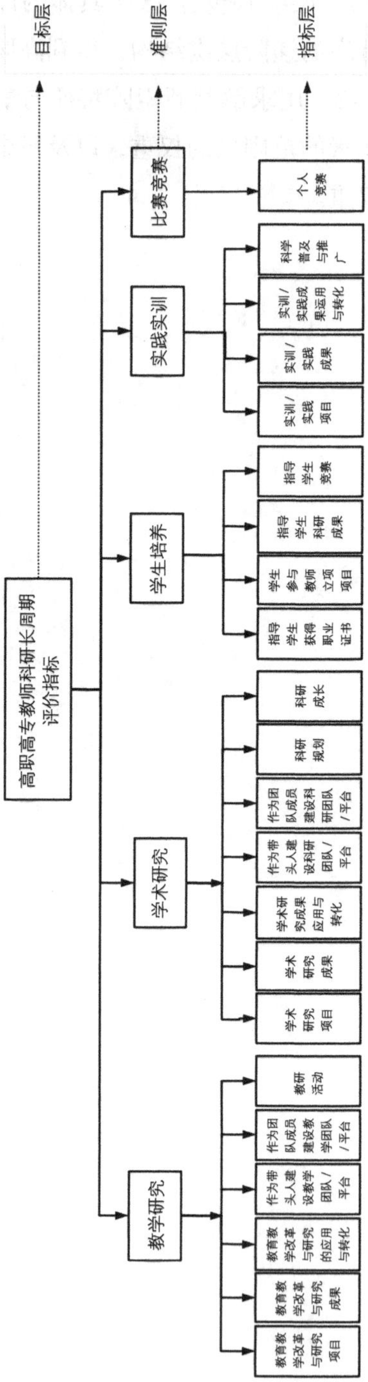

图 6-2 高职高专教师科研长周期评价指标体系层次结构模型

（二）两两比较判断矩阵构建

根据高职高专教师科研长周期评价指标体系构建此结构模型，判断矩阵包括 1 个一级指标矩阵，5 个二级指标矩阵，以及 78 个三级指标矩阵。具体如表 6-26—表 6-53 所示。

表 6-26　一级指标重要性判断矩阵

指标	A1 教学研究	B2 学生培养	C3 学术研究	D4 实践实训	E5 比赛竞赛
A1 教学研究	1				
B2 学生培养		1			
C3 学术研究			1		
D4 实践实训				1	
E5 比赛竞赛					1

表 6-27　教学研究指标中各二级指标重要性判断矩阵

指标	A11 教育教学改革与研究项目	A12 教育教学改革与研究成果	A13 教育教学改革与研究的应用与转化	A14 作为带头人建设教学团队 / 平台	A15 作为团队成员建设教学团队 / 平台	A16 教研活动
A11 教育教学改革与研究项目	1					
A12 教育教学改革与研究成果		1				
A13 教育教学改革与研究的应用与转化			1			
A14 作为带头人建设教学团队 / 平台				1		
A15 作为团队成员建设教学团队 / 平台					1	
A16 教研活动						1

表 6-28　学生培养指标中各二级指标重要性判断矩阵

指标	B21 指导学生获得职业证书	B22 学生参与教师立项项目	B23 指导学生科研成果	B24 指导学生竞赛
B21 指导学生获得职业证书	1			
B22 学生参与教师立项项目		1		
B23 指导学生科研成果			1	
B24 指导学生竞赛				1

表 6-29　学术研究指标中各二级指标重要性判断矩阵

指标	C31 学术研究项目	C32 学术研究成果	C33 学术研究成果应用与转化	C34 作为带头人建设科研团队 / 平台	C35 作为团队成员建设科研团队 / 平台	C36 科研规划	C37 科研成长
C31 学术研究项目	1						
C32 学术研究成果		1					
C33 学术研究成果应用与转化			1				
C34 作为带头人建设科研团队 / 平台				1			
C35 作为团队成员建设科研团队 / 平台					1		
C36 科研规划						1	
C37 科研成长							1

表 6-30 实践实训指标中各二级指标重要性判断矩阵

指标	D41 实训 / 实践项目	D42 实训 / 实践成果	D43 实训 / 实践成果运用与转化	D44 科学普及与推广
D41 实训 / 实践项目	1			
D42 实训 / 实践成果		1		
D43 实训 / 实践成果运用与转化			1	
D44 科学普及与推广				1

表 6-31 比赛竞赛指标中各二级指标重要性判断矩阵

指标	E51 科创比赛	E52 技能竞赛
E51 科创比赛	1	
E52 技能竞赛		1

表 6-32 教育教学改革与研究项目指标中各三级指标重要性判断矩阵

指标	A111 教育教学改革与研究项目 / 课题	A112 教育教学改革与研究项目 / 课题到账经费	A113 教育教学改革与研究项目 / 课题获奖
A111 教育教学改革与研究项目 / 课题	1		
A112 教育教学改革与研究项目 / 课题到账经费		1	
A113 教育教学改革与研究项目 / 课题获奖			1

表 6-33 教育教学改革与研究成果指标中各三级指标重要性判断矩阵

指标	A121 教育教学改革与研究著作	A122 教育教学改革与研究论文	A123 教育教学改革与研究会议出版物	A124 教育教学改革与研究知识产权	A125 教育教学改革与研究成果获奖
A121 教育教学改革与研究著作	1				

续表

指标	A121 教育教学改革与研究著作	A122 教育教学改革与研究论文	A123 教育教学改革与研究会议出版物	A124 教育教学改革与研究知识产权	A125 教育教学改革与研究成果获奖
A122 教育教学改革与研究论文		1			
A123 教育教学改革与研究会议出版物			1		
A124 教育教学改革与研究知识产权				1	
A125 教育教学改革与研究成果获奖					1

表 6–34　教育教学改革与研究的应用与转化指标中各三级指标重要性判断矩阵

指标	A131 教育教学改革与研究专利转化 / 许可金额	A132 教育教学改革与研究决策咨询 / 研究报告被党政部门采纳或得到领导批示	A133 教育教学改革与研究技术服务	A134 教育教学改革与研究成果在教育管理中的应用	A135 教育教学改革与研究成果在教学中的应用
A131 教育教学改革与研究专利转化 / 许可金额	1				
A132 教育教学改革与研究决策咨询 / 研究报告被党政部门采纳或得到领导批示		1			
A133 教育教学改革与研究技术服务			1		
A134 教育教学改革与研究成果在教育管理中的应用				1	
A135 教育教学改革与研究成果在教学中的应用					1

表 6–35　作为带头人建设教学团队 / 平台指标中各三级指标重要性判断矩阵

指标	A141 教学团队 / 平台结构完整度	A142 在上一团队基础上形成新的团队	A143 教学团队 / 平台等级	A144 教学团队 / 平台带头人成果等级	A145 教学团队 / 平台成员最高成果等级	A146 教学团队 / 平台所获科研荣誉
A141 教学团队 / 平台结构完整度	1					
A142 在上一团队基础上形成新的团队		1				
A143 教学团队 / 平台等级			1			
A144 教学团队 / 平台带头人成果等级				1		
A145 教学团队 / 平台成员最高成果等级					1	
A146 教学团队 / 平台所获科研荣誉						1

表 6–36　作为团队成员建设教学团队 / 平台指标中各三级指标重要性判断矩阵

指标	A151 参与的教学团队 / 平台成果等级	A152 参与教学团队 / 平台所获科研荣誉
A151 参与的教学团队 / 平台成果等级	1	
A152 参与的教学团队 / 平台所获科研荣誉		1

表 6–37　教研活动指标中各三级指标重要性判断矩阵

指标	A161 组织教研活动	A162 参与教研活动
A161 组织教研活动	1	
A162 参与教研活动		1

表 6–38 学术研究项目指标中各三级指标重要性判断矩阵

指标	C311 学术研究纵向项目 / 课题	C312 学术研究纵向项目到账经费
C311 学术研究纵向项目 / 课题	1	
C312 学术研究纵向项目到账经费		1

表 6–39 学术研究成果指标中各三级指标重要性判断矩阵

指标	C321 学术研究著作	C322 学术研究论文	C323 学术研究会议出版物	C324 学术研究知识产权	C325 学术研究成果获奖
C321 学术研究著作	1				
C322 学术研究论文		1			
C323 学术研究会议出版物			1		
C324 学术研究知识产权				1	
C325 学术研究成果获奖					1

表 6–40 学术研究成果应用与转化指标中各三级指标重要性判断矩阵

指标	C331 学术研究专利转化 / 许可金额	C332 学术研究决策咨询 / 研究报告被党政部门采纳或得到领导批示	C333 学术研究技术咨询服务
C331 学术研究专利转化 / 许可金额	1		
C332 学术研究决策咨询 / 研究报告被党政部门采纳或得到领导批示		1	
C333 学术研究技术咨询服务			1

表 6–41　作为带头人建设科研团队 / 平台指标中各三级指标重要性判断矩阵

指标	C341 科研团队 / 平台结构完整度	C342 在上一团队基础上形成新的团队	C343 团队 / 平台等级	C344 团队 / 平台带头人成果等级	C345 团队 / 平台成员最高成果等级	C346 团队 / 平台所获科研荣誉
C341 科研团队 / 平台结构完整度	1					
C342 在上一团队基础上形成新的团队		1				
C343 团队 / 平台等级			1			
C344 团队 / 平台带头人成果等级				1		
C345 团队 / 平台成员最高成果等级					1	
C346 团队 / 平台所获科研荣誉						1

表 6–42　作为团队成员建设科研团队 / 平台指标中各三级指标重要性判断矩阵

指标	C351 参与的团队 / 平台成果等级	C352 团队 / 平台所获科研荣誉
C351 参与的团队 / 平台成果等级	1	
C352 团队 / 平台所获科研荣誉		1

表 6–43　科研规划指标中各三级指标重要性判断矩阵

指标	C361 制定个人三年科研发展规划	C362 个人科研计划完成程度
C361 制定个人三年科研发展规划	1	
C362 个人科研计划完成程度		1

表 6–44　科研成长指标中各三级指标重要性判断矩阵

指标	C371 作为主讲人在行政部门、行业企业组织的培训、讲座、宣讲等中开展科研交流	C372 三年科研增值量	C373 参加学术活动
C371 作为主讲人在行政部门、行业企业组织的培训、讲座、宣讲等中开展科研交流	1		
C372 三年科研增值量		1	
C373 参加学术活动			1

表 6–45　指导学生获得职业证书指标中各三级指标重要性判断矩阵

指标	B211 所授学生获得职业资格证书人数占所授学生比例	B212 所授学生获得职业资格等级证书人数占所授学生比例
B211 所授学生获得职业资格证书人数占所授学生比例	1	
B212 所授学生获得职业资格等级证书人数占所授学生比例		1

表 6–46　指导学生科研成果指标中各三级指标重要性判断矩阵

指标	B231 指导学生获专利数	B232 指导学生公开发表论文
B231 指导学生获专利数	1	
B232 指导学生公开发表论文		1

表 6–47　指导学生竞赛指标中各三级指标重要性判断矩阵

指标	B241 指导学生科技 / 创新创业竞赛获奖	B242 指导学生技能比赛（含体育、艺术比赛）获奖
B241 指导学生科技 / 创新创业竞赛获奖	1	
B242 指导学生技能比赛（含体育、艺术比赛）获奖		1

表 6–48　实训 / 实践项目指标中各三级指标重要性判断矩阵

指标	D411 横向项目与课题	D412 在上一项目基础上生成新的项目	D413 横向项目到账经费
D411 横向项目与课题	1		
D412 在上一项目基础上生成新的项目		1	
D413 横向项目到账经费			1

表 6–49　实训 / 实践成果指标中各三级指标重要性判断矩阵

指标	D421 专业实践报告、论文	D422 行业标准	D423 实训研发
D421 专业实践报告、论文	1		
D422 行业标准		1	
D423 实训研发			1

表 6–50　实训 / 实践成果运用与转化指标中各三级指标重要性判断矩阵

指标	D431 实训研发转化金额	D432 实训实践成果采用 / 批示	D433 技术咨询
D431 实训研发转化金额	1		
D432 实训实践成果采用 / 批示		1	
D433 技术咨询			1

表 6–51　科学普及与推广指标中各三级指标重要性判断矩阵

指标	D441 科普项目	D442 科普的范围	D443 科普次数	D444 科普成果
D441 科普项目	1			
D442 科普的范围		1		
D443 科普次数			1	
D444 科普成果				1

表 6–52　科创竞赛指标中各三级指标重要性判断矩阵

指标	E511 参加科技 / 创新创业竞赛获奖	E512 参加专业类比赛获奖
E511 参加科技 / 创新创业竞赛获奖	1	
E512 参加专业类比赛获奖		1

表 6-53　技能竞赛指标中各三级指标重要性判断矩阵

指标	E521 参加技能竞赛获奖	E522 参加教学比赛获奖
E521 参加技能竞赛获奖	1	
E522 参加教学比赛获奖		1

（三）重要性排序与一致性检验

以专家 Z1 对矩阵的判断结果为例。专家 Z1 教师科研长周期评价一级指标矩阵判断结果为：教学研究权重系数 0.229 6、学术研究权重系数 0.223 3、学生培养权重系数 0.1966、实践实训权重系数 0.175 3、比赛竞赛权重系数 0.175 2；一致性检验结果为 λmax=4.032 9、*CR*=0.028 0、*CI*=0.014 2，表明通过一致性检验。

专家 Z1 对教学研究指标中各二级指标矩阵判断结果为：教育教学改革与研究项目权重系数 0.180 7、教育教学改革与研究成果权重系数 0.173 5、教育教学改革与研究的应用与转化权重系数 0.144 9、作为带头人建设教学团队 / 平台权重系数 0.173 5、作为团队成员建设教学团队 / 平台权重系数 0.161 2、教研活动权重系数 0.166 2；一致性检验结果为 λmax=5.362 0、*CR*=0.036 21、*CI*=0.030 12, 表明通过一致性检验。专家 Z1 对学术研究指标中各二级指标矩阵判断结果为: 学术研究项目权重系数 0.179 9、学术研究成果权重系数 0.161 1、学术研究成果应用与转化权重系数 0.163 0、作为带头人建设科研团队 / 平台权重系数 0.159 3、作为团队成员建设科研团队 / 平台权重系数 0.149 5、科研规划权重系数 0.092 8、科研成长权重系数 0.094 3；一致性检验结果为 λmax=6.531 0、*CR*=0.048 11、*CI*=0.039 2，表明通过一致性检验。专家 Z1 在学生培养指标中各二级指标矩阵判断结果为：指导学生获得职业证书权重系数 0.366 5、学生参与教师立项项目权重系数 0.107 9、指导学生科研成果权重系数 0.106 5、指导学生竞赛权重系数 0.419 1、一致性检验结果为 λmax=3.029 6、*CR*=0.023 6、*CI*=0.018 0，表明通过一致性检验。专家 Z1 对实践实训指标中各二级指标矩阵判断结果为：实训 / 实践项目权重系数 0.282 8、实训 / 实践成果权重系数 0.273 1、实训 / 实践成果运用与转化权重系数 0.203 7、科学普及与推广权重系数 0.240 4；一致性检验结果为 λmax=3.154 0、*CR*=0.020 3、*CI*=0.014 1，表明通过一致性检验。专家 Z1 对比赛竞赛指标中各二级指标矩阵判断结果为：科创比赛权重系数 0.437 0、技能竞赛权重系数 0.563；一致性检验结果为 λmax=2、*CR*=0、*CI*=0，表明通过一致性检验。

专家 Z1 对教育教学改革与研究项目指标中各三级指标矩阵判断结果为：教育教学改革与研究项目 / 课题权重系数 0.398 2、教育教学改革与研究项目 / 课题到账经费权重系数 0.275 5、教育教学改革与研究项目 / 课题获奖权重系数 0.326 3；一致性检验结果为 λmax=2.159、*CR*=0.013 1、*CI*=0.016 9，表明通过一致性检验。专家 Z1 对教育教学改革与研究成果中各三级指标矩阵判断结果为：教育教学改革与研究著作权重系数 0.214 6、教育教学改革与研究论文权重系数 0.203、教育教学改革与研究会议出版物权重系数 0.185 5，教育教学改革与研究知识产权权重系数 0.196 8，教育教学改革与研究成果获奖权重系数 0.200 1；一致性检验结果为 λmax=4.029 1、*CR*=0.038 0、*CI*=0.024 5，表明通过一致性检验。专家 Z1 对教育教学改革与研究成果的应用与转化中各三级指标矩阵判断结果为：教育教学改革与研究专利转化 / 许可金额权重系数 0.212 4、教育教学改革与研究决策咨询 / 研究报告被党政部门采纳或得到领导批示权重系数 0.244 7，教育教学改革与研究技术服务权重系数 0.260 5，教育教学改革与研究成果在教育教学管理中的应用权重系数 0.282 4；一致性检验结果为 λmax=3.170、*CR*=0.010 6、*CI*=0.028 4，表明通过一致性检验。专家 Z1 对作为带头人建设教学团队 / 平台指标中各三级指标矩阵判断结果为：教学团队 / 平台结构完整度权重系数 0.082 2、在上一团队基础上形成新的团队权重系数 0.083 9、教学团队 / 平台等级权重系数 0.183 2、教学团队 / 平台带头人成果等级权重系数 0.249 2、教学团队 / 平台带头人成果等级权重系数为 0.192 4、教学团队 / 平台成员最高成果等级权重系数 0.143 9、教学团队 / 平台所获科研荣誉权重系数 0.189 1；一致性检验结果为 λmax=4.368、*CR*=0.015 2、*CI*=0.263 7, 表明通过一致性检验。专家 Z1 对作为团队成员建设教学团队 / 平台指标中各三级指标矩阵判断结果为：参与的教学团队 / 平台成果等级权重系数 0.500 0，参与教学团队 / 平台所获科研荣誉权重系数 0.500 0；一致性检验结果为 λmax=2、*CR*=0、*CI*=0，表明通过一致性检验。专家 Z1 对教研活动指标中各三级指标矩阵判断结果为：组织教研活动权重系数 0.578 7、组织教研活动权重系数 0.421 3；

一致性检验结果为 λmax=2、*CR*=0、*CI*=0，表明通过一致性检验。专家 Z1 对学术研究项目指标中各三级指标矩阵判断结果为：学术研究纵向项目 / 课题权重系数 0.873 7、学术研究纵向项目到账经费权重系数 0.126 3；一致性检验结果为 λmax=2、*CR*=0、*CI*=0，表明通过一致性检验。专家 Z1 对学术研究成果指标中各三级指标矩阵判断结果为：学术研究著作权重系数 0.231 4、学术研究论文权重系数 0.212 9、学术研究会议出版物权重系数 0.163 6、学术研究知识产权权重系数 0.178 2、学术研究成果获奖权重系数 0.213 9；一致性检验结果为 λmax=4.510、*CR*=0.026 5、*CI*=0.014 7，表明通过了一致性检验。专家 Z1 对学术研究成果应用与转化指标中各三级指标矩阵判断结果为：学术研究专利转化 / 许可金额权重系数 0.371 9、学术研究决策咨询 / 研究报告被党政部门采纳或得到领导批示权重系数 0.281 0、学术研究技术咨询服务权重系数 0.347 1；一致性检验结果为 λmax=2.100、*CR*=0.035 62、*CI*=0.048 9，表明通过一致性检验。专家 Z1 对作为带头人建设科研团队 / 平台指标中各三级指标矩阵判断结果为：科研团队 / 平台结构完整度权重系数 0.146 9，在上一团队基础上形成新的团队权重系数 0.182，团队 / 平台等级权重系数 0.230 8，团队 / 平台带头人成果等级权重系数 0.214 8，团队 / 平台成员最高成果等级权重系数为 0.208 2，团队 / 平台所获科研荣誉权重系数 0.209 3；一致性检验结果为 λmax=5.430 0、*CR*=0.010 2、*CI*=0.014 1，表明通过一致性检验。专家 Z1 对作为团队成员建设科研团队 / 平台指标中各三级指标矩阵判断结果为：参与的团队 / 平台成果等级权重系数 0.504 1、团队 / 平台所获科研荣誉权重系数 0.495 9；一致性检验结果为 λmax=2、*CR*=0、*CI*=0，表明通过一致性检验。专家 Z1 对科研规划指标中各三级指标矩阵判断结果为：制定个人三年科研发展规划权重系数 0.500、个人科研计划完成程度权重系数 0.500；一致性检验结果为 λmax=2、*CR*=0、*CI*=0，表明通过一致性检验。专家 Z1 对科研成长指标中各三级指标矩阵判断结果为：作为主讲人在行政部门、行业企业组织的培训、讲座、宣讲等中开展科研交流权重系数 0.347 1，三年科研增值量权重系数 0.281，参加学术活动权重系数 0.371 9；一致性检验结果为 λmax=2.067 1、*CR*=0.175 2、*CI*=0.241 0，表明通过一致性检验。专家 Z1 对指导学生获得职业证书指标中各三级指标矩阵判断结果为：所授学生获得职业资格证书人数占所授学生比例权重系数 0.500 0、所授学生获得职业资格等级证书人数占所授学生比例权重系数 0.500；一致性检验结果为 λmax=2、CR=0、*CI*=0，表明通过一致性检验。专家 Z1 对指导学生科研成果指标中各三级指标矩阵判断结果为：指导学生获专利数权重系数 0.500 0、指导学生公开发表论文权重系数 0.500；一致性检验结果为 λmax=2、*CR*=0、*CI*=0，表明通过一致性检验。专家 Z1 对指导学生竞赛指标中各三级指标矩阵判断结果为：指导学生科技 / 创新创业竞赛获奖权重系数 0.500 0、指导学生技能比赛（含体育、艺术比赛）获奖权重系数 0.500；一致性检验结果为 λmax=2、*CR*=0、*CI*=0，表明通过一致性检验。专家 Z1 对指导学生竞赛指标中各三级指标矩阵判断结果为：横向项目与课题权重系数 0.371 9、在上一项目基础上生成新的项目权重系数 0.281 0、横向项目到账经费权重系数 0.347 1；一致性检验结果为 λmax=2.510 2、*CR*=0.010 8、*CI*=0.251 0，表明通过一致性检验。专家 Z1 对实训 / 实践成果指标中各三级指标矩阵判断结果为：专业实践报告、论文权重系数 0.471 9，行业标准权重系数 0.248 1，实训研发权重系数 0.271 0；一致性检验结果为 λmax=2.310 0、*CR*=0.043 1、*CI*=0.045 0，表明通过一致性检验。专家 Z1 对实训 / 实践成果运用与转化指标中各三级指标矩阵判断结果为：实训研发转化金额权重系数 0.381 7，实训实践成果采用 / 批示权重系数 0.357 1，技术咨询权重系数 0.281 2；一致性检验结果为 λmax=2.102、*CR*=0.052 3、*CI*=0.561 0，表明通过一致性检验。专家 Z1 对科学普及与推广指标中各三级指标矩阵判断结果为：科普项目权重系数 0.288 6、科普的范围权重系数 0.218 8、科普次数权重系数 0.218 4、科普成果权重系数 0.274 2；一致性检验结果为 λmax=2.365 1、*CR*=0.010 0、*CI*=0.013 4，表明通过一致性检验。专家 Z1 对科创竞赛指标中各三级指标矩阵判断结果为：参加科技 / 创新创业竞赛获奖权重系数 0.500 0、参加专业类比赛获奖权重系数 0.500 0；一致性检验结果为 λmax=2、*CR*=0、CI=0，表明通过一致性检验。专家 Z1 对技能比赛指标中各三级指标矩阵判断结果为：参加技能比赛获奖权重系数 0.500、参加教学比赛获奖权重系数 0.500；一致性检验结果为 λmax=2、*CR*=0、*CI*=0，表明通过一致性检验。

在权重系数咨询中，因为有的指标矩阵只有两个指标相互之间的比较，那么专家 Z1 在对其权重系数的把握上就会出现最大特征值也就是 λmax 为 2 的情况，因此会出现 CR、CI 同时为 0 的情况。

四、指标体系权重确定

通过上述计算方法与步骤，可以得到所有专家指标的相对权重，而后通过归一化处理，最终，本研究确定了整个高职高专院校应用导向科研水平评价指标体系的权重系数，如表 6-54 所示。

表 6–54　高职高专教师科研长周期评价指标体系权重系数

一级指标	权重系数	二级指标	权重系数	三级指标	权重系数
A1 教学研究	0.229 6	A11 教育教学改革与研究项目	0.180 7	A111 教育教学改革与研究项目 / 课题	0.398 2
				A114 教育教学改革与研究项目 / 课题到账经费	0.275 5
				A115 教育教学改革与研究项目 / 课题获奖	0.326 3
		A12 教育教学改革与研究成果	0.173 5	A121 教育教学改革与研究著作	0.214 6
				A122 教育教学改革与研究论文	0.203 0
				A123 教育教学改革与研究会议出版物	0.185 5
				A124 教育教学改革与研究知识产权	0.196 8
				A125 教育教学改革与研究成果获奖	0.200 1
		A13 教育教学改革与研究的应用与转化	0.144 9	A131 教育教学改革与研究专利转化 / 许可金额	0.212 4
				A132 教育教学改革与研究决策咨询 / 研究报告被党政部门采纳或得到领导批示	0.244 7
				A133 教育教学改革与研究技术服务	0.260 5
				A134 教育教学改革与研究成果在教育教学管理中的应用	0.200 4
				A135 教育教学改革与研究成果在教学中的应用	0.282 4
		A14 作为带头人建设教学团队 / 平台	0.173 5	A141 教学团队 / 平台结构完整度	0.082 2
				A142 在上一团队基础上形成新的团队	0.083 9
				A143 教学团队 / 平台等级	0.183 2
				A144 教学团队 / 平台带头人成果等级	0.249 2
				A145 教学团队 / 平台成员最高成果等级	0.143 9
				A146 教学团队 / 平台所获科研荣誉	0.189 1
		A15 作为团队成员建设教学团队 / 平台	0.161 2	A151 参与的教学团队 / 平台成果等级	0.500 0
				A152 参与教学团队 / 平台所获科研荣誉	0.500 0

续表

一级指标	权重系数	二级指标	权重系数	三级指标	权重系数
A1 教学研究	0.229 6	A16 教研活动	0.166 2	A161 组织教研活动	0.578 7
A1 教学研究	0.229 6	A16 教研活动	0.166 2	A162 参加教研活动	0.421 3
B2 学生培养	0.196 6	B21 指导学生获得职业证书	0.366 5	B211 所授学生获得职业资格证书人数占所授学生比例	0.500 0
B2 学生培养	0.196 6	B21 指导学生获得职业证书	0.366 5	B212 所授学生获得职业资格等级证书人数占所授学生比例	0.500 0
B2 学生培养	0.196 6	B22 学生参与教师立项项目	0.107 9	B221 学生参与教师科研立项项目人数	1
B2 学生培养	0.196 6	B23 指导学生科研成果	0.106 5	B231 指导学生获专利数	0.500 0
B2 学生培养	0.196 6	B23 指导学生科研成果	0.106 5	B232 指导学生公开发表论文	0.500 0
B2 学生培养	0.196 6	B24 指导学生竞赛	0.419 1	B241 指导学生科技 / 创新创业竞赛获奖	0.500 0
B2 学生培养	0.196 6	B24 指导学生竞赛	0.419 1	B242 指导学生技能比赛（体育、艺术比赛）获奖	0.500 0
C3 学术研究	0.223 3	C31 学术研究项目	0.179 9	C311 学术研究纵向项目 / 课题	0.873 0
C3 学术研究	0.223 3	C31 学术研究项目	0.179 9	C312 学术研究纵向项目到账经费	0.126 3
C3 学术研究	0.223 3	C32 学术研究成果	0.161 1	C321 学术研究著作	0.231 4
C3 学术研究	0.223 3	C32 学术研究成果	0.161 1	C322 学术研究论文	0.212 9
C3 学术研究	0.223 3	C32 学术研究成果	0.161 1	C323 学术研究会议出版物	0.163 6
C3 学术研究	0.223 3	C32 学术研究成果	0.161 1	C324 学术研究知识产权	0.178 2
C3 学术研究	0.223 3	C32 学术研究成果	0.161 1	C325 学术研究成果获奖	0.213 9
C3 学术研究	0.223 3	C33 学术研究成果应用与转化	0.159 3	C331 学术研究专利转化 / 许可金额	0.371 9
C3 学术研究	0.223 3	C33 学术研究成果应用与转化	0.159 3	C332 学术研究决策咨询 / 研究报告被党政部门采纳或得到领导批示	0.281 0
C3 学术研究	0.223 3	C33 学术研究成果应用与转化	0.159 3	C333 学术研究技术咨询服务	0.347 1
C3 学术研究	0.223 3	C34 作为带头人建设科研团队 / 平台	0.163 0	C341 科研团队 / 平台结构完整度	0.146 9
C3 学术研究	0.223 3	C34 作为带头人建设科研团队 / 平台	0.163 0	C342 在上一团队基础上形成新的团队	0.182 0
C3 学术研究	0.223 3	C34 作为带头人建设科研团队 / 平台	0.163 0	C343 团队 / 平台等级	0.230 8
C3 学术研究	0.223 3	C34 作为带头人建设科研团队 / 平台	0.163 0	C344 团队 / 平台带头人成果等级	0.214 8
C3 学术研究	0.223 3	C34 作为带头人建设科研团队 / 平台	0.163 0	C345 团队 / 平台成员最高成果等级	0.208 2
C3 学术研究	0.223 3	C34 作为带头人建设科研团队 / 平台	0.163 0	C346 团队 / 平台所获科研荣誉	0.209 3
C3 学术研究	0.223 3	C35 作为团队成员建设科研团队 / 平台	0.149 5	C351 参与的团队 / 平台成果等级	0.504 1
C3 学术研究	0.223 3	C35 作为团队成员建设科研团队 / 平台	0.149 5	C352 团队 / 平台所获科研荣誉	0.495 9

续表

一级指标	权重系数	二级指标	权重系数	三级指标	权重系数
C3 学术研究	0.223 3	C36 科研规划	0.094 4	C361 制定个人三年科研发展规划	0.500 0
				C362 个人科研计划完成程度	0.500 0
		C37 科研成长	0.092 8	C371 作为主讲人在行政部门、行业企业组织的培训、讲座、宣讲等中开展科研交流	0.347 1
				C372 三年科研增值量	0.281 0
				C373 参加学术活动	0.371 9
D4 实训实践	0.175 3	D41 实训 / 实践项目	0.282 8	D411 横向项目与课题	0.371 9
				D412 在上一项目基础上生成新的项目	0.281 0
				D413 横向项目到账经费	0.347 1
		D42 实训 / 实践成果	0.273 1	D421 专业实践报告、论文等	0.471 9
				D422 行业标准	0.248 1
				D423 实训研发	0.271 0
		D43 实训 / 实践成果运用与转化	0.203 7	D431 实训研发转化金额	0.381 7
				D432 实训实践成果采用 / 批示	0.357 1
				D433 技术咨询	0.281 2
		D44 科学普及与推广	0.240 4	D441 科普项目	0.288 6
				D442 科普的范围	0.218 8
				D443 科普次数	0.218 4
				D444 科普成果	0.274 2
E5 比赛竞赛	0.175 2	E51 科创比赛	0.437 0	E511 参加科技 / 创新创业竞赛获奖	0.500 0
				E512 参加专业类比赛获奖	0.500 0
		E52 技能竞赛	0.563 0	E521 参加技能竞赛获奖	0.500 0
				E522 参加教学比赛获奖	0.500 0

前几章分析了高职高专院校科研的内涵、原则，厘清了高职高专教师科研长周期评价的目的和意义，基本梳理了高职高专教师科研长周期评价的特点和方法。但是高职高专教师科研长周期评价到底要用什么评价标准仍未可知。对此，已有相关研究但并未提供足够的实证支撑，尤其是未能根据高职高专科研特点制定高职高专教师科研长周期评价指标。鉴于此，本章构建了

高职高专院校的科研评价体系。在构建高职高专教师科研长周期评价体系之前就要对科研评价体系有一个清晰的了解，因此首先依据国外高校科研评价体系，比较各国大学科研评价体系的优劣，明确高职高专教师科研长周期评价体系的构成。其次展开了系统的高职高专教师科研长周期评价指标建构工作：第一步，借助德尔菲法，利用多轮专家咨询，初步确定了高职高专教师科研长周期评价指标体系，并厘清了基本结构维度；第二步，结合专家意见，利用层次分析法划分出三级指标权重，最终通过德尔菲法、层次分析法等研究方法，识别教师科研评价的结构要素，以此构建了“教”“研”“学”“训”“赛”五位一体的高职高专教师科研长周期评价指标体系，本部分研究着力于高职高专教师科研长周期评价指标的建构工作，从而为更好地构建科研评价体系，开展高职高专教师科研长周期评价的实证研究打下基础。

第七章

高职高专教师科研长周期评价的实证研究

《《《 第一节 》》》
基于 DEA 方法的西部地区高校科研绩效评价

一、研究问题及背景

基于数据包络分析（Data Envelopment Analysis，DEA）方法对西部地区高校科研绩效进行评价的必要性可以从以下几个方面展开分析。

（一）西部地区高校科研发展的国家战略发展需求

1998 年《中华人民共和国高等教育法》颁布，其中规定高等学校应以培养人才为中心，开展教学、科学研究和社会服务，高等学校教师要具备相应职务的教育教学能力和科学研究能力。习近平总书记在《加快建设科技强国，实现高水平科技自立自强》的讲话中指出，高水平研究型大学要把发展科技第一生产力、培养人才第一资源、增强创新第一动力更好结合起来。因此，高校是国家推动科技创新、实现科技强国战略的重要阵地，科研投入是高校提升科研绩效、实现科技创新的必要条件。近年来，国家高度重视科技创新，出台了一系列支持高校科研的政策措施。《国家中长期科学和技术发展规划纲要（2006—2020 年）》明确提出，要把提高自主创新能力作为调整经济结构、转变增长方式、提高国家竞争力的中心环节，把建设创新型国家作为面向未来的重大战略选择。《国务院关于改进加强中央财政科研项目和资金管理的若干意见》和《关于进一步完善中央财政科研项目资金管理等政策的若干意见》等文件，进一步细化了科研项目管理和资金使用的具体规定，旨在提高科研资金使用效率，激发科研人员的创新活力。

西部地区作为中国的重要组成部分，其科研水平和发展状况直接关系到国家整体科技实力的提升和区域经济的均衡发展。近年来，随着国家对西部地区的持续关注和大力扶持，西部地区高校的科研能力得到了显著提升，针对西部地区经济社会发展的特殊需求，国家出台了一系列扶持政策。《中共中央 国务院关于新时代推进西部大开发形成新格局的指导意见》提出，进一步深化东西部科技创新合作，打造协同创新共同体。在西部地区布局建设一批应用型本科高校、高职高校，支持“双一流”高校对西部地区开展对口支援。一系列政策文件为西部地区高校科研绩效评价提供了重要的政策依据和导向。此外，国家还通过设立专项基金、提供税收优惠等方式，鼓励和支持西部地区高校开展科研活动。这些政策措施不仅为西部地区高校提供了必要的资金支持，也为其科研绩效评价改进提供了更多的可能性和空间。

（二）提升西部地区高校科研资源利用率的现实需要

近年来，我国高校投入到自然科学以及社会科学研究领域的人力、物力以及财力等资源在逐年增加，而且增加的幅度也越来越大，教育部发布的数据资料显示，2016 年国家在高校科研经费上投入 1 356.121 33 亿元，到 2022 年国家在高校科研经费上投入为 2 828.568 96 亿元，增长了 2 倍多，但我国高校科研大多数呈粗放式发展模式，这导致了科研资源的极大浪费与滥用，科研产出效率不高。研究结果表明，2014—2018 年我国高校平均科研效率连续五年未超过 1，甚至出现连续下降的趋势（赵庆国、何佳，2020）。这意味着我国高校科研成果与科研投入比例失衡现象日益突出。目前，我国高校科研绩效评价体系仍处于初级探索阶段，相关部门在高校科研绩效评价方法上的选择也是各不相同，口径不一，而高校本身一直以来过于看重论文发表数量，并将其作为评价科研绩效的核心依据，往往忽视了科研资源投入量以及其他产出的计量，这是导致我国高校科研效率普遍偏低的重要原因之一。

自 1999 年来，中国的高等学校迎来了规模和速度的大发展时期，截至

2002年，我国的高等教育毛入学率由1999年的10.5%上升到了15%，仅仅用四年时间就跑步跨过了高等教育大众化的门槛。中国有34个省（直辖市、自治区），由于各个省级行政区之间地理、历史和人文等因素的影响，各个省级行政区之间经济发展水平参差不齐，拿东部地区较好的省（直辖市、自治区）和西部地区较好的省（直辖市、自治区）比较，如中国东部的广东省2023年GDP为135 673.16亿元，西部的四川省2023年GDP为60 132.9亿元，两省2023年GDP相差75 540.26亿元，差距为44.32%（数据来源于中国国家统计局《中国统计年鉴》）。经济是教育发展的物质基础，这也直接导致了不同地区高校发展不平衡现象显著，经济较为发达的东部地区吸引了大量高等教育资源，其高等教育发展速度也就较快，经济欠发达的西部地区较难吸引优质的高等教育资源，其高等教育发展速度则较为缓慢，这也导致了在高校的教育质量上东西部之间的差距也较大，东部地区高校数量众多且不乏顶尖高校，而相比之下西部地区高校数量少，拥有的优质高校资源匮乏，东西部高等教育资源差距显著。高等教育得以高质量发展的重要因素之一即为教育资源分布，教育资源分布关系着教育公平问题，教育公平与否又直接关系到高等教育能否高质量发展。当高等教育资源分布不均时，就必然影响教育公平，进而会对高等教育发展产生极大阻碍。如中国现有高校3 117所，其中，东部地区有高校1 607所，西部地区有高校1 465所，“211”工程院校东西部差距为43.25%，“985”工程院校东西部差距为53.85%（数据来源于中国国家统计局《中国统计年鉴》）。在2017年公布的“双一流”建设高校名单中，东部地区“双一流”建设高校数量高达87所，而中西部地区“双一流”建设高校总和仅为53所；从“双一流”学科分布来看，东部地区高校入选“双一流”学科的数量有331个，而西部高校入选“双一流”学科的数量仅为51个（高书国等，2019）；从“双一流”大学建设高校分布来看，北京地区有8所，上海地区有4所，而中西部地区中，有10个省（直辖市、自治区）甚至1所都没有（徐小洲等，2017）。拿2022年东部地区经济最为发达的北京和西部地区经济最为发达的四川比较，其高校科研经费投入分别为380.522 04亿元和11.957 24亿元，北京高校的科研经费约是四川的32倍，高等教育东西部区域分布不均衡，院校之间教育资源分配不均导致东西部地区高校教育质量的巨大差异，西部地区的科研水平也明显低于东部地区，西部高校难以获取平等的发展机会。

近年来，国家相继出台了一系列关于科研项目绩效评价的政策文件，如《关于深化项目评审、人才评价、机构评估改革的意见》等。这些文件强调要建立科学、合理、高效的科研绩效评价体系，确保科研资源的有效配置和科研成果的高质量产出。在此背景下，如何科学客观地评价不同省份高校科研绩效水平，特别是针对那些经济发展水平不高且短期内科教资源无法得到倾斜的西部地区省份，该如何利用现有的有限资源来最大化地提高地区高校科研产出效率，成为本书研究的重点。因此，对于西部地区高校而言，更需要从科研资源的投入来科学、客观地评价西部地区高校科研绩效，这不仅有助于提升西部地区高校科研资源的利用效率，还能为西部地区高校管理部门制定相关政策提供有力支持。从国家对于东西部高等教育资源配置的现状来看，一系列政策文件的出台为高校科研绩效评价提供了更加明确的方向和要求，与此同时西部地区高校的科研发展也出现了如下的现实问题。

1. 科研投入与产出的不平衡

尽管国家对西部地区高校给予了大力扶持，但在科研投入与产出方面仍存在不平衡现象。一方面，由于历史、地理等原因，西部地区的高校科研基础相对薄弱，科研投入相对较少；另一方面，西部地区高校在科研成果的产出和转化方面也存在一定的困难。这种不平衡现象不仅制约了西部地区高校科研实力的提升，也影响了其科研绩效评价的公正性和客观性。

2. 科研绩效评价体系的不足

当前，西部地区高校在科研绩效评价方面仍存在一些不足之处。一方面，部分高校在科研绩效评价中过于注重论文数量、专利数量等量化指标，从而忽视了科研成果的质量和实际应用价值；另一方面，部分高校在科研绩效评价中出现如评价指标单一、评价方法不科学、评价结果主观性强等问题，缺乏科学、合理、公正的评价标准和程序，导致评价结果存在主观性和随意性。这些不足之处不仅影响了科研绩效评价的准确性和可靠性，还可能导致科研资源的浪费和科研人员的积极性受挫，也制约了西部地区高校科研事业的健康发展。

3. 区域经济发展的科技创新能力不足

随着全球科技竞争的日益激烈，提升科研创新能力已成为高校发展的核心任务。西部地区作为中国经济的重要增长极之一，其经济发展对于国家整体经济的稳定发展具有重要意义。然而，当前西部地区经济发展仍面临诸多挑战和困难，其中科技创新能力的不足是制约其经济发展的重要因素之一，西部地区高校在科研创新能力方面仍存在较大提升空间。如何通过科研绩效评价，发现科研创新中的短板和不足，进而采取有针对性的措施加以改进，是提升西部地区高校科研创新能力的关键所在。

4. 科研资源分配不均

尽管国家高度重视西部地区的发展，但由于历史、地理等因素，西部地区在科研资源分配上仍面临诸多挑战。与东部沿海地区相比，西部地区高校在科研经费、人力资源等方面存在较大差距。如何在资源有限的情况下，实现科研资源的高效配置，是西部地区高校亟须解决的问题。

因此，我国西部地区作为经济发展相对滞后的地区，其高校科研效率对于促进区域经济发展、增强国家科技实力具有重要影响，加强西部地区高校科研绩效评价工作，提升其科研实力和创新能力，对于推动西部地区经济发展具有重要的现实意义和战略意义。因此，科学、客观地评价西部地区高校科研绩效，不仅有助于提升科研资源的利用效率，还能为相关政策制定提供有力支持。本文旨在通过数据包络分析（DEA）模型，对西部地区高校科研绩效进行全面评估，以期为提升西部地区高校科研效率提供理论支持和实践指导。

（三）选择 DEA 分析模型分析西部地区高校科研绩效评价的原因

1. 传统评价方法在绩效评价中的缺点

传统的评价方法通常用于评价企业绩效的有效性，如层次分析法、德尔菲法等。这些传统评价方法的评价结果在很大程度上依赖于理论系统。但在实际应用中，由于人为设计，不同指标之间往往存在较强的关联性，导致多次产生相同的效果，最终的评价结果难以达到令人满意的可靠性。

2.DEA 分析的优势和特点

DEA 分析的优势是：

（1）无须预设函数形式。DEA方法无须预设生产函数或成本函数的具体形式，而是直接利用实际观测数据构建生产前沿面，从而避免了因函数形式设定不当而导致的偏误。

（2）多投入多产出评价。DEA方法能够处理多投入多产出的复杂系统，全面反映科研活动的投入与产出关系，为科研绩效评价提供更加全面、客观的信息。

（3）高效性与灵活性。DEA方法通过构建生产前沿面，能够高效地对不同决策单元（如高校、学院等）的科研绩效进行比较和评价，同时具有较强的灵活性，可以根据实际需要调整评价指标和权重。

（4）标杆管理与持续改进。DEA方法不仅能够评价各决策单元的科研绩效水平，还能通过标杆管理，发现优秀案例和成功经验，为其他决策单元提供借鉴和参考，推动科研绩效评价的持续改进。

DEA方法的特点是能够很好地处理多输入多输出的决策单元的效率评价问题。多输入指的是投入指标可以多元化，多输出指的是产出指标可以多元化，对投入产出指标的量纲没有“必须统一化”等过多的要求。DEA方法下各指标的权重通过计算获得，无须人为赋权，保证了研究过程的客观性。另外，应用DEA方法能够得到基于生产前沿面的相对有效性分析结果，能够根据各个模型的“投影原理”对非有效的决策单元给出改进方向和改进量建议，能够保障评价结果的科学性。由于以上特点，高校作为非营利组织，尤其适合应用DEA法对各类活动进行效率评价。非营利组织目标与企业追求利润最大化的目标不同，非营利组织目标更多的是提供良好的公共服务，不太关注活动的经济利益，而是更看重活动的社会效益。因此对高校这类非营利组织进行绩效评价时，不能用简单的利润函数来描绘绩效程度，而DEA法是针对研究对象进行多投入多产出分析方法，其投入指标无须转化为货币计量单位，其产出的社会价值也可用多类产出指标进行体现，因此能方便地求解非营利部门的效率问题。

3.DEA方法在高校科研绩效评价研究中得到广泛的应用

DEA方法是一种效率评价方法，自20世纪90年代开始，学者便开展了利用DEA方法广泛评价高校科研绩效水平的研究。布恩L.李（Boon L.Lee）

和安德鲁 C. 华盛顿（Andrew C.Worthington）（2016）提出一种面向数量和质量的网络 DEA 模型以应用于澳大利亚大学科研服务。闫平等人（2016）运用 DEA 和 Malmquist 指数，从动态和静态两方面对部属高校进行综合研究。费锡玥（2020）以 40 所“双一流”大学科研系统作为研究对象，构建了资源共享与子系统交互的两阶段 DEA 模型。

4.DEA 方法在西部高校科研绩效评价中的适用性

西部高校科研绩效是一个多投入、多产出的复杂问题。在众多的评价方法中，数据包络分析（DEA）法不仅克服了不同指标之间的相关性制定了评价方法，而且在处理多个输入，特别是多个输出时具有绝对优势（Greenbank，2006）。DEA 主要运用于多投入多产出的相对效率评价（贾永堂、董洁，2017）。高校科研作为高校内部相对容易计量的多投入多产出系统，尤其适合应用 DEA 方法进行效率评价（Avkiran，2001）。DEA 的计算和分析过程可以为管理者提供大量有利于管理和决策的信息（Grossman and Siegel,2014）。因此，DEA 方法在西部高校科研绩效评价中不仅在评价多投入多产出的复杂系统有效性方面具有绝对优势，还可以用于预测决策后的效果，可以充分、自动地考虑西部地区各省高校科研的最优投入产出方案。

我国研究者在运用 DEA 方法进行科研绩效研究时，多倾向于选取研究型大学或教育部直属大学开展研究，研究数据多采用教育部公布的相关面板数据，但对西部地区高校科研绩效的研究则远远不足。这种研究状况一方面是因为西部地区高校的科研数据难以获取，另一方面很多学者认为西部地区高校科研实力与国家研究性大学存在较大差距，科研绩效研究的实践意义不大。因此，在评价西部地区高校科研绩效时，如何立足区域发展研究、公平理论和绩效评价理论，详细分析西部地区高校科研绩效水平，在运用 DEA 方法时，如何选取具有代表性的投入产出指标，如何结合历史数据分析科研绩效动态和发展趋势，如何根据数据评价结果找出导致科研绩效高低的原因等问题是值得进行深入研究的课题。

二、研究现状

（一）高校科研绩效研究现状

科研绩效评价作为一种系统化的评价方法，早在20世纪50年代便开始在国外引起学术界的关注。最初的研究主要集中在如何衡量科研成果的质量和数量上。随着时间的推移，科研评价方法不断发展和完善。70年代之后，随着科研环境的复杂化，各种科研评价方法迅速崛起并被广泛应用，其中包括文献计量法、层次分析法和数据包络分析法等。

（1）文献计量法的应用与发展。文献计量法（Bibliometrics）是通过分析科研文献的数量和质量来评估科研绩效的一种方法。里根是早期运用文献计量法进行科研绩效研究的代表学者（Reagans，2001）。他通过分析刊物、专利及其引文来评价科研绩效，利用这一方法可以获得定量的分析结果。文献计量法的优势在于它可以通过数据的量化来系统地评估科研成果的影响力和学术价值。这种方法的核心是通过对文献数量、引用频次等量化指标的分析，来衡量研究的影响力和学术贡献。

（2）层次分析法（AHP）的运用。层次分析法是一种用于处理复杂决策问题的定量分析方法，它通过将复杂问题分解成多个层次来进行分析。坎贝尔（Campbell）等人（2003）以资源利用效率、科研水平、可持续发展能力和影响力四项指标对科研机构的绩效进行评价。这种方法可以通过构建层次结构模型，综合各个层面的信息，来对科研机构的绩效进行系统的评价。层次分析法能够有效地处理定性和定量信息，提供一个结构化的分析框架，使科研绩效评价变得更加全面和准确。

（3）数据包络分析法（DEA）的引入与发展。数据包络分析法是20世纪70年代由查内斯（Charnes）、库珀（Cooper）等人（1978）提出的。DEA模型最初基于规模收益不变的假设构建了CCR（Charnes-Cooper-Rhodes）模型，后由班克（Banker）、查内斯（Charnes）等人（1984）基于规模收益变动的假设构建了BCC（Banker-Charnes-Cooper）模型。这些模型的出现标志着DEA方法的成熟，为科研绩效评价提供了新的思路。DEA方法的核心思想是通过构建一个虚拟的最优单位，将实际单位的效率与这一最优单位进行比较，从而评估其相对效率。DEA 模型特别适用于处理多输入、多输出的评价问题，能够提供较为全面的效率测度。

在 20 世纪 90 年代，DEA 方法开始被广泛应用于高校科研绩效的评价。研究者利用 DEA 模型来衡量不同高校的科研效率，分析其资源的使用效果及其对科研产出的贡献。

（二）DEA 在国外高校科研绩效评价中的应用

Bessent 等人（1980）率先将 DEA 模型应用于美国西部地区的高校教育项目绩效研究。他们通过 DEA 模型对教育项目的效率进行了测度，取得了有效的结果。这一研究为 DEA 在教育领域的应用奠定了基础。随着 DEA 方法的推广，更多的研究开始关注其在高校科研绩效评价中的应用。

Johnes 等人（1993）使用 DEA 方法评价了英国大学经济系的科研效率差异。他们的研究证明了 DEA 方法在教育领域的适用性，并揭示了不同高校经济系之间的效率差异。这一研究为后续的 DEA 应用提供了有力的证据。

Abbott（2003）运用 DEA 模型，从技术效率和规模效率的角度，对澳大利亚高校的整体科研绩效进行了分析。研究结果表明，尽管澳大利亚高校整体科研效率较高，但仍有部分大学在科研效率上存在改进空间。这一发现为澳大利亚高校的科研管理提供了重要的参考。

Beasley（2004）探讨了影响高校绩效的因素及其传递路径。他通过 DEA 模型分析了高校科研绩效的影响因素，并揭示了这些因素之间的关系。该研究为高校科研绩效的优化提供了理论支持。

Johnes 等人（2008）使用 DEA 模型对中国 108 所普通高校的科研产出相对效率进行了检验。研究结果表明，中国综合性大学的科研效率高于专业性大学。这一发现为中国高校的科研效率比较提供了重要的依据。

Agasisti 等人（2009）利用 DEA 模型探究了意大利地区高等学校的科研产出效率水平。他们的研究揭示了意大利高校在科研产出方面的优势和不足，为意大利的高等教育政策的制定提供了参考。

Sagarra（2017）通过收集墨西哥 55 所大学的科研数据，结合数据包络模型和传统比率法，深入分析了教学质量与科研绩效之间的联系。研究发现，教学质量与科研绩效之间存在一定的关联性，这为进一步提升高校科研绩效提供了新的视角。

Lee 等人（2016）指出，传统 DEA 模型可能夸大了大多数澳大利亚高校的科研效率。他们提出了一种面向数量和质量的网络 DEA 模型，并应用于澳大利亚大学的科研服务评估。研究结果表明，网络 DEA 模型能够提供更加准确的效率测度。

（三）DEA 在国内高校科研绩效评价中的应用

DEA 方法在中国的引入可以追溯到魏权龄（1987）的研究，他通过《评价相对有效性的 DEA 方法》一书将 DEA 理论引入中国。之后，DEA 方法在国内学术界逐渐受到关注。对 DEA 方法的初期研究主要集中在模型的理论发展上，直到 21 世纪初，学者们开始将 DEA 模型应用于高校科研效率的评价中。

王兴芬、吴涛等人（2004）首次将 DEA 模型应用于高校科研效率评价。他们使用了黑龙江省 10 所高校 1999—2002 年的科研统计数据，通过选择适当的指标和权重进行定量分析。这一研究为国内高校科研效率评价提供了实证支持，结果有效地反映了科研实力的动态变化。

陆根书等人（2005）对 48 所部属高校的科研效率进行了研究，结果显示超过一半的高校科研效率未达到 DEA 标准。他们首次利用 DEA 投影分析探讨了效率低下的原因，并提出了相应的改进措施。这一研究为高校提升科研效率提供了重要的理论依据。

符银丹、陈士俊等人（2012）选取了中国顶尖的“985”高校作为研究对象，从环境支持能力、创新基础和成果转化率等方面进行分析。他们发现规模无效率是制约部分高校提升科研产出效率的主要原因，并指出解决这一问题的关键在于平衡技术提升和规模扩张之间的关系。

张婧（2015）将因子分析法与 DEA 方法结合，研究了 2012 年教育部直属高校的科研绩效水平。研究发现，现阶段教育部直属高校的科研效率普遍较低且多数高校处于规模报酬递减状态。这一研究结果表明，我国高校在提升科研效率方面仍然面临较大的挑战。

闫平等人（2016）运用 DEA 和 Malmquist 指数，从动态和静态两个方面对教育部直属高校进行综合研究。研究发现，多数高校在科研产出效率方面存在不足，特别是存在科研经费投入冗余、获奖数和专利转让收入不足等问题。从动态趋势来看，技术效率的增长是提升科研效率的主要动力。这一研究揭示了提升科研效率的关键因素。

自2017年9月第一批“双一流”大学建设名单公布以来，学者们对“双一流”高校的研究如火如荼。费锡玥（2020）对40所“双一流”大学的科研系统进行了两阶段DEA模型分析，发现北京航空航天大学的系统效率最佳，但总体上科研成果转化水平有待提高。张宝生（2021）的研究发现，教育部直属的一流大学科研效率较高，但在占据大多数资源的情况下，这些高校也存在投入冗余和技术转化不足的问题，亟须改进。

国外和国内在高校科研绩效评价方面的研究都有着丰富的成果，尤其是DEA方法的应用研究，提供了对高校科研效率的深刻理解。国外的研究表明，DEA模型在评估科研绩效方面具有很高的应用价值，能够为高校的科研管理和政策制定提供有力支持。国内的研究则显示，DEA方法在我国高校科研绩效评价中也取得了显著的成效，但仍存在一些问题和挑战，需要进一步的研究和改进。

（四）述评

综上所述，基于DEA法评价高校科研绩效是一种比较常用的，同时也是非常有效的研究方法。与其他常见的科研绩效研究方法相比，这种方法能够避免科研产出绝对数量对评价结果的影响，有利于不同高校的横向对比，但现有研究还存在以下不充分之处。

1. 从研究对象来看，缺乏对西部地区高校的区域性研究

目前国内外研究主要以某个国家、某省高校、某类高校（如“985”高校、“211”高校）作为研究对象，虽然研究成果有利于我们把握其总体现状，但在进行区域性研究时缺乏以西部地区省份高校为研究对象的研究，对于需要国家重点扶持的西部地区高校的科研绩效研究结果不够深入、细致、全面。

2. 从研究内容来看，缺乏DEA在高校科研绩效评价中静态和动态结合研究

多数学者在研究高校科研绩效时都仅仅停留在数据包络模型理论介绍或简单的应用上，且多是对某一年度的科研绩效进行静态分析，动态分析的文献较少。然而高校的科研活动是一个连续、动态的过程，如果仅仅对某一个时间点进行分析，得出的结论很可能存在缺陷。多数学者对研究结果的评价只停留在表面，缺乏深入分析，较少对投入冗余和产出不足之处进行评价。

因此本文在基于前人研究的基础上，运用DEA法从CCR和BBC模型静态入手到使用Malmquist模型动态切入，全面分析我国西部地区12个省、自治区、直辖市的高校在2016—2022年间的科研投入产出水平。在产出指标的选择上，本研究的选择不同于过去的学者的选择，不仅专注于高校的社会经济效益，还把高校的社会影响力纳入考量范围，增加了国际科技交流相关指标，更全面地评价高校科研产出能力。

三、研究设计

（一）研究方法

本研究采用数据包络分析法（DEA），DEA方法是一种效率评价方法，是用于评估一组具有多个输入和输出的决策单元（decision making units，DMU）相对效率的数学规划方法。它由美国运筹学家查内斯（Charnes）、库珀（Cooper）和罗兹（Rhodes）于1978年首次提出，是运筹学、管理科学和数理经济学交叉研究的一个新领域。DEA方法的基本原理是通过构建一个非参数的分离超平面（即生产前沿面），将各决策单元投影到该平面上，通过比较决策单元偏离生产前沿面的程度来评价它们的相对有效性。这种方法在处理多输入多输出复杂系统的效率评价方面具有独特的优势。DEA分析法广泛应用于绩效评价、资源配置、效率改进等多个领域。

DEA方法基于各个决策单元实际数据，构建处于投入成本最小化与产出收益最大化状态的投入产出最优组合，即一个生产前沿面，如图7-1所示。其中，生产前沿面是图中的实线，在这条实线上面的决策单元均满足投入成本最小化、产出效益最大化的条件，即其效率值为1，其他则低于1（即处

于相对无效率状态）。因此，效率值为 1 的决策单元成为研究其他决策单元状态的参照点。

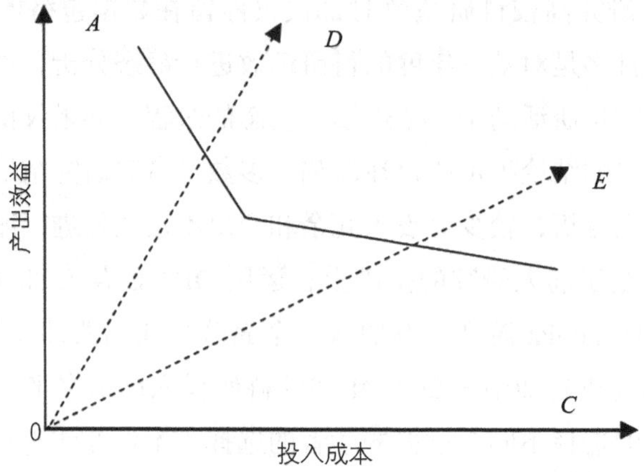

图 7-1　生产前沿面曲面

DEA方法的主要思想是将每个研究对象作为一个单一的决策单元来对待，然后由一些组成部分来进行评估。DEA 样本量、投入指标数目和产出指标数目应符合下列限制：假设有 n 个部门或组织，即决策单元（DMU），每个 DMU 有一个非负的输入指标和一个非负的输出指标。m_1 为投入指标数，m_2 为产出指标数，则 $n=\max[m_1\times m_2,\ 3\times(m_1+m_2)]$，即决策单元数量的选择要大于投入指标和产出指标数之和的三倍，或者大于投入指标和产出指标数之乘积。由于本研究以 12 个省份高校科研绩效为样本，也就是DMU决策单元是固定的，所以本研究在指标选择上最多可以选择 3 个输入指标和 3 个输出指标。

目前，DEA 的模型有具有固定尺度回归的 CCR 模型、具有变尺度回归的 BCC 模型、基于时间维数据的 DEA-Malmquist 模型等。

1.CCR 模型

CCR 模型是 DEA 方法中最基本的模型，是一种针对技术效率与规模效益共同评价的综合技术模型，由查内斯提出。假设有一个决策单元，这些决策单元都是可比较的，每个 DMU 都有一个“输入”和一个“输出”，规模报酬 CCR 模型假设规模报酬（Constant Return to Scale，CRS）也就是收益不变，得出的技术效率包含了规模效益的成分，是一种综合技术效率模型。假设有 n

个 DMU，有 m 种投入，记为 x_i（$i=1$，2，…，m），投入权重表示为 v_i（$i=1$，2，…，m）；有 q 种产出，记为 y_k（$k=1$，2，…，q），产出权重表示为 u_i（i=1，2，…，q），将测量的 DMU 记为 DMU_k，其线性规划模型经等价转换和对偶处理，得到的对偶模型可表示为：

$$\begin{cases} \min\theta \\ \text{s.t.} \quad \sum_{i=1}^{n}\lambda_j x_{ij} - s^+ = \theta x_{ik}, \\ \qquad \sum_{i=1}^{n}\lambda_j y_{ij} - s^- = \theta y_{ik}, \\ \qquad \lambda_i \geqslant 0,\ j=1,2,\cdots,n \\ \qquad s^+ \geqslant 0,\ s^- \geqslant 0 \end{cases}$$

其中，λ 表示 DMU 的线性组合系数，s^- 为引入的松弛变量，s^+ 为引入的剩余变量，θ 代表决策单元的效率值。用 θ^* 来表示模型的最优解，θ^* 的范围为（0，1]，$\theta^*=1$，表明评价单元 DMU_k 处于技术有效状态，此时 $s^+=0$，$s^-=0$。当 $\theta^*<1$ 则说明评价单元 DMU_k 处于技术无效状态。

2.BCC 模型

DMU 的规模不影响其绩效这一假设非常严格，在许多情况下无法满足。任何环境变化，如不完全竞争、经济环境，甚至 DMU 的试验政策，都会导致 DMU 在理想条件下运行困难。在这种情况下，规模报酬不变的假设很难与现实相匹配，导致被调查的 DMU 并非都处于最佳状态，从而导致技术和规模绩效的混合。为了解决这个问题，伯克纳（Berkner）于 1982 年提出了一个改进的 CCR 模型，即 BCC 模型 (也称为 VRS 模型和 C 模型)，该模型用于在考虑可变规模报酬的情况下评估 DMU 的相对技术有效性。纯技术效率的 BCC 模型是在 CRR 模型的基础上增加了约束条件 $\sum\lambda_j=1$（$\lambda\geqslant 0$）而构成，它基于规模收益可变（Variable Return to Scale，VRS），能将规模效率排除在外，得出的技术效率排除了规模的影响，因此又可称为“纯技术效率”，其对偶模型可表示为：

$$
\begin{cases}
\min\theta \\
\text{s.t.} \quad \sum_{i=1}^{n}\lambda_j x_{ij} + s^+ = \theta x_{ik}, \\
\qquad \sum_{i=1}^{n}\lambda_j y_{ij} - s^- = \theta y_{ik}, \\
\qquad \sum_{i=1}^{n}\lambda j = 1 \\
\qquad s^+ \geqslant 0,\ s^- = \geqslant 0,\ \lambda_j \geqslant 0, \\
\qquad\quad j = 1, 2, \cdots, n
\end{cases}
$$

CCR 模型是一种包含技术效率与规模效益的综合技术效率模型，它的基本假设是规模效益不变，反映的是在投入量一定的情况下决策单元获得最大产出的能力，该效率分析结果由纯技术效率（Pure Technical Inefficiency，PTE）和规模效率（Scale Efficiency，SE）共同构成。只有当纯技术效率和规模效率都较高时，决策单元总的技术效率才可能高，并且有：总体效率（TE）= 纯技术效率（PTE）× 规模效率（SE）。从公式可以看出，当纯技术效率等于 1 且规模效率也等于 1 时，总技术效率会达到最大化。

BCC 模型的基本假设是规模效益可变的情况下，由于技术效率（TE）= 纯技术效率（PTE）× 规模效率（SE），当 DEA 处于技术无效状态时，即 $\theta \neq 1$ 时，可根据上述公式研判出是投产管理和技术因素导致的纯技术效率变化，还是规模优化组合度不够导致的规模效率波动。

3.DEA−Malmquist 指数模型

Malmquist 指数最早由瑞典科学家马尔姆奎斯特（Malmquist）于 1953 年提出，1982 年凯夫斯（Caves）等人在 Malmquist 指数与距离函数概念的基础上发展出 Malmquist 生产率指数，用于测量全要素生产率的变化，多用于评价目标处于动态过程中的效率，借助它可以研判 DMU 全要素生产率（Total Factor Productivity，TFP）在相邻两个时段内生产效率的波动态势以及导致波动的因素。全要素生产率（TFP）= 技术效率指数（TEI）× 技术进步指数（TPI），其中 TEI 代表所有 DMU 各自朝着最佳前沿面位移的速度，投射出考察主体的投产管理能效；TPI 是测算相邻两个时段投产前沿面的位移宽幅的比较性指标，投射出考察主体是否比照最优解对技术做出修正和改善。例如：（X_{t+1}，Y_{t+1}）、（X_t，Y_t）分别代表 t+1 期和 t 期投入与产出的矢量，D_0^t 和 D_0^{t+1} 代表 t 期和 t+1 期的距离函数。t 期和 t+1 期的 Malmquist 指数分别为 $M_t=D_0^t(X_t, Y_t)/D_0^{t+1}(X_{t+1}, Y_{t+1})$、$M_{t+1}=D_0^{t+1}(X_{t+1}, Y_{t+1})/D_0^t(X_t, Y_t)$，从而算出：

$$M_{总}=\sqrt{\frac{D_0^i\left(X_{t+1}, Y_{t+1}\right)\times D_0^{t+1}\left(X_{t+1}, Y_{t+1}\right)}{D_0^i\left(X_t, Y_t\right)\times D_0^{t+1}\left(X_t, Y_t\right)}}=\mathrm{TFP}=\mathrm{PTI}\times\mathrm{SI}\times\mathrm{TPI}$$

在规模报酬变化的假设下，技术效率变化指数可以再分解为规模效率指数和纯技术效率变动指数。纯技术效率是由于管理和技术等生产要素影响的生产效率，规模效率是因为规模因素影响的生产效率。即：全要素生产率（TFP）= 纯技术效率（PTE）× 规模效率（SE）× 总体效率（TE）。

从应用角度来看，该指数以 1 为分界线，当 $M_{总}<1$ 时，说明 TFP 相较前一年有所下降；当 $M_{总}>1$ 时，说明 TFP 相较前一年有所上升；当 $M_{总}=1$ 时，说明 TFP 相较前一年维持不变，并且是全要素生产率增长的主要原因。

从前面的分析中可以看出，DEA 方法应用到高校科研绩效评价中，就是根据各省高校的实际数据，计算查找出高校研究投入产出的“生产前沿面”，对应着相关投入产出的最优组合曲线，即位于最优组合曲线上的省份都满足产出收益最大化或投入成本最小化的条件。也就是说，在所有参与评估的省市中，位于生产前沿面上的省市，其投入产出比是最优的，即按其投入而言所获得的科研产出是最好的状态。

考虑到样本的可用性，其中，CCR 模型假设规模报酬是固定的，可以获得综合效率；BCC 模型假设规模报酬是可变的，可以结合 CCR 模型进行计算；Malmquist 指数体现为全要素生产率变化指数，具体描述的是生产活动在一定生产时间段内的生产效率，是总产量与各要素总投入量的比值通过 DEA 与 Malmquist 指数模型相结合，通过 DEA 的投影分析结果得出距离函数来构建全要素生产率指数。

在 DEA 评价模型中，绩效评价指标的输入和输出指标的权重和选择是任意和主观的，在一定程度上这将影响最终决策单位绩效评价指标的准确性和公平性。因此，为了克服指标选择和权值系数的任意性和主观选择性，本文将重构一个集 DEA-CCR、DEA-BCC 模型和 DEA-Malmquist 指数三者为一体的混合评价模型，即 DEA 混合评价模型，采取 DEA-CCR 和 DEA-BCC 模型进行科研绩效的静态分析，选择 DEA-Malmquist 模型进行科研绩效的静态分析。以全国 32 个省（直辖市、自治区）为决策单元，通过计算综合效率值、纯技术效率和规模效率值，进行一系列的评价与分析。最后通过 DEA-CCR、DEA-BCC 模型和 DEA-Malmquist 指数来对输入指标和输出指标进行静态和动态评价，评估过程如图 7-2 所示。

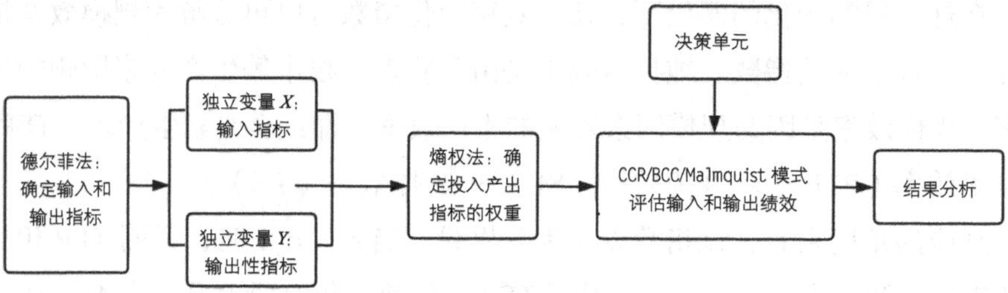

图 7-2　西部地区高校科研绩效研究思路

（二）指标体系

构建指标体系是开展西部高校科研绩效评价的第一步，也是科研绩效评价的核心，本文对目前近十年关于科研绩效评价指标体系的文献进行了搜索和整理，发现学者们均是从高校科研投入和产出两个大的维度来构建科研绩效评价指标体系，具体见表 7-1。

表 7-1　相关指标体系文献汇总

序号	作者	论文题目	年份	指标选取
1	钟颖	“211 工程”高校科研效率评价——基于 DEA 面板数据方法	2015	投入指标： 理工农医：当年研究与发展的全时人员数量（人年）（X1）；当年投入的科研经费（千元）（X2）；高级职称人员数 / 研究发展人员总数（%）（X3）； 人文社科：当年研究与发展的全时人员数量（人 / 年）（X1）；当年投入的科研经费（千元）（X2）；高级职称人员数 / 研究发展人员总数（%）（X3）

续表

序号	作者	论文题目	年份	指标选取
1	钟颖	“211 工程”高校科研效率评价——基于 DEA 面板数据方法	2015	产出指标： 理工农医：当年获得的课题总数（项）（X1）；当年发表的专著总数（部）（X2）；当年发表的学术论文总数（部）（X3）；当年技术转让实际收入（千元）（X4）；成果获奖数（项）（X5）； 人文社科：当年获得的课题总数（项）（Y1）；当年发表的专著总数（部）（Y2）；当年发表的学术论文总数（部）（Y3）；提交研究与咨询报告书（篇）（Y4）；成果获奖数（项）（Y5）
2	章锐旦、朱建军	“双高计划”下的高职院校科研创新效率评价与提升路径探究	2022	投入指标： 科研活动人员：中级职称和具有硕士学位及以上专任教师（人）； 科研经费投入：项目建设、平台建设、人才队伍建设等经费投入（元）
				产出指标： 发表学术论文：知网中署名所属院校的学术论文数量（篇）； 专利授权数：国家知识产权局授权专利数量（件）； “四技”服务到账金额：为企事业单位提供技术服务收入（元）
3	蔡文伯、姚惠琳	“双一流”建设高校科研投入产出绩效及影响因素——基于 DEA-Malmquist-Tobit 模型的分析	2022	投入指标：研究与发展全时当量人员（人）；科研经费内部支出（千元）；专著（部）
				产出指标：学术论文（篇）；技术转让当年实际收入（千元）；成果奖励（项）
4	王若梅、唐攀	2015—2019 年我国 31 省（市、区）高校科研效率实证研究——基于数据包络分析法	2020	投入指标： 人力投入：研究与发展全时当量人员（X1） 财力投入：科研经费内部支出（X2）、科研课题当年支出（X3）
				产出指标： 产出数量：出版科技著作数（Y1）、发表学术论文数（Y2）； 产出质量：专利授权数（Y3）、成果授奖（Y4） 产出效益：技术转让当年实际收入（Y5）
5	眭川	东部地区高校科研投入产出绩效评价——基于DEA-BCC 和 Malmguist 模型的分析	2023	投入指标： 科研人力资源投入：人力资源投入率（科研人力资源数 / 全体人力资源投入量）； 科研物资经费投入：科研物资经费使用率（科研经费支出 / 高校经费总收入）

续表

序号	作者	论文题目	年份	指标选取
5	眭川	东部地区高校科研投入产出绩效评价——基于DEA-BCC和Malmguist模型的分析	2023	产出指标： 出版学术专著：人均专著数（出版学术专著数 / 科研人力资源投入数）； 发表科研论文：人均论文数（发表科研论文数 / 科研人力资源投入数）； 专利产出：专利经费比率（授权专利数 / 科研物资经费投入数）； 技术成果转让合同：转让合同金额经费比率（转让合同金额 / 科研物资经费投入数）； 科技成果获奖：人均成果获奖数（成果获奖数 / 科研人力资源投入数）
6	刘彬骁、王田月、李柯、韦国燕	基于DEA-BCC模型的广西高校科研绩效评价实证分析	2023	投入指标：全时当量人员（人 / 年）（X1）；科技经费内部支出（千元）（X2） 产出指标：出版科技著作数量（部）（Y1）；国外及全国性刊物发表量（篇）（Y2）；成果授奖数量（项）（Y3）；科技课题总数（项）（Y4）；当年技术转让实际收入（千元）（Y5）
7	刘奥运	基于DEA-Malmquist指数的新疆高校科研效率评价研究	2019	投入指标：教学与科研人员（X1）、研究与发展人员（X2），教学科研相关经费投入（X3） 产出指标：专著（Y1）、学术论文（Y2）、签订合同（Y3）、成果授奖（Y4）
8	刘兴凯	基于DEA-Malmquist方法的天津市高校科研创新效率评价	2019	投入指标：研究与发展人员全时当量、高校当年科技经费内部支出 产出指标：学术论文数量、鉴定成果数量、技术转让收入、成果获奖
9	丁陈蔚	基于DEA-Malmguist指数的省域高校科研效率及其影响因素研究	2022	投入指标： 人力投入：研究与发展全时人员数（人）；财力投入：当年科技经费内部支出额（千元）；基地建设：研究与发展机构数（所）；科研项目：研究与发展项目折算总数（项）（项目总数 = 0.400 9 × 基础研究项目数 + 0.335 9 × 应用基础研究项目数 + 0.263 2 × 试验发展项目数）

续表

序号	作者	论文题目	年份	指标选取
9	丁陈蔚	基于 DEA-Malmguist 指数的省域高校科研效率及其影响因素研究	2022	产出指标： 论文：发表学术论文折算总数（篇）（论文总数 = 0.654 2 × 国外学术刊物发表论文数 + 0.345 8 × 国内学术刊物发表论文数）；专著：出版科技著作（本）；知识产权：专利授权折算总数（项）（专利授权总数 = 0.462 1 × 发明专利数 + 0.323 5 × 实用新型专利数 + 0.214 4 × 外观设计专利数）；成果获奖：科技成果获奖折算总数（项）[获奖总数 = 国家最高科学技术奖 ×0.334 1 +（国家发明奖 + 国家技术发明奖）×0.157 4+ 国家自然科学奖 ×0.179 9 + 国家科技进步奖 ×0.168 1+ 国务院各部门科技进步奖 ×0.090 9 + 省市自治区科技进步奖 ×0.069 6]；技术转让：当年实际收入总额（元）
10	王忠、文字峰、孙玉芳、陈谦明	基于 DEA-Malmquist 方法的高校科研活动分类绩效评价实证研究	2021	投入指标： 人力投入：科研人员投入（研究与发展人员数量、当年在读研究生数量）； 财力投入：科研经费投入（课题总数、政府科研经费投入总额、企事业单位委托的科技经费）； 物力投入：固定资产投入（所拥有科研平台 / 国家及省部级实验室数量）
				基础研究与应用基础研究类产出指标： 科研效益产出：科研成果数量（发表学术论文数量）；科研成果质量（外文高水平论文比率、中文高水平论文比率、高水平论文数量、国家级项目验收数量）； 社会效益产出：人才培养（高端科研骨干培养数量、研究生培养数量）；社会评价（国家自然科学奖数量、信誉水平）； 技术与产品研发类产出指标： 科研效益产出：科研成果数量（发表学术论文数量、申请专利数量），科研成果质量（专利授权率、发明专利比率）； 社会效益产出：人才培养（科研骨干与产品研发人员培养数量、研究生培养数量），社会评价国家技术发明奖数量； 应用示范类产出指标： 科研效益产出：科研成果数量（申请专利数量）、科研成果质量（专利授权率）； 社会效益产出：人才培养（行业复合型人才培养数量），社会评价（国家科学技术进步奖数量），成果转化（专利出售金额、技术转让实际合同金额）

续表

序号	作者	论文题目	年份	指标选取
11	莫漱	基于 DEA-Malmquist 指数的地方高校科研效率评价	2018	投入指标：研究与发展全时人员（人 / 年）（X1）、科技经费拨入（千元）（X2）、研究与发展项目（个）（X3）
				产出指标：发表学术论文（篇）（Y1）、出版科技著作（部）（Y2）、专利授权数（件）（Y3）、省级以上获奖（个）（Y4）、技术转让合同数（个）（Y5）
12	张慧琴、尚甜甜	高校科研创新效率对比分析——基于全国 30 个省份的面板数据	2015	投入指标：研究与发展全时人员、R & D 成果应用及科技服务全时人员、R & D 研究与发展经费、成果应用及科技服务经费
				产出指标：出版科技著作、发表学术论文、专利申请数、专利授权数
13	林卓玲	不同类型高等学校科技创新效率变化分析	2014	投入指标：人均科技支出可比经费、科技活动人员比重
				产出指标：人均出版科技著作数、人均学术论文当量数、人均专利授权当量数、人均技术转让实际收入可比经费
14	宋维玮、邹蔚	湖北省高校科技创新效率评价研究	2016	投入指标：R & D 人员合计、R & D 经费内部支出、新产品开发经费技术改造经费支出
				产出指标：新产品销售收入、科技项目数、专利申请数、发表科技论文
15	胡德鑫、王轶玮	基于 DEA 的"985"高校科研竞争力评价	2017	投入指标： 人力资源：专任教师、行政人员、教辅人员和工勤人员（按其科研贡献度的不同，专任教师、行政人员、教辅人员和工勤人员分别按 4 ：2 ：2 ：1 进行折算，其中工勤人员赋值为 1，对其进行加和处理）； 教育事业经费：教育经费拨款、教育事业收入、科研经费收入、其他经费拨款、经营收入以及上级补助收入等； 学科建设：国家重点学科数、博士后流动站、博士点、硕士点 [国家重点学科（二级）、博士后流动站、（二级）博士点赋值为 1，（二级）硕士点折半，即为 0.5]； 校舍面积：教学及辅助用房、行政办公用房、科研用房和生活用房； 教学科研仪器：教学科研仪器设备的金额

续表

序号	作者	论文题目	年份	指标选取
15	胡德鑫、王轶玮	基于DEA的“985”高校科研竞争力评价	2017	产出指标： 科研成果获奖：国家科技奖励数、国家社科奖励数（统计国家科学技术奖励通用项目及专用项目、中国十大科技进展奖、中国高校十大科技进展奖和中国科学十大进展奖）； 国家社科奖励：国家哲学社会科学基金项目优秀成果奖、高校人文社会科学研究优秀成果奖（科技奖励数、社科奖励数每项赋值为1）； 专利获奖：中国专利奖金奖和优秀奖数； ESI高被引论文被引次数：高被引论文的被引总次数（被引频次排在相应学科领域前1%的论文）； 国际影响力：QS、THE、USNEWS排名综合得分的均值
16	曲慧梅	基于DEA的高校科研投入与产出的效率评价	2017	投入指标： 科研人员：从事大专以上教学、研究与发展、研究与发展成果应用及科技服务工作人员以及直接为上述工作服务的人员（人/年）； 科技经费：包括科研事业费、主管部门专项费、其他政府部门专项费、企业事业单位委托经费、各种收入中转为科技经费及其他投入（千元）
				产出指标： 学术论文：国内外学术刊物发表的学术论文总数（篇）； 著作：出版的科技著作总数（部）； 专利授权：发明专利、实用新型、外观设计专利授权总数（项）； 技术转让成交额：技术转让成交额合计（千元）
17	黄永平、马铮、黄永青、张然	基于DEA的新建本科高校研究所科研绩效评价	2014	投入指标：教授和副教授人员合计、讲师和助教人员合计、科研经费拨入
				产出指标：四类以上立项课题数、二类及以上论文篇数、三类与四类论文篇数、论文奖励
18	董洁	基于DEA方法的高校科研绩效评价研究	2017	投入指标：人力投入：专任教师数（人）；科研经费投入：当年支出的科研经费
				产出指标：高水平论文数、科研获奖数（省部级以上科技奖励）、专利授权数

续表

序号	作者	论文题目	年份	指标选取
19	王惠、王树乔、李小聪	基于DEA方法的江苏省高校科研效率评价研究	2015	投入指标： 人力投入：教学与科研人员（人）、研究与发展人员（人/年）； 经费投入：选取政府资金（千元）
				产出指标：科技课题（项）、学术论文（篇）
20	陈丽、顾意刚	基于DEA方法的农林高校科研效率评价	2018	投入指标： 人力投入：教学与科研人员、科研活动人员两个指标； 经费投入：科技经费（包含政府资金、企事业单位委托经费和其他经费支出）
				产出指标：科技课题与成果、技术转让和成果授奖
21	张黎、刘素娟、张岩	基于DEA交叉模型的高校科研效率评价研究	2015	投入指标：R & D人员和R & D经费
				产出指标：专著、学术论文、技术转让当年实际收入和成果授奖
22	董芳	基于DEA模型的高校科研经费绩效评价探析	2017	投入指标：项目组成员人数、科研经费当年支出
				产出指标：出版的科技专著数量、国内外核心学术刊物发表的论文数量、获得的知识产权数量、当年科研成果转化实际收入、科研成果获奖数量
23	贺刚、黄雨晗、刘晓明	基于DEA模型的省属财经类高校科研效率的静态和动态分析	2022	投入指标： 人力投入：研发人员合计数（所有研发人员数目）、当年投入人数（当年投入人员数目）； 经费投入：当年内部支出研究与发展经费（千元）（科研人员费+业务费+科研基建费+仪器设备费+图书资料费+间接费+其他）、当年支出课题经费（千元）（当年新增课题批准经费+当年支出经费）
				产出指标： 科研成果：著作数（部）（当年出版的著作数）、论文数（篇）（国内学术刊物发表论文数+国外学术刊物发表论文数）、研究与咨询报告（篇）（提交有关部门数）； 科研获奖：获奖成果合计（项）（国家级奖+部级奖+省级奖）、获国家与部级奖（项）（国家级奖+部级奖）； 科研项目：课题数（项）（当年新增课题数+当年完成课题数）

续表

序号	作者	论文题目	年份	指标选取
24	莫晓梅、陈英任、朱姣	基于DEA模型的我国高校科研绩效评价研究	2023	投入指标： 人力投入：教学与科研人员、R & D成果应用及科技服务人员、当年在读研究生数量； 经费投入：科研拨入经费总额、课题总数； 物力投入：固定资产购置费
				产出指标： 社会效益：出版专著数、发表学术论文总数、专利授权数、科技成果获奖数； 经济效益：技术转让当年实际收入
25	窦芳伟	基于DEA模型和Malmquist指数法的我国高校科研绩效评价研究	2022	投入指标： 人力投入：教学与科研人员、研究与发展人员、研究与发展全时人员（人/年）； 经费投入（千元）：科研经费的拨入、科研经费的支出、政府财政拨入； 立项课题投入项：投入立项课题数量、投入立项课题人数
				产出指标： 论文专著（部）：出版科技著作数量（Y11）、出版科技著作字数（Y12）、发表国内外论文篇数（Y13）； 科技成果数（项）：国家级授奖（Y21）、省部级授奖、鉴定科技成果数（国+省）； 专利技术：专利申请数（个）、专利授权数（个）、专利转让收入（千元）； 技术合同转让：合同数（个）、技术合同转让收入（千元）； 国际科技交流：国际合作研究派遣人次（次）、国际学术会议出席人员（人）、国际学术会议主办次数（次）
26	沈立宏、赵恰	基于数据包络分析的地方高校科研绩效评价	2016	投入指标：科研人员合计数（人）、科技投入支出经费（千元）
				产出指标：发表学术论文数（篇）、出版科技著作数（千字）、知识产权授权数（项）、科技成果技术转让金额（万元）
27	苑泽明、张永贝、宁金辉	京津冀高校科研创新绩效评价——基于DEA-BCC和DEA-Malmquist模型	2018	投入指标： 科研人员投入：人员投入率（科研人员总人数/人员总投入量）； 科研经费投入：经费使用率（经费支出/经费总投入）

续表

序号	作者	论文题目	年份	指标选取
27	苑泽明、张永贝、宁金辉	京津冀高校科研创新绩效评价——基于DEA-BCC和DEA-Malmquist模型	2018	产出指标： 论文产出：优质论文率（优质论文量/论文发表总量）； 专利产出：人均专利产出（专利授权量/科研人员总人数）、单位经费专利产出（专利授权量/经费总投入）； 成果转让：单位合同技术转让收入（技术转让收入/合同数）
28	戴万亮、冯智雨	省域高校科研效率评价及影响因素研究——基于DEA-Tobit模型	2017	投入指标： 人力投入：研究与发展全时当量人员； 资本投入：科技经费加以衡量
				产出指标： 非经济产出：专著、学术论文、鉴定成果； 经济产出：技术转让收入； 环境指标： 创新基础：高校研发机构数； 政府支持：科学技术支出占地方财政支出； 产学研合作：企事业投入经费占科研经费比； 知识存量：人均GDP
29	赵聚辉、邹宏伟	我国31个省区市高校科研绩效评价——基于2016~2020年面板数据分析	2022	投入指标： 人力资源：研究与发展全时当量人员； 财力资源：科研经费内部支出
				产出指标： 学术论文：发表学术论文总数（篇）； 科技专著：出版科技专著（千字）； 科技专利：专利授权数； 成果转化：技术转让当年实际收入（千元）
30	闫平、马璇、王海涛	我国高校科研效率评价——基于DEA与Malmmquist指数的分析	2016	投入指标： 人力资源：研究与发展全部人员中科学家和工程师数量（人）（X1）； 科研经费：科技经费支出（千元）（X2）
				产出指标： 科技专著：出版科技著作字数（千字）（Y1）； 学术论文：发表学术论文数（篇）（Y2）； 获奖成果：成果获奖数（项）（Y3）； 成果转化：专利出售当年实际收入（千元）（Y4）

续表

序号	作者	论文题目	年份	指标选取
31	王彬、刘海涛	长三角区域高校人文社科科研效率动态变化及原因分析——基于非径向 DEA 超效率及 DEA-Malmquist 指数	2022	投入指标： 人力资本投入：研发人员总计（人）、当年投入的研发人员数（人/年）； 财力资本投入：研究与发展经费当年内部支出（千元）、课题经费当年支出（千元）
				产出指标： 学术效益指标：科技著作数（部）、CSSCI 论文数（篇）； 研究质量指标：CSSCI 论文发表后 2 年内篇均引用次数（次）、省部级以上奖项数（项）； 社会效益指标：研究与咨询报告数（篇）
32	魏晓慧	高校科研绩效及影响因素实证研究——以教育部直属高校为样本	2018	投入指标： 人力：研究与发展全时人员（X1）、副教授及以上教师数（X2）； 财力：当年的科研经费拨入（X3）、当年的科研经费支出（X4）
				产出指标： 对外交流影响：合作研究派遣人次（X5）、国际学术会议出席人次（X6）； 科技成果效益：发表学术论文数（X7）、出版专著数（X8）与专利授权数（X9）
33	张家峰、李佳楠、陈红喜、周洁	长三角高校科研创新绩效评价及影响因素研究——基于 DEA-Malmquist-Tobit 模型	2020	投入指标：教学与科研人员、科研经费总额
				产出指标：出版专著数、发表学术论文总数、签订合同数以及科技成果获奖数
34	付呈祥	基于 DEA 方法的“双一流”建设高校科研绩效及影响因素实证研究	2018	投入指标： 教学与科研人员、科研经费投入 [社会科学研发经费总支出（千元）和自然科学研发经费总支出（千元）]
				产出指标： 科研产出：科研论文； 科研获奖：国家技术发明奖、国家科技进步奖、人文社会科学奖励； 社会服务：自然科学专著数量、专利出售当年实际金额（千元）以及技术转让当年收入总额（千元）以及研究报告被采纳量

续表

序号	作者	论文题目	年份	指标选取
35	刘文姣	我国地方高校科研绩效评价及影响因素分析	2021	投入指标： 人力指标：研究与发展全时人员数； 财力指标：科技经费内部支出金额（科研人员费、科技业务费、科研固定资产购置费）
				产出指标：发表学术论文数、出版科学著作数、研究与发展项目数、科技成果获奖数、专利授权数
36	肖景中	我国高校科研投入产出绩效及其影响因素分析——基于超效率DEA及Tobit模型的实证研究	2020	投入指标： 人力投入：教学与科研人员中具备高级职称人数占比； 财力投入：科技经费（总计）
				产出指标： 科研数量：专著数与国内外发表的论文总数； 科研质量：鉴定成果数与成果授奖数（包括国家三大奖项）； 科研效益：技术转让当年实际收入

一般而言，高校科研指标体系的选取应当向科学性、可比性等原则倾斜（潘健、宗晓华，2016），在指标的选取上本书遵循导向性、科学性、可比性、可行性的原则。高校的科研投入主要是指投入到高校科研活动当中的各种资源。资源配置理论认为在资源的配置过程中人力、物力、财力作为三种基本的资源形态，被纳入到资源配置的框架中。高等教育资源配置是指各级政府对高等教育事业投入的人力、物力、财力在不同方向的使用（刘晖，1994），因此高校的科研投入主要就是人力、物力、财力的投入。同时，通过引文分析发现，人力、财力指标，其中人力、物力出现的频率最高，达98%，这也是因为在高校科研工作中物力投入来自于科研经费支出，需要通过财力投入来实现，如科研工作所需的仪器设备和固定资产是需要有科研经费的拨入才能支撑，物力支出需要财力投入，因此将物力指标的内容放入财力指标中，故而本研究选定人力和财力投入作为西部高校科研投入二级指标。

再次对引文中三级指标进行分析，发现人力投入指标中教学与科研人员和研究与发展全时人员数出现频率最高，分别为99%和96%，同时考虑到高校中教师的构成是管理人员、科研人员、教师以及工勤人员，由于科研与教学是高校及高校教师的两项重要任务，因此在高校中开展研究工作的除了专门的研究人员以外还有绝大多数教师，高校研究人员和教师就是高校科学研究的主要构成人员，故而，本研究中高校科研人力投入选择用教学与科研人员总数来衡量。在财力投入指标中，当年的科研经费拨入和科研经费支出出现频率最高，为99%。结合高校科研经费使用的实际来看，科研经费支出是指高校当年实际在科研生产活动中投入的经费，而根据科研活动的周期性特点——拨入的经费的使用是分年度预算和使用的，这就导致拨入的科研经费不一定在当年就能使用完，因此，当年的科研经费支出与科研经费拨入更具有真实性，本研究根据科研工作实际对高校财力投入使用来衡量当年的科研经费支出总额。

高校的科研产出主要是指通过科研投入所产出的科研效果，通过高校科研产出指标的引文分析可知，其中科研活动的数量和质量出现的频率最高，为96%，因此，本文采用产出数量和质量作为科研产出的二级指标，再次对引文中产出指标进行分析发现，发表学术论文数、出版科学著作数、科技成果获奖数、专利授权数出现频率排名靠前，学术论文发表的情况体现了各高校的科研水平，学术论文的数量及质量越高，其科研水平也会越高。科技著作则是科研学者对某个领域进行深入研究后,将知识构架通过著作的形式系统地表达出来，有一定的学术价值。因此，科研产出数量选用学术论文总数、出版科学著作总数来衡量。科技成果获奖是对其科研成果价值的高度肯定，本书中的科技成果奖主要包括：国家类最高科学技术奖、科技进步奖、自然科学奖、技术发明奖，国务院各部门科技进步奖，以及各省（直辖市、自治区）科技进步奖。专利授权是智力成果的褒奖，是创新活动的基础，代表了一定的创新性成果。被授权专利的数量越多，代表其科研技术水平越强。因此，科研产出质量选用科技成果获奖总数、专利授权总数来衡量。

在参考了前人的研究成果后，结合高校科研工作实际，根据DEA分析模型中DMU的个数选取原则——$n=\max[m_1 \times m_2,\ 3 \times (m_1+m_2)]$确定DMU个数。因为本研究的研究对象是西部地区，根据国家统计局的地区分类，西部地区一共有12个省（直辖市、自治区），因此本研究的DMU个数为12个，根据公式计算，本研究最多可以选择3个投入指标和3个产出指标，最终本研究选择的指标体系如下。

（1）科研投入指标：人力投入，包含教学与科研人员总数；财力投入，包含当年的科研经费支出总额。

（2）科研产出指标：产出数量，包含学术论文总数、出版著作总数；产出质量，包含科技成果获奖总数、专利授权总数。

总共有 2 个投入指标和 4 个产出指标，西部地区高校科研投产绩效评价指标体系具体如表 7-2 所示。

表 7–2　西部地区高校科研投产绩效评价指标体系

一级指标	二级指标	三级指标	单位
科研投入指标	人力投入	教学与科研人员总数 X1	人
	财力投入	当年的科研经费支出总额 X2	千元
科研产出指标	产出数量	发表学术论文总数 Y1	篇
		出版著作总数 Y2	部
	产出质量	科技成果获奖总数 Y3	项
		专利授权总数 Y4	个

（三）指标检验

为了检验选取指标的相关性，验证指标的合理性，本研究选取了 2016—2022 年七年间西部地区 12 个省（直辖市、自治区）高校的科研投入和产出指标数值，通过运用 SPSS 软件对指标的相关性进行分析，结果如表 7-3 所示。

表 7–3　西部高校科研投入 – 产出指标相关性分析

指标	学术论文总数 Y1	出版著作总数 Y2	科技成果获奖总数 Y3	专利授权总数 Y4
教学与科研人员总数 X1	0.851**	0.924**	0.779**	0.683**
当年的科研经费支出总额 X2	0.798**	0.932**	0.819**	0.640**

注：**$P < 0.05$，在 0.05 水平（双侧）上显著相关。

由表可知，代表西部高校科研人力投入、财力投入的 X1 和 X2 两个指标和代表产出数量、产出质量的 Y1、Y2、Y3 和 Y4 四个指标存在显著的正相关。

（四）数据来源

本书的原始数据主要使用 2016—2022 年《高等院校科技资料统计汇编》的科研投入和产出数据。由于科研投入和产出之间存在或长或短的滞后期，本文借鉴宗晓华、廖帅等学者（2021）的文章，选取1年作为投入产出之间的一个滞后期（孙绪华，2011），选取 *t*–1 年度不同区域的相关数据作为投入指标数据，*t* 年度的数据作为产出指标数据进行分析。根据上文中构建的指标体系，12个省(直辖市、自治区)科研投入指标数据和科研产出指标数据分别如表7-4、表7-5所示。

表 7–4　2016—2022 年科研投入数据表

省（直辖市、自治区）	指标	2016 年	2017 年	2018 年	2019 年	2020 年	2021 年	2022 年
内蒙古	教学与科研人员总数 / 人	12 357	16 183	16 698	17 088	17 465	17 635	17 533
	当年的科研经费支出总额 / 千元	361 158	402 997	497 802	669 730	843 052	718 084	841 919
广西	教学与科研人员总数 / 人	25 191	26 072	27 289	31 057	31 658	33 171	34 712
	当年的科研经费支出总额 / 千元	1 266 556	1 390 757	1 866 308	2 023 900	2 205 849	2 253 318	2 466 518
重庆	教学与科研人员总数 / 人	22 365	22 420	24 067	22 509	26 548	25 523	30 330
	当年的科研经费支出总额 / 千元	2 056 627	2 946 296	3 493 229	4 491 435	4 570 345	4 905 570	5 759 038
四川	教学与科研人员总数 / 人	45 883	48 872	52 036	55 332	54 908	58 891	59 478
	当年的科研经费支出总额 / 千元	5 159 738	5 371 068	6 145 024	7 203 836	7 833 090	9 051 024	10 591 160
贵州	教学与科研人员总数 / 人	13 192	14 140	14 678	15 186	17 366	19 602	21 739
	当年的科研经费支出总额 / 千元	416 919	555 421	661 446	912 793	1 101 849	1 210 103	1 518 376
云南	教学与科研人员总数 / 人	20 509	20 552	19 109	20 415	22 715	23 233	24 642
	当年的科研经费支出总额 / 千元	995 894	1 029 784	1 005 297	1 460 359	1 491 762	2 012 907	2 327 061

续表

省（直辖市、自治区）	指标	2016 年	2017 年	2018 年	2019 年	2020 年	2021 年	2022 年
西藏	教学与科研人员总数 / 人	1 087	1 167	1 193	1 313	1 227	1 274	1 359
	当年的科研经费支出总额 / 千元	53 710	78 691	70 982	55 520	97 566	70 246	99 886
陕西	教学与科研人员总数 / 人	42 271	46 977	48 250	50 864	52 605	55 185	56 743
	当年的科研经费支出总额 / 千元	6 550 820	6 078 831	6 154 582	8 242 805	10 836 269	11 312 485	12 721 657
甘肃	教学与科研人员总数 / 人	11 377	11 929	11 917	12 017	13 020	13 631	14 332
	当年的科研经费支出总额 / 千元	702 592	783 401	925 147	1 114 829	1 419 293	1 231 986	1 437 890
青海	教学与科研人员总数 / 人	4 229	4 360	4 323	4 553	4 602	4 779	4 892
	当年的科研经费支出总额 / 千元	200 412	278 945	308 152	288 756	440 868	480 135	426 874
宁夏	教学与科研人员总数 / 人	3 642	3 584	6 427	8 283	8 967	8 582	6 923
	当年的科研经费支出总额 / 千元	143 969	220 553	348 197	402 958	536 568	592 821	661 675
新疆	教学与科研人员总数 / 人	13 738	13 886	13 538	13 518	13 638	12 494	14 090
	当年的科研经费支出总额 / 千元	364 885	404 361	371 269	437 490	387 238	422 957	521 381

表 7–5　2016—2022 年科研产出数据表

省（直辖市、自治区）	指标	2016 年	2017 年	2018 年	2019 年	2020 年	2021 年	2022 年
内蒙古	学术论文总数 / 篇	8 801	10 940	10 599	9 169	8 922	9 528	8 929
	出版著作总数 / 部	260	397	305	318	316	292	365
	科技成果授奖总数 / 项	41	26	63	43	61	56	45
	专利授权总数 / 个	457	600	654	872	1 201	1 711	2 115

续表

省（直辖市、自治区）	指标	2016 年	2017 年	2018 年	2019 年	2020 年	2021 年	2022 年
广西	学术论文总数 / 篇	17 213	16 500	15 083	15 385	15 967	18 748	19 225
	出版著作总数 / 部	178	151	165	123	158	169	184
	科技成果授奖总数 / 项	74	87	90	85	82	86	38
	专利授权总数 / 个	1 970	2 698	2 593	3 286	3 543	5 478	6 740
重庆	学术论文总数 / 篇	19 599	21 629	22 083	22 338	26 162	25 256	27 922
	出版著作总数 / 部	336	424	459	605	493	502	503
	科技成果授奖总数 / 项	93	88	106	136	131	126	155
	专利授权总数 / 个	3 087	3 561	4 461	4 542	6 518	8 296	8 716
四川	学术论文总数 / 篇	50 140	51 419	52 419	59 437	59 355	62 075	68 450
	出版著作总数 / 部	726	639	703	736	691	768	737
	科技成果授奖总数 / 项	192	205	252	216	219	208	199
	专利授权总数 / 个	4 873	7 158	8 149	9 178	10 200	11 529	15 649
贵州	学术论文总数 / 篇	9 382	10 069	10 067	9 360	12 290	13 856	14 865
	出版著作总数 / 部	144	195	265	288	270	288	354
	科技成果授奖总数 / 项	47	53	50	0	53	3	76
	专利授权总数 / 个	954	1 386	2 028	2 790	2 789	4 500	4 411
云南	学术论文总数 / 篇	15 791	15 497	11 330	14 403	16 218	14 241	14 475
	出版著作总数 / 部	220	297	216	401	383	374	394
	科技成果授奖总数 / 项	120	125	98	112	95	110	132
	专利授权总数 / 个	1 503	2 095	2 090	2 899	2 937	4 386	5 540
西藏	学术论文总数 / 篇	686	712	896	1 000	828	799	803
	出版著作总数 / 部	2	3	5	5	8	3	1
	科技成果授奖总数 / 项	7	6	11	9	3	6	8
	专利授权总数 / 个	13	25	30	41	45	57	77

续表

省（直辖市、自治区）	指标	2016 年	2017 年	2018 年	2019 年	2020 年	2021 年	2022 年
陕西	学术论文总数 / 篇	43 013	45 510	49 131	55 886	62 171	61 620	61 119
	出版著作总数 / 部	669	680	687	726	683	727	885
	科技成果授奖总数 / 项	223	213	243	256	282	252	229
	专利授权总数 / 个	6 816	8 878	9 607	11 763	12 162	15 517	16 871
甘肃	学术论文总数 / 篇	11 835	12 871	13 175	12 301	12 796	12 616	14 485
	出版著作总数 / 部	310	374	197	232	240	295	192
	科技成果授奖总数 / 项	53	56	57	72	73	90	31
	专利授权总数 / 个	672	1 397	1 666	2 198	2 066	2 778	2 679
青海	学术论文总数 / 篇	1 810	2 334	2 104	2 204	2 569	3 371	3 277
	出版著作总数 / 部	26	8	26	24	33	22	28
	科技成果授奖总数 / 项	10	17	15	14	7	13	12
	专利授权总数 / 个	23	37	72	116	255	401	493
宁夏	学术论文总数 / 篇	3 586	3 855	4 986	3 906	4 824	4 925	3 397
	出版著作总数 / 部	26	46	80	63	100	76	68
	科技成果授奖总数 / 项	0	29	19	16	15	17	30
	专利授权总数 / 个	106	115	301	295	446	509	825
新疆	学术论文总数 / 篇	10 401	10 046	10 053	10 221	9 028	9 055	10 941
	出版著作总数 / 部	55	105	62	75	67	67	125
	科技成果授奖总数 / 项	59	60	25	28	46	51	47
	专利授权总数 / 个	380	758	920	920	957	1 066	1 556

四、西部地区高校科研效率实证分析

本研究利用 Max DEA Ultra 软件，构建 BCC 模型，根据本研究的研究目的从投入导向进行综合效率分析，将所获取的西部地区 12 个省（直辖市、自治区）的高校科研投入和产出指标数据代入并进行 DEA 分析，可以得到 DEA 效率即综合技术效益（Technical Efficiency）、纯技术效率（Pure Technical Efficiency)）、规模效率（Scale Efficiency）和规模报酬（Scale Return）状态的分析结果。综合技术效益是对科研投入利用效率的技术性评价，综合技术效益＝纯技术效率 × 规模效率。规模报酬的判定规则如下：对 CRS-DEA 模型和 VRS-DEA 模型得到的技术效率值进行比较，当二者相等时，说明生产活动的规模报酬不变，即生产活动处于最优规模；如不相等，说明生产活动不是在最优规模下（如规模无效率），则需要继续比较 VRS-DEA 模型和 NIRS-DEA 模型得到的技术效率值。当二者相等时，NIRS-DEA 模型中增加的约束条件对效率值无影响，说明生产活动所处的规模很大且符合规模报酬非增（NIRS）的条件，因而存在规模报酬递减；若二者不相等，NIRS-DEA 模型中增加的约束条件对效率值有影响，反之，说明生产活动所处的规模较小，规模报酬非增（NIRS）的约束条件对效率值有影响，因而存在规模报酬递增。

（一）分年度整体分析

为清晰了解和分析西部地区高校科研投入产出绩效在年度上的差异性，在对 2016—2022 年的年度数据细分处理结果的基础上进行比较分析，发现 2016—2022 年度西部地区高校科研投入产出绩效分年度和整体结果见下表 7-6、表 7-7、表 7-8、表 7-9、表 7-10、表 7-11。

通过对 2016 年西部高校科研绩效静态结果的分析（表 7-6）可知，2016 年度，在西部地区的 12 个省份（直辖市、自治区）中，有 10 个省份（直辖市、自治区）的综合效率值为 1，则为 DEA 有效的决策单元，比例为 83.33%，这 10 个省份（直辖市、自治区）分别为：内蒙古、重庆、四川、贵州、云南、西藏、陕西、甘肃、宁夏、新疆。这个结果表明，10 个省份（直辖市、自治区）中的科研投入产出实现了效益的最大化，科研资源利用率高，投入产出比例较为合适，DEA 有效。此外，进一步对比可发现，这些省份（直辖市、自治区）的规模有效性和技术有效性均为 1，即在规模报酬不变的状态下，投入产出比为最佳状态。

同时，在这 12 个省份（直辖市、自治区）中，广西、青海的综合效率值小于 1，则为非 DEA 有效的决策单元，比例为 16.67%。其中，广西为规模报酬递增，说明若他们的投入以相同的百分比增加，那么该自治区的产出增加值将大于投入值，因此，对于这些省份（自治区）而言，应当进一步争取对这些省份（自治区）的科研投入，或者在提高自身资源配置效率的基础上争取更大的资源投入规模，以增加这些省份（自治区）的科研产出。青海为规模报酬递减，说明如果进一步以相同比例增加投入量，其产出增加值将小于投入值，因此，从有效性来看，可以考虑减少对这个省份的投入，或考虑省份内部的资源整合，从而达到资源利用效率的最大化。

对这12个省份（直辖市、自治区）的DEA有效性进行分析发现，DEA有效的省份（直辖市、自治区）有10个，比例为83.33%，在综合效率小于1的2个省份（自治区）中，青海的综合效率小于0.50，只有广西的综合效率大于0.80。基于如上分析，本研究认为在2016年度，西部地区科研投入产出效率相对比较高。

表7–6　2016年西部地区高校投入产出指标科研绩效静态分布对比分析

序号	省（直辖市、自治区）	综合技术效益	纯技术效率	规模效率	DEA有效	规模报酬
1	内蒙古	1	1	1	是	
2	广西	0.875 771	1	0.875 771	否	IRS 规模递增
3	重庆	1	1	1	是	
4	四川	1	1	1	是	
5	贵州	1	1	1	是	
6	云南	1	1	1	是	
7	西藏	1	1	1	是	
8	陕西	1	1	1	是	
9	甘肃	1	1	1	是	
10	青海	0.485 959	0.527 06	0.922 017	否	DRS 规模递减
11	宁夏	1	1	1	是	
12	新疆	1	1	1	是	
均值		0.946 810 833	0.960 588 333	0.983 149		

通过对2017年西部高校科研绩效静态结果的分析（表7-7）可知，2017年度，在西部地区的12个省份（直辖市、自治区）中，有8个省份（自治区）的综合效率值为1，则为DEA有效的决策单元，比例为66.67%。这8个省（自治区）分别为：内蒙古、四川、贵州、云南、陕西、甘肃、宁夏、新疆。这个结果表明，

8个省（自治区）中的科研投入产出实现了效益的最大化，科研资源利用率高，投入产出比例较为合适，DEA有效。此外，进一步对比可发现，这些省（直辖市、自治区）的规模有效性和技术有效性均为1，即在规模报酬不变的状态下，投入产出比为最佳状态。

同时，在这12个省（直辖市、自治区）中，广西、重庆、西藏、青海4个省（直辖市、自治区）的综合效率值小于1，则为非DEA有效的决策单元，比例为33.33%。其中，广西为规模报酬递增，说明若投入以相同的百分比增加，那么该自治区的产出增加值将大于投入值，因此，对于这些省（直辖市、自治区）而言，应当进一步争取对这些省份（直辖市、自治区）的科研投入，或者在提高自身资源配置效率的基础上争取更大的资源投入规模，以增加这些省份（直辖市、自治区）的科研产出。重庆、西藏、青海3个省份（直辖市、自治区）为规模报酬递减，说明如果进一步以相同比例增加投入量，其产出增加值将小于投入值，因此从有效性来看，可以考虑减少对这些省份（直辖市、自治区）的投入，或考虑省份（直辖市、自治区）内部的资源整合，从而达到资源利用效率的最大化。

对这12个省份（直辖市、自治区）的DEA有效性进行分析发现，DEA有效的省份（直辖市、自治区）有8个，比例为66.67%，在有效率小于1的4省份（直辖市、自治区）中，西藏的综合效率小于0.80，青海的综合效率小于0.50，只有广西、重庆的综合效率大于0.90。基于如上分析，本研究认为在2017年度，西部地区科研投入产出效率不算高，且相对2016年要低。

表7–7　2017年西部地区高校投入产出指标科研绩效静态分布对比分析

序号	省（直辖市、自治区）	综合技术效益	纯技术效率	规模效率	DEA有效	规模报酬
1	内蒙古	1	1	1	是	
2	广西	0.922 185	1	0.922 185	否	IRS规模递增
3	重庆	0.959 7	0.962 863	0.996 715	否	DRS规模递减
4	四川	1	1	1	是	
5	贵州	1	1	1	是	
6	云南	1	1	1	是	

续表

序号	省（直辖市、自治区）	综合技术效益	纯技术效率	规模效率	DEA 有效	规模报酬
7	西藏	0.638 063	1	0.638 063	否	DRS 规模递减
8	陕西	1	1	1	是	
9	甘肃	1	1	1	是	
10	青海	0.497 572	0.553 747	0.898 556	否	DRS 规模递减
11	宁夏	1	1	1	是	
12	新疆	1	1	1	是	
均值		0.918 126 667	0.959 717 5	0.954 626 583		

通过对2018年西部高校科研绩效静态结果的分析（表7-8）可知，2018年度，在西部地区的12个省（直辖市、自治区）中，有7个省（自治区）的综合效率值为1，则为DEA有效的决策单元，比例为58.33%。这7个省（自治区）分别为：内蒙古、贵州、云南、西藏、陕西、甘肃、新疆。这个结果表明，7个省（自治区）中的科研投入产出实现了效益的最大化，科研资源利用率高，投入产出比例较为合适，DEA有效。此外，进一步对比可发现，这些省（直辖市、自治区）的规模有效性和技术有效性均为1，即在规模报酬不变的状态下，投入产出比为最佳状态。

同时，在这12个省（直辖市、自治区）中，广西、重庆、四川、青海、宁夏5个省（直辖市、自治区）的综合效率值小于1，则为非DEA有效的决策单元，比例为41.67%，其中广西、重庆、四川3个省（直辖市、自治区）为规模报酬递增，说明若他们的投入以相同的百分比增加，那么该省（直辖市、自治区）的产出增加值将大于投入值，因此，对于这些省（直辖市、自治区）而言，应当进一步增加对这些省（直辖市、自治区）的科研投入，或者在提高自身资源配置效率的基础上争取更大的资源投入规模，以增加这些省（直辖市、自治区）的科研产出。青海、宁夏2个自治区为规模报酬递减，说明如果进一步以相同比例增加投入量，其产出增加值将小于投入值，因此从有效性看，可以考虑减少对这些省（直辖市、自治区）的投入，或考虑省（直辖市、自治区）内部的资源整合，从而达到资源利用效率最大化。

对这12个省（直辖市、自治区）的DEA有效性进行分析发现，DEA有效的省（直辖市、自治区）有 7 个，比例为 58.33%。在效率小于 1 的 5 省（直辖市、自治区）中，广西、青海的综合效率小于 0.80，宁夏的综合效率小于 0.90，只有重庆、四川 2 个省（直辖市）的综合效率大于 0.90。基于如上分析，本研究认为在 2018 年度，西部地区科研投入产出效率不够高，且相对 2017 年要低。

表 7-8　2018 年西部地区高校投入产出指标科研绩效静态分布对比分析

序号	省（直辖市、自治区）	综合技术效益	纯技术效率	规模效率	DEA 有效	规模报酬
1	内蒙古	1	1	1	是	
2	广西	0.698 399	0.730 404	0.956 181	否	IRS 规模递增
3	重庆	0.930 936	0.954 207	0.975 612	否	IRS 规模递增
4	四川	0.957 434	1	0.957 434	否	IRS 规模递增
5	贵州	1	1	1	是	
6	云南	1	1	1	是	
7	西藏	1	1	1	是	
8	陕西	1	1	1	是	
9	甘肃	1	1	1	是	
10	青海	0.513 486	0.520 014	0.987 448	否	DRS 规模递减
11	宁夏	0.833 716	0.856 476	0.973 425	否	DRS 规模递减
12	新疆	1	1	1	是	
均值		0.911 164 25	0.921 758 417	0.987 508 333		

通过对 2019 年西部高校科研绩效静态结果的分析（表 7-9）可知，2019 年度，在西部地区的 12 个省（直辖市、自治区）中，有 9 个省（直辖市、自治区）的综合效率值为 1，则为 DEA 有效的决策单元，比例为 75.00%。这 9 个省（直辖市、自治区）分别为：内蒙古、重庆、四川、贵州、云南、西藏、陕西、甘肃、新疆。这个结果表明，9 个省（直辖市、自治区）中的科研投入产出实现了效益的最大化，科研资源利用率高，投入产出比例较为合适，DEA 有效。此外，进一步对比可发现，这些省（直辖市、自治区）的规模有效性和技术有效性均为 1，即在规模报酬不变的状态下，投入产出比为最佳状态。

同时，在这 12 个省（直辖市、自治区）中，广西、宁夏、青海的综合效率值小于 1，则为非 DEA 有效的决策单元，比例为 25.00%。其中，广西为规模报酬递增，说明若他们的投入以相同的百分比增加，那么该自治区的产出增加值将大于投入值，因此，对于这些省（自治区）而言，应当进一步争取对这些省（自治区）的科研投入，或者在提高自身资源配置效率的基础上争取更大的资源投入规模，以增加这些省（自治区）的科研产出。青海、宁夏2个省（自治区）为规模报酬递减，说明如果进一步以相同比例增加投入量，其产出增加值将小于投入值，因此从有效性来看，可以考虑减少对这个省（自治区）的投入，或考虑省（自治区）内部的资源整合，从而达到资源利用效率最大化。

对这12个省（直辖市、自治区）的DEA有效性进行分析发现，DEA有效的省（直辖市、自治区）有9个，比例为75.00%。在效率小于1的3个省（自治区）中，广西、青海、宁夏3个省（自治区）的综合技术效率都小于0.80，基于以上分析，本研究认为在2019年度，西部地区科研投入产出效率比较高，且相对2018年要高。

表7-9　2019年西部地区高校投入产出指标科研绩效静态分布对比分析

序号	省（直辖市、自治区）	综合技术效益	纯技术效率	规模效率	DEA有效	规模报酬
1	内蒙古	1	1	1	是	
2	广西	0.723 714	0.814 554	0.888 48	否	IRS 规模递增
3	重庆	1	1	1	是	
4	四川	1	1	1	是	
5	贵州	1	1	1	是	
6	云南	1	1	1	是	
7	西藏	1	1	1	是	
8	陕西	1	1	1	是	
9	甘肃	1	1	1	是	
10	青海	0.550 266	0.552 723	0.995 555	否	DRS 规模递减
11	宁夏	0.618 627	0.632 027	0.978 798	否	DRS 规模递减
12	新疆	1	1	1	是	
均值		0.907 717 25	0.916 608 667	0.988 569 417		

通过对2020年西部高校科研绩效静态结果的分析（表7-10）可知，2020年度，在西部地区的12个省（直辖市、自治区）中，有8个省（直辖市、自治区）

的综合效率值为1，则为DEA有效的决策单元，比例为66.67%。这8个省（直辖市、自治区）分别为：内蒙古、重庆、四川、贵州、云南、陕西、甘肃、新疆。这个结果表明，8个省（直辖市、自治区）中的科研投入产出实现了效益的最大化，科研资源利用率高，投入产出比例较为合适，DEA有效。此外，进一步对比可发现，这些省（直辖市、自治区）的规模有效性和技术有效性均为1，即在规模报酬不变的状态下，投入产出比为最佳状态。

同时，在这12个省（直辖市、自治区）中，广西、西藏、青海、宁夏4个省（自治区）的综合效率值小于1，则为非DEA有效的决策单元，比例为33.33%。其中，西藏、青海、宁夏3个省（自治区）为规模报酬递增，说明若他们的投入以相同的百分比增加，那么其产出增加值将大于投入值，因此，对于这些省（自治区）而言，应当进一步增加对这些省（自治区）的科研投入，或者在提高自身资源配置效率的基础上争取更大的资源投入规模，以增加这些省（自治区）的科研产出。广西为规模报酬递减，说明如果进一步以相同比例增加投入量，其产出增加值将小于投入值，因此从有效性来看，可以考虑减少对这个自治区的投入，或考虑自治区内部的资源整合，从而达到资源利用效率最大化。

对这12个省（直辖市、自治区）的DEA有效性进行分析发现，DEA有效的省（直辖市、自治区）有8个，比例为66.67%。在效率小于1的4个省（自治区）中，广西、西藏、青海、宁夏4个省（自治区）的综合技术效率都小于0.80。基于以上分析，本研究认为在2020年度，西部地区科研投入产出效率一般，且相对2019年要低。

表7-10　2020年西部地区高校投入产出指标与科研绩效静态分布对比分析

序号	省（直辖市、自治区）	综合技术效益	纯技术效率	规模效率	DEA有效	规模报酬
1	内蒙古	1	1	1	是	
2	广西	0.723 221	0.846 239	0.854 63	否	DRS 规模递减
3	重庆	1	1	1	是	
4	四川	1	1	1	是	
5	贵州	1	1	1	是	

续表

序号	省（直辖市、自治区）	综合技术效益	纯技术效率	规模效率	DEA 有效	规模报酬
6	云南	1	1	1	是	
7	西藏	0.779 753	1	0.779 753	否	IRS 规模递增
8	陕西	1	1	1	是	
9	甘肃	1	1	1	是	
10	青海	0.600 107	0.646 66	0.928 011	否	IRS 规模递增
11	宁夏	0.757 349	0.793 553	0.954 378	否	IRS 规模递增
12	新疆	1	1	1	是	
均值		0.905 035 833	0.940 537 667	0.959 731		

通过对 2021 年西部高校科研绩效静态结果的分析（表 7-11）可知，2021 年度，在西部地区的 12 个省（直辖市、自治区）中，有 7 个省（直辖市、自治区）的综合效率值为 1，则为 DEA 有效的决策单元，比例为 58.33%。这 7 个省（直辖市、自治区）分别为：内蒙古、重庆、四川、贵州、陕西、甘肃、新疆。这个结果表明，7 个省（直辖市、自治区）中的科研投入产出实现了效益的最大化，科研资源利用率高，投入产出比例较为合适，DEA 有效。此外，进一步对比可发现，这些省份（直辖市、自治区）的规模有效性和技术有效性均为 1，即在规模报酬不变的状态下，投入产出比为最佳状态。

同时，在这 12 个省（直辖市、自治区）中，广西、云南、西藏、青海、宁夏 5 个省（自治区）的综合效率值小于 1，则为非 DEA 有效的决策单元，比例为 41.67%。其中，广西、云南 2 个省（自治区）为规模报酬递增，说明若他们的投入以相同的百分比增加，那么其产出增加值将大于投入值，因此，对于这些省（自治区）而言，应当进一步增加对这些省（自治区）的科研投入，或者在提高自身资源配置效率的基础上争取更大的资源投入规模，以增加这些省（自治区）的科研产出。西藏、青海、宁夏 3 个省（自治区）为规模报酬递减，说明如果进一步以相同比例增加投入量，其产出增加值将小于投入值，因此从有效性来看，可以考虑减少对这些省（自治区）的投入，或考虑省（自治区）内部的资源整合，从而达到资源利用效率最大化。

对这 12 个省（直辖市、自治区）的 DEA 有效性进行分析发现，DEA 有效的省（直辖市、自治区）有7个，比例为58.33%。在效率小于1的5个省（自治区）中，青海、宁夏2个省（自治区）的综合技术效率小于0.80，广西、云南2个省（自治区）的综合技术效率小于0.90，只有西藏自治区的综合技术效率大于0.90。基于以上分析，本研究认为在2021年度，西部地区科研投入产出效率一般，且相对2020年要低。

表 7–11　2021 年西部地区高校投入产出指标与科研绩效静态分布对比分析

序号	省（直辖市、自治区）	综合技术效益	纯技术效率	规模效率	DEA 有效	规模报酬
1	内蒙古	1	1	1	是	
2	广西	0.833 703	1	0.833 703	否	IRS 规模递增
3	重庆	1	1	1	是	
4	四川	1	1	1	是	
5	贵州	1	1	1	是	
6	云南	0.893 94	1	0.893 94	否	IRS 规模递增
7	西藏	0.936 095	1	0.936 095	否	DRS 规模递减
8	陕西	1	1	1	是	
9	甘肃	1	1	1	是	
10	青海	0.745 631	0.801 211	0.930 63	否	DRS 规模递减
11	宁夏	0.675 255	0.693 66	0.973 466	否	DRS 规模递减
12	新疆	1	1	1	是	
均值		0.923 718 667	0.957 905 917	0.963 986 167		

通过对2022年西部高校科研绩效静态结果的分析（表7-12）可知，2022年度，在西部地区的12个省（直辖市、自治区）中，有9个省（直辖市、自治区）的综合效率值为1，则为DEA有效的决策单元，比例为75.00%。这9个省（直辖市、自治区）分别为：内蒙古、重庆、四川、贵州、云南、西藏、陕西、甘肃、新疆。这个结果表明，9个省（直辖市、自治区）中的科研投入产出实现了效益的最大化，科研资源利用率高，投入产出比例较为合适，DEA有效。此外，进一步对比可发现，这些省（直辖市、自治区）的规模有效性和技术有效性均为1，即在规模报酬不变的状态下，投入产出比为最佳状态。

同时，在这 12 个省（直辖市、自治区）中，广西、青海、宁夏 3 个省（自治区）的综合效率值小于 1，则为非 DEA 有效的决策单元，比例为 25.00%。其中，广西、宁夏 2 个自治区为规模报酬递增，说明若他们的投入以相同的百分比增加，那么其产出增加值将大于投入值，因此，对于这些自治区而言，应当进一步增加对这些自治区的科研投入，或者在提高自身资源配置效率的基础上争取更大的资源投入规模，以增加这些自治区的科研产出。青海省为规模报酬递减，说明如果进一步以相同比例增加投入量，其产出增加值将小于投入值，因此从有效性来看，可以考虑减少对这个省份的投入，或考虑省份内部的资源整合，从而达到资源利用效率最大化。

对这 12 个省（直辖市、自治区）的 DEA 有效性进行分析发现，DEA 有效的省份有 9 个，比例为 75.00%。在效率小于 1 的 3 个省（自治区）中，青海、宁夏 2 个省（自治区）的综合技术效率都小于 0.80，只有广西的综合技术效率大于 0.90。基于如上分析，本研究认为在 2022 年度，西部地区科研投入产出效率比较高，且相对 2021 年要高。

表 7–12　2022 年西部地区高校投入产出指标与科研绩效静态分布对比分析

序号	省（直辖市、自治区）	综合技术效益	纯技术效率	规模效率	DEA 有效	规模报酬
1	内蒙古	1	1	1	是	
2	广西	0.951 873	1	0.951 873	否	IRS 规模递增
3	重庆	1	1	1	是	
4	四川	1	1	1	是	
5	贵州	1	1	1	是	
6	云南	1	1	1	是	
7	西藏	1	1	1	是	
8	陕西	1	1	1	是	
9	甘肃	1	1	1	是	
10	青海	0.735 944	0.771 358	0.954 089	否	DRS 规模递减
11	宁夏	0.797 45	0.800 332	0.996 398	否	IRS 规模递增
12	新疆	1	1	1	是	
均值		0.957 105 583	0.964 307 5	0.991 863 333		

由表 7-13 可知，西部地区高校的投入产出科研绩效的综合技术效率（TE）均值在 2016—2020 年整体呈现下降趋势，但是到了 2021 年后又呈现了上升趋势，均值也维持在 0.9~0.95，综合技术效率为 1 的 DEA 有效省份（直辖市、自治区）数量在 7 年间的变化为：2016 年最高达 10 个，占西部地区样本总量的 83%；2018 年和 2021 年最低，为 7 个，占 58%。这表明大部分西部地区省份（直辖市、自治区）的高校科研投入产出比效果好，绩效水平高。西部地区高校的投入产出科研绩效的纯技术效率（PTE）均值在 2016—2019 年呈现下降趋势，其中 2019 年的均值最低，2020 年之后又呈现一个上升趋势，均值维持在 0.9 以上，纯技术效率为 1 的 DEA 有效省份（直辖市、自治区）数量在 7 年间的变化为：2016 年最高，达 11 个，占西部地区样本总量的 91%；2018 年为 8 个，占 67%。这表明西部地区高校的科研管理规章制度在科研工作上发挥的作用比较大，能很好地从技术性上发挥制度的优势。西部地区高校的规模效率（SE）均值一直处于高位，且较为平缓稳定，均值也维持在 0.95 以上，2022 年高达 0.99，规模效率为 1 的 DEA 有效省份（直辖市、自治区）数量和综合技术效率一样，在 7 年间的变化为：2016 年最高，达 10 个，占西部地区样本总量的 83%；2018 年和 2021 年最低，为 7 个，占 58%；整体上波动较小。从西部地区高校的规模报酬（SR）上看，高校科研投入产出规模报酬规模递减的省份（直辖市、自治区）平均数量为 2 个，高校科研投入产出规模报酬规模递增的省份（直辖市、自治区）平均数量为 2 个，高校科研投入产出规模报酬规模不变的省份（直辖市、自治区）平均数量为 8 个。对于规模报酬规模递增的省份（直辖市、自治区）应不断加大科研投入。

表 7-13　2016—2022 年西部地区高校科研投入与产出绩效整体静态分析

DEA 效率	效率值解读	2016 年	2017 年	2018 年	2019 年	2020 年	2021 年	2022 年
综合技术效益 TE	平均值	0.946 810 833	0.918 126 667	0.911 164 25	0.907 717 25	0.905 035 833	0.923 718 667	0.957 105 583
	TE=1 的省份	10	8	7	9	8	7	9
纯技术效率 PTE	平均值	0.960 588 333	0.959 717 50	0.921 758 417	0.916 608 667	0.940 537 667	0.957 905 917	0.964 307 50
	PTE=1 的省份	11	10	8	9	9	10	10

续表

DEA 效率	效率值解读	2016 年	2017 年	2018 年	2019 年	2020 年	2021 年	2022 年
规模效率 SE	平均值	0.983 149	0.954 626 583	0.987 508 333	0.988 569 417	0.959 731	0.963 986 167	0.991 863 333
	SE=1 的省份	10	8	7	9	8	7	9
规模报酬 SR	规模递减的省份个数	1	3	2	2	1	3	1
	规模递增的省份个数	1	1	3	1	3	2	2
	规模不变的省份个数	10	8	7	9	8	7	9

通过以上分析可以看出，西部地区高校综合技术效率低于纯技术效率，这说明西部高校科研投入产出绩效水平在规模上的效率调控得比较好；从纯技术效率来看，西部地区高校科研资源投入配置和产出效率水平较高，这说明西部地区高校这几年的技术管理水平、资源配置能力、技术创新水平及成果质量均有不同程度的提高，整体发展势头较好。形成西部地区高校科研绩效水平较高的一个原因是西部地区高校的科研投入增加的同时，科研产出也在同步增加，两者呈现一个正向增加的趋势，所以整体的科研绩效较高；另外一个原因是东部地区高校科研综合技术效率为 1 的省份数量仅占东部地区样本总量的 50% 不到（眭川，2023）。和东部地区的高校科研绩效相比，西部地区科研绩效水平还要高一点。结合表中西部地区高校科研投入产出的面板数据，正是因为西部地区本身获得的高校科研资源少，在低科研投入的情况下科研产出也较低，所以整体科研效率的变化也不大。

（二）分省份面板分析

为清晰地了解和分析西部地区高校科研投入产出绩效在省份上的差异性，在对2016—2022年的年度面板数据细分处理结果的基础上进行比较分析，发现 2016—2022 年度西部地区高校科研投入产出绩效分省份整体结果见表 7-14。

表 7-14　2016—2022 年西部地区高校科研投入产出绩效分省份面板数据对比分析（静态）

序号	省（直辖市、自治区）	DEA 效率	2016 年	2017 年	2018 年	2019 年	2020 年	2021 年	2022 年	均值
1	内蒙古	综合技术效益	1	1	1	1	1	1	1	1
		纯技术效率	1	1	1	1	1	1	1	1
		规模效率	1	1	1	1	1	1	1	1
		规模报酬								
2	广西	综合技术效益	0.875 771	0.922 185	0.698 399	0.723 714	0.723 22	0.833 703	0.951 873	0.818 409 286
		纯技术效率	1	1	0.730 404	0.814 554	0.846 239	1	1	0.913 028 143
		规模效率	0.875 771	0.922 185	0.956 181	0.888 48	0.854 63	0.833 703	0.951 873	0.897 546 143
		规模报酬	规模递增	规模递增	规模递增	规模递增	规模递减	规模递增	规模递增	
3	重庆	综合技术效益	1	0.959 7	0.930 936	1	1	1	1	0.984 376 571
		纯技术效率	1	0.962 863	0.954 207	1	1	1	1	0.988 152 857
		规模效率	1	0.996 715	0.975 612	1	1	1	1	0.996 046 714
		规模报酬		规模递减	规模递增					
4	四川	综合技术效益	1	1	0.957 434	1	1	1	1	0.993 919 143
		纯技术效率	1	1	1	1	1	1	1	1
		规模效率	1	1	0.957 434	1	1	1	1	0.993 919 143
		规模报酬			规模递增					
5	贵州	综合技术效益	1	1	1	1	1	1	1	1
		纯技术效率	1	1	1	1	1	1	1	1
		规模效率	1	1	1	1	1	1	1	1
		规模报酬								
6	云南	综合技术效益	1	1	1	1	1	0.893 94	1	0.984 848 571
		纯技术效率	1	1	1	1	1	1	1	1
		规模效率	1	1	1	1	1	0.893 94	1	0.984 848 571
		规模报酬						规模递增		

续表

序号	省（直辖市、自治区）	DEA 效率	2016 年	2017 年	2018 年	2019 年	2020 年	2021 年	2022 年	均值
7	西藏	综合技术效益	1	0.638 063	1	1	0.779 753	0.936 095	1	0.907 701 571
		纯技术效率	1	1	1	1	1	1	1	1
		规模效率	1	0.638 063	1	1	0.779 753	0.936 095	1	0.907 701 571
		规模报酬		规模递减			规模递增	规模递减		
8	陕西	综合技术效益	1	1	1	1	1	1	1	1
		纯技术效率	1	1	1	1	1	1	1	1
		规模效率	1	1	1	1	1	1	1	1
		规模报酬								
9	甘肃	综合技术效益	1	1	1	1	1	1	1	1
		纯技术效率	1	1	1	1	1	1	1	1
		规模效率	1	1	1	1	1	1	1	1
		规模报酬								
10	青海	综合技术效益	0.485 959	0.497 572	0.513 486	0.550 266	0.600 107	0.745 631	0.735 944	0.589 852 143
		纯技术效率	0.527 06	0.553 747	0.520 014	0.552 723	0.646 66	0.801 211	0.771 358	0.624 681 857
		规模效率	0.922 017	0.898 556	0.987 448	0.995 555	0.928 011	0.930 63	0.954 089	0.945 186 571
		规模报酬	规模递减	规模递减	规模递减	规模递减	规模递增	规模递减	规模递减	
11	宁夏	综合技术效益	1	1	0.833 716	0.618 627	0.757 349	0.675 255	0.797 45	0.811 771
		纯技术效率	1	1	0.856 476	0.632 02	0.793 553	0.693 66	0.800 332	0.825 148 714
		规模效率	1	1	0.973 425	0.978 798	0.954 378	0.973 466	0.996 398	0.982 352 143
		规模报酬			规模递减	规模递减	规模递增	规模递减	规模递增	
12	新疆	综合技术效益	1	1	1	1	1	1	1	1
		纯技术效率	1	1	1	1	1	1	1	1
		规模效率	1	1	1	1	1	1	1	1
		规模报酬								

从表 7-14 可以看出，从综合技术效益均值角度来看，从高到低依次排序为内蒙古、贵州、陕西、甘肃、新疆、四川、云南、重庆、西藏、广西、宁夏、青海，表明内蒙古、贵州、陕西、甘肃、新疆的高校的科研投入产出比例是最

高的。从纯技术效率均值角度来看，从高到低依次排序分别为内蒙古、四川、贵州、云南、西藏、陕西、甘肃、新疆、重庆、广西、宁夏、青海。从规模效率均值角度来看，从高到低依次排序分别为内蒙古、贵州、陕西、甘肃、新疆、重庆、四川、云南、宁夏、西藏、广西、青海。经过进一步分析，可以看出内蒙古、贵州在综合技术效益上的排名和规模效率排名都靠前，陕西、甘肃、新疆在综合技术效益和规模效率上的排名同样靠前，但是在纯技术效率上的排名位列第六、第七、第八，这说明陕西和新疆在科研政策制度等内部管理上较之前面的排名者稍逊一筹。四川省的规模效率位列第七，但是纯技术效率位列第二，因此在综合技术效益上排名第六。云南高校的规模效率位列第八，纯技术效率排第四，因此综合技术效益排第七。西藏高校的规模效率位列第十，纯技术效率排第五，因此综合技术效益排第九。这也说明了四川、云南、西藏的高校的科研管理规章制度对科研工作发挥的作用比较大，能很好地从技术性上发挥制度的优势。相反，重庆市高校的规模效率位列第六，但是纯技术效率位列第九，综合下来在综合技术效益上排名第八。广西、宁夏、青海是12个省份（直辖市、自治区）中规模效率、纯技术效率和综合技术效益都靠后的省份（直辖市、自治区）。总之，西部地区高校科研纯技术效率和科研规模效率的数值对于科研综合技术效益的贡献率虽然从总体来看是不分上下的，但是结合数据大小和最终结果可以看出，科研纯技术效率占优势的省份，其科研综合技术效益更高。从2016—2020年五年的时间跨度来看，内蒙古、贵州、陕西、甘肃高校分别在高位波动，新疆、西藏、宁夏、青海高校均在低位保持持续增加的态势；重庆、四川、云南、广西高校处在中间位，均呈现先减后增的发展趋势。

从各个省份（直辖市、自治区）的规模报酬在各个年度的变化上看，内蒙古、贵州、陕西、甘肃、新疆5个省份（自治区）的规模报酬不变，说明这5个省（自治区）高校的科研投入产出比为最佳状态。其他的7个省（直辖市、自治区）的规模报酬在不同年度上都有一定的变化。广西除了在2020年规模报酬上出现规模递减的状态，在2016年、2017年、2018年、2019年、2021年、2022年都呈现规模报酬递增的状况；重庆市在2017年出现规模报酬递减，2018年又出现了规模报酬递增的状况；四川省在2018年出现了规模报酬递增的状况，其他年份的规模报酬不变；云南省在2021年出现了规模报酬递增的状况，其他年份的规模报酬不变。对于规模报酬递增的情况，就说明如果以相同的百分比增加高校的科研投入，其科研产出增加值将大于投入值，因此对于广西这种长期处于规模报酬递增状况的自治区来说，应在提高自身资源配置效率基础上增加高校的科研投入，以进一步提升广西高校的科研产出值和水平。重庆、四川、云南虽然在短期内出现了规模报酬或增或减的微小变动，之后的规模报酬不变，说明这些省份（直辖市）对其省（直辖市）内部高校进行了资源调整后，提高了高校科研资源的利用率。而相反的，青海省除了在2020年出现了规模报酬递增的状况，在2016年、2017年、2018年、2019年、2021年、2022年均呈现了规模报酬递减的状况。西藏在2020年出现了规模报酬递增的状况，2017年、2021年出现了规模报酬递减的状况，其他年份保持不变。宁夏在2022年、2020年出现了规模报酬递增的状况，在2018年、2019年、2021年均出现了规模报酬递减的状况。这说明如果进一步以相同比例增加高校科研投入量，其科研产出增加值将小于科研投入值，因此从高校科研效率的有效性上看，这些省（直辖市、自治区）存在高校科研资源浪费或者资源利用不充分的现象。对于青海这种长期处于规模报酬递减状况的省份来说，应通过减少投入规模或者重新对其内部进行高校科研资源的整合来提高高校科研资源的利用率，确保高校科研绩效的有效性。西藏和宁夏在短期内出现了规模报酬或增或减的状况，但还是主要以规模报酬递减的状态出现，这说明这些省（自治区）虽然对其内部高校进行了资源调整，但是内部资源的整合程度不够明显，导致继续出现了规模报酬递减的状况，这些省（自治区）同样需要通过减少投入规模或者重新对其内部进行高校科研资源的整合来提高高校科研资源的的利用率，确保高校科研绩效的有效性。

综上所述，西部地区高校科研纯技术效率和科研规模效率的数值对于科研综合技术效益的贡献率虽然从总体而言是不相上下的，但是结合数据大小和最终结果可以看出，科研纯技术效率占优势的省份，其科研综合技术效益更高。

根据国家统计局2022年发布的《中华人民共和国2022年国民经济和社会发展统计公报》的统计数据可知，2022年西部地区GDP从高到低为四川省、陕西省、重庆市、云南省、内蒙古自治区、广西壮族自治区、贵州省、西藏自治区、甘肃省、青海省、宁夏回族自治区、新疆维吾尔自治区。结合本研究得出的各省高校科研绩效的结果发现，西部高等院校总体科研绩效水平与经济发展水平无必然联系，经济发展水平高的省份科研绩效水平不一定高，经济发展水平低的省份科研绩效水平不一定低。从数据统计结果来看，GDP 水平高的省份的规模效率水平不高，其主要原因是资源配置不合理拉低了整体绩效水平，该区域的各级政府应引起重视，引导资源合理配置。GDP 水平高但是纯技术效率低的省份要向经济发展为中等水平但是纯技术效率水平高的地区学习，学习其对科研工作的管理手段，学习如何做到科研机制高效率运转，从而提升自身的科研绩效。由此，根据实证分析结果得出结论，科研绩效水平更多的是取决于内部管理水平以及资源运行效率与配置能力，而非取决于经济发展水平。

五、研究结论与建议

根据以上统计分析，我们得出了以下研究结论与建议。

（1）2016—2022 年我国西部地区高校整体科研绩效水平较高，整体发展趋势良好，但是不同省（直辖市、自治区）之间仍存在明显的差距，特别是综合技术效益小于 1、DEA 非有效且规模报酬出现规模递减的省（直辖市、自治区），其存在投入的科研人力资源和资金浪费或者是资源利用不充分的问题。西部地区高校的科研资源投入本身已经足够低，在科研资源投入固定的情况下，这些省（直辖市、自治区）要重新进行内部资源的整合，提高科研成果产出效率，以提高科研资源的利用率。对于综合技术效益小于 1、DEA 非有效且规模报酬出现规模递增的省（直辖市、自治区），在提高自身资源配置效率的基础上还要加大高校的科研资源投入，从而提升这些省（直辖市、自治区）的科研产出水平。

（2）经济发展水平与高校科研绩效无必然关系，GDP 靠前的省（直辖市、自治区）的高校综合科研绩效水平属于中等水平，规模效率较高，GDP 水平为中等的省（直辖市、自治区）的高校综合科研绩效水平高但是纯技术效率水平不高，这主要是由于资源配置不合理拉低了整体科研绩效水平。因此，经济发展好的省（直辖市、自治区）还要向经济发展中等的省（直辖市、自治区）学习，学习其科研管理的方法与手段，提高科研资源的配置能力与运行效率。

《《《 第二节 》》》

高职高专教师科研评价现状调查

党的二十大报告把科技、教育、人才作为一个整体性的重大问题进行论述和部署，体现了国家对科技、教育、人才的重视。在这样的国家战略发展需求下，高校的科学研究功能也不断凸显，各高校为激发教师从事科研工作的积极性，提高教师科研水平，纷纷制定了教师科研激励机制。《国家职业教育改革实施方案》的发布宣告了高职教育作为一种类型教育与其他高等教育并行发展，这就意味着高职高专院校和其他普通高等教育院校一样，其科研工作对学校的发展作用不可小觑。目前，各高职高专院校陆续从内涵式高质量发展的内在需求和提质培优的外在要求出发，为促进教师科研发展，推动学校整体科研水平提高，制定了教师科研评价的标准，出台了一系列相应的教师科研考核办法和奖励制度。然而高职高专院校在对教师的科研工作进行评价的过程中，由于评价目的不明晰、评价内容单一等原因，导致教师在科研工作中存在急功近利的“功利化”倾向。为系统了解高职高专院校教师科研评价现状，本部分通过对高职高专教师科研现状进行科学设计且有针对性地调研和分析存在的问题，最后提出改革高职高专教师科研评价的对策。

一、调研目的

本调研旨在通过对贵州省高职高专院校教师和科研管理人员进行问卷调查和深入访谈，在搜集相关科研数据并结合高职高专院校教师科研评价制度政策文本等进行分析的基础上，对高职高专院校教师科研评价现状做出客观评价和分析。主要调研目的：一是从评价内容、评价程序、评价主体、评价方法、评价结果的运用、评价周期等方面考察所调研的高职高专院校教师科研评价体系现状；二是通过现状和问题分析提出高职高专科研评价改进的相应对策。

二、调研工具

（一）问卷设计与调研实施

根据前期校本研究有关教师科研评价现状的调查，结合访谈结果，编制了“高职高专教师科研评价认同的调查问卷”，并通过问卷星、QQ 群、微信群对贵州省 5 所高职高专院校的专任教师和高职高专科研管理人员展开了调研，发放问卷 500 份，回收有效问卷 426 份，有效回收率为 85.2%。通过 SPSS.23.0 和 Excel 软件，对回收的问卷中的费量表题运用描述统计等方法进行数据处理。调查问卷采用封闭式、半封闭式和开放式相结合的调查方式，问卷调查内容包括两大方面：一是基本情况，二是科研评价认同程度，关于科研评价认同程度主要采用李科特五级评价方法，分为“非常合理”“比较合理”“一般”“比较不合理”“非常不合理”并分别给予 5 个层级的评价，评分分别是 5~1 分。除了采用调查问卷的方式，本研究深入这 5 所学校对 17 名高职高专任教师和科研管理人员进行面对面访谈和电话访谈，同时收集了 4 所公办学校的科研数据、职称评审和聘任制度、科研考核制度、教学考核制度等政策制度文本资料。最终在文献资料、政策制度文本分析，深度访谈和问卷调查的基础上得到了调研的数据和结果。

（二）问卷信度与效度分析

本研究主要用克隆巴赫系数（Cronbach α）的测量方法分析了问卷的信度。通过 SPSS.23.0 软件对自编问卷的高职高专教师科研评价认同进行信度分析，得出整体克隆巴赫系数（Cronbach α）为 0.701，说明本研究收集到的数据具有良好的可信度和说服力，具有较好的内部一致性。同时本问卷是在校本研究关于高职高专院校教师科研评价现状调查的基础上改编而成，经过了校本研究过程的问卷调查、分析与优化过程，在一定程度上保证了问卷的题目可以体现高职高专院校教师科研评价的主要内容，使得问卷的内容效度较高。

（三）高职高专教师科研评价现状的结构要素分析

根据文献整理分析，结合高职高专院校及其科研特点，本研究将高职高专教师科研评价现状的结构要素筛选出评价内容、评价程序、评价主体、评价方法、评价周期、评价结果运用6个大的方面，调查问卷共20个题目，访谈提纲共7个题目。

三、调研对象

本研究选取了3所高等职业学校和2所高等专科学校，共5所（含4所公办、1所民办）高职高专院校作为研究对象，并对这5所学校中的专任教师和科研管理人员进行了问卷调查和深入访谈。本次调研对象的基本信息如表7-15、表7-16所示。

表7–15　问卷有效样本基本信息一览表（n=426）

控制变量	类别	人数 / 人	百分比 /%
年龄	30岁及以下	97	23%
	31~40岁	189	44%
	41~50岁	106	25%
	51~60岁	34	8%
	60岁以上	0	0%
性别	男	223	54%
	女	203	46%
最高学历	专科	3	0.7%
	本科	160	38%
	硕士研究生	253	59%
	博士研究生	10	2.3%
岗位类型	教师	229	54%
	行政管理人员	21	5%
	双肩挑	176	41%
职称	未定级	14	3%
	初级	71	17%
	中级	230	54%
	副高	106	25%
	正高	5	1%

续表

控制变量	类别	人数 / 人	百分比 /%
教龄	5 年及以下	97	23%
	6~10 年	142	33%
	11~20 年	105	25%
	20 年以上	82	19%
企业工作经历	无	154	36.2%
	5 年及以下	267	42.7%
	6~10 年	3	0.7%
	11~20 年	2	0.4%
学校办学属性	本科层次职业院校	0	0
	高等职业院校	204	48%
	高等专科院校	222	52%
学校举办性质	公办	424	99.5%
	民办	2	0.5%
年教学工作量	160 学时以下	71	17%
	160~250 学时	107	25%
	251~350 学时	169	40%
	351~450 学时	71	17%
	450 学时以上	8	1%

表 7-16 访谈对象基本信息一览表（*n*=17）

编号	性别	年龄	最高学历	职称	单位类型	从事工作
Z1	女	50	硕士研究生	教授	高等专科学校	科研管理
Z2	男	52	硕士研究生	教授	高等专科学校	职业教育教学
Z3	男	60	硕士研究生	教授	高等专科学校	科研管理
Z4	男	63	硕士研究生	教授	高等专科学校	职业教育教学
Z5	男	48	博士研究生	教授	高等专科学校	科研管理
Z6	女	55	本科	教授	高等专科学校	科研管理
Z7	男	64	硕士研究生	教授	高等专科学校	科研管理
Z8	女	40	硕士研究生	副教授	高等专科学校	职业教育教学

续表

编号	性别	年龄	最高学历	职称	单位类型	从事工作
Z9	女	61	本科	教授	高等职业学校	科研管理
Z10	男	48	硕士研究生	副教授	高等职业学校	职业教育教学
Z11	女	54	硕士研究生	教授	职业本科	科研管理
Z12	男	60	硕士研究生	教授	职业本科	职业教育教学
Z13	男	65	本科	教授	高等职业学校	科研管理
Z14	女	53	本科	副教授	高等职业学校	职业教育教学
Z15	男	61	硕士研究生	教授	高等职业学校	科研管理
Z16	女	47	博士研究生	教授	高等职业学校	职业教育教学
Z17	男	64	本科	教授	高等职业学校	科研管理

四、存在问题分析

根据 SPSS.23.0 数据统计、访谈和对所收集的数据和政策文本资料进行分析，得出的主要结论如下。

（一）高职高专教师对学校科研评价体系的了解程度不高

本研究所选的 5 所高职高专院校中有 4 所学校属于公办学校，有 1 所是民办学校，所调查学校中的 426 名教师中有 424 名教师所在学校都开展了教师科研活动，这些学校都是公办学校，剩下 2 名教师所在的学校是民办的高职高专院校，没有开展教师科研活动。从数据可以看出，贵州省公办高职高专院校对学校的科研工作和提高教师的科研水平都比较重视，但是从教师对学校科研评价的了解程度看，所调查的 424 名教师中只有 4% 的教师非常理解学校的科研评价，比较了解的老师有 11%，一般了解的老师有 291 人，占 69%，有一定了解的老师有 15%，一点都不了解的也占了 1%（见图 7-3）。这表明教师对学校的科研评价了解处于中等水平，了解程度不高。

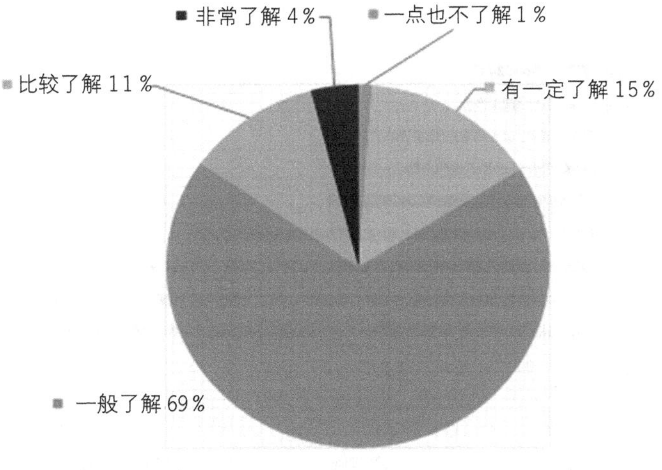

图 7-3　教师对学校科研评价的了解程度

结合对 4 所公办高职高专院校教师和科研管理人员的访谈得知，各高职高专院校虽然已经制定了科研评价体系和制度，但是实际上却并没有得到实施，或者因为评价体系不合理导致它们在政策实施过程中难以落地，同时学校对评价体系和政策的推广和宣传力度远远不够，导致其在教师中的知晓程度不高。

（二）科研评价内容单一

通过对收集的 4 所公办高职高专院校的科研评价标准进行分析，可以看出 4 所高职高专院校对教师的科研评价的内容基本相同，首先是论文著作、科研项目、科研奖励，其次是项目经费、专利、学术活动、技术服务等（见图 7-4）。其中，论文著作、科研项目、科研奖励是所有学校科研评价的内容。同时通过问卷调查分析得出教师们对现在科研评价内容的认同程度，平均分（*M*）为 2.75（总分 5 分），标准差（*SD*）为 0.95，表明总体上教师对现在的科研评价内容认同处于中等水平，认同程度不高。

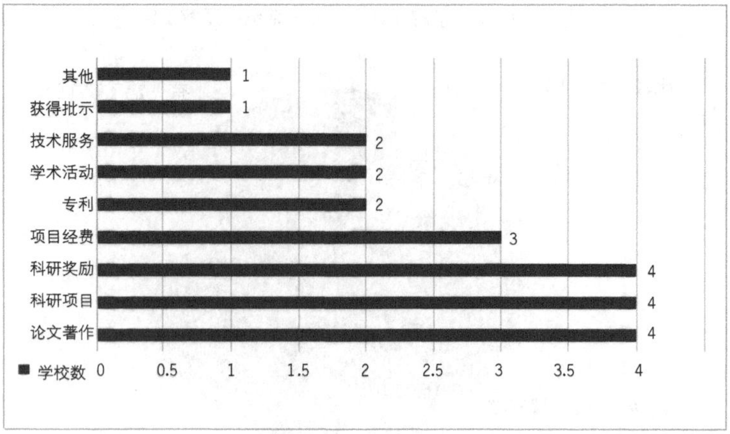

图 7-4　4 所公办高职高专院校的科研评价内容

目前，高职高专院校对教师科研的评价不管评价目的是否相同，均首先将论文著作、科研项目及科研奖励等指标作为评价内容和标准，这种单一的评价内容不仅违背了 2021 年 5 月习近平总书记在两院院士大会、中国科协第十次全国代表大会上强调的“破四唯”（在科技人才评价中破除“唯论文、唯职称、唯学历、唯奖项”）的要求，还容易导致教师为了追求论文项目的数量而从事科研工作，教师科研成果的价值、实用性和转化率都很低。在调查中，90.4% 的教师明确表示自己从事科研工作是为了完成学校的各项考核任务，这也说明了现在的科研评价在一定程度上导致教师们从事科研工作时出现了“为了科研而科研”“为了考核而科研”的倾向。结合对高职高专院校科研管理人员的访谈得知，其学校目前制定的科研评价标准都是仿照本科院校的科研评价体系制定的，很明显目前的高职高专科研评价内容并没有体现高职高专科研的特点，这也导致高职高专院校教师科研评价的内容单一、科研评价目标模糊。

（三）教师科研评价的方法不科学

通过对 4 所公办高职高专院校的科研评价的标准和政策文本进行分析，发现高职高专院校都根据不同岗位和职称类型教师来分别设定评价指标，所有学校普遍采用定量评价，也就是根据论文、课题、经费等数量的多少来评价，并将教师科研成果和项目等情况赋值定分，加权平均（见表 7-17）。同时结合调查问卷中教师对现有的科研评价方法的认同程度来看，平均分（M）为 3.08（总分 5 分），标准差（SD）为 0.86，表明总体上教师对现在的科研评价方式选择处于中等偏上，科研评价方式认同度一般。

表 7–17 4 所学校科研评价方式

学校	分层方式		评价方式
	岗位类型	职称（学历）级别	
** 幼儿师范高等专科学校	专任教师、专任教师（兼职行政）	专业十二级、专业十一级、专业十级、专业九级、专业八级、专业七级、专业六级、专业五级、专业四级、专业三级、专业二级、专业一级	赋分定量
** 医学高等专科学校	专任教师、专任教师（兼职行政）、实验人员	初级、中级、副高级、正高级	赋分定量
** 职业技术学院	专职科研人员、专任教师、实验实训指导教师	初级及相应职称专业技术人员、中级（含硕士学位未定职称人员）专业技术人员、副高级（含博士学位未定职称）专业技术人员、正高级（博士）专业技术人员	赋分定量
** 工业职业技术学院	专任教师类、实验实训类	初级、中级、副高级、正高级	赋分定量

结合访谈结果得知，目前这些学校都意识到了在进行科研评价时要根据不同教师的岗位和职称类型分别采取不同的分层评价，但是学校在制定科研评价标准和政策时忽略了还需要根据教师所属学科（自科和社科）、专业不同，所承担科研项目的性质（基础研究、应用研究、开发设计等）、类型（重点项目、一般项目、青年项目等）不同来进行分类评价。同时，目前的赋分定量评价方式忽视了对科研成果质量的评价，容易让教师在开展科研工作时产生重数量、轻质量的倾向，且评价的过程只注重科研工作的终结性评价，只注重结果，忽视科研工作的过程评价，没有看到教师科学研究的阶段性成长。这种教师科研评价方法明显比较单一，缺乏科学性和多样性。

（四）教师科研评价结果运用不充分

通过对4所高职高专院校的科研评价的标准和政策文本进行分析，发现高职高专院校对教师科研评价结果都会进行优秀、合格、不合格等次划分，评价结果主要运用于绩效奖励、选优评先、职称晋升、级别晋升等（见表7-18）。结合问卷调查中教师对目前学校科研评价结果运用认同程度来看，平均分（M）为3.59（总分5分），标准差（SD）为0.69，表明总体上教师对现在的科研评价结果选择处于中等偏上，科研评价结果认同度一般。

表7–18　4所学校科研评价结果运用

学校	等次	评价结果运用
** 幼儿师范高等专科学校	优秀、合格、不合格	绩效考核、职称晋升、级别晋升
** 医学高等专科学校	优秀、合格、不合格	绩效奖励、先进评选、职称晋升
** 职业技术学院	优秀、合格、不合格	职称晋升、岗位聘任、选优评先、绩效考核
** 工业职业技术学院	优秀、合格、不合格	绩效考核、职称晋升

目前4所学校将科研评价的结果普遍与考核挂钩，这明显与2020年中共中央、国务院出台的《深化新时代教育评价改革总体方案》（以下简称《总体方案》）中“不得将论文数、项目数、课题经费等科研量化指标与绩效工资分配、奖励挂钩”的要求相违背。结合访谈得知，教师们认为目前4所学校的科研评价结果虽然都运用到了教师的切身利益上来，但是评价结果还没有得到充分运用，特别是对教师的激励作用还没有得到发挥。

（五）教师科研评价主体不全面

通过对4所高职高专院校的科研评价的政策文本进行分析，发现高职高专院校对教师科研评价在实际执行过程中的程序基本相同，各学校科研评价的程序基本也相同，具体步骤有：教师个人填写科研工作量考核表，考核表由各系、处室汇总报送科研处审核，考核结果汇总表经分管院长审查后，上报学校校长办公会议审议，再上报学校党委会审定，最后在全校进行公示。各学校科研评价的主体也主要由学校的人事处、科研处、教务处、学术委员会等部门构成（见表7-19）。结合问卷调查中教师对目前学校科研评价主体认同程度来看，平均分（M）为3.35（总分5分），标准差（SD）为0.73，表明总体上教师对现在的科研评价主体选择处于中等偏上，科研评价主体认同度一般。

表 7-19　4 所学校科研评价程序和主体

学校	评价程序	评价主体
** 幼儿师范高等专科学校	个人填报、二级单位初审、科研处复审、校办会审议、党委会审定	人事处、科研处、教务处
** 医学高等专科学校	个人申请、科研处复审、校办会审议、党委会审定	人事处、科研处
** 职业技术学院	个人填报、二级单位初审、学术委员会评定、科研处复审、校办会审议、党委会审定	人事处、科研处、教务处、学术委员会
** 工业职业技术学院	个人填报、科研处审核、校级会议审定	人事处、科研处

结合对 4 所高职高专院校的教师和科研管理人员的访谈得知，4 所学校都是直接由学校人事处或者科研处这样的学校行政部门对教师个体进行评价。在这一考核过程中，各个系部、处室只是起到一个表格收集、传递上交的作用。同时，由于科研评价的结果一般都纳入单位的年度绩效考核中，并往往与考核和奖励挂钩，所以高职高专院校对教师的科研工作评价主要由人事处和科研处承担。

从调查结果中可以了解到高职高专教师科研评价的程序基本上都是公开透明的，但是评价的主体都是由学校的人事处或者科研处这样的行政部门组成。高职高专科研成果的用户主要是政府的科研部门、教育主管部门和行业企业，如果他们在科研评价中没有发挥作用，就会导致教师的科研工作脱离实际的需求。另外，各二级单位并没有纳入到学校的整体科研评价体系中，更没有制定自己的考核细化方案，学校也没有对二级单位进行科研考核，而是直接对教师个体进行科研工作评价。这种忽视了教师科研成果用户和缺乏对二级单位考核的教师科研评价，其科研评价的主体很明显还不够全面，考核的面还不够广。

（六）教师科研评价周期较短

通过对 4 所高职高专院校的科研评价的政策文本进行分析，发现学校对教师科研评价的周期普遍比较短，都是 1 年 1 次，均以年度为周期进行考核，虽然可以申请延长时间，但是最长不超过 2 年（见表 7-20）。结合问卷调查中教师对目前学校科研评价周期认同程度来看，平均分（M）为 2.57（总分 5 分），标准差（SD）为 0.98，表明总体上教师对现在的科研评价周期选择处于中等，科研评价周期认同度较低。

表 7-20 4 所学校科研评价周期

学校	考核说明	周期
** 幼儿师范高等专科学校	每年 1 月 1 日至次年 1 月 1 日为考核时间	1 年
** 医学高等专科学校	以当年 1 月 1 日至 12 月 31 日的自然年为考核期限	1 年
** 职业技术学院	每年的 12 月 10 日至下一年的 1 月 5 日进行一次考核，考虑到科研工作及科研进度的年度不均衡性，当年未列入考核的内容，根据本人实际情况可书面申请与次年合并考核，但累计计算时限不超过 2 年	1 年
** 工业职业技术学院	文件下发之日至次年的同一时间	1 年

结合对高职高专科研管理人员的访谈得知，高职高专教师科研评价周期短的原因主要是迎合每年一次的职称申报评审和年度考核，这也在一定程度上会误导教师为了职称评定和面对考核而开展科研工作，而不是出于解决教育教学问题和满足行业企业需求而开展科研。往往这样的科研成果的价值不高，成果的转化率也低，也在一定程度上造成了高职高专教师“职称型”科研的现象，导致教师科研行为走向功利化。

五、结论和建议

在 2018 年全国教育大会上，习近平总书记明确提出，要坚决克服唯分数、唯升学、唯文凭、唯论文、唯帽子的顽瘴痼疾，从根本上解决教育评价指挥棒问题，扭转教育功利化倾向。因此，出台了《总体方案》要求要对高校教师科研评价进行改革。2022 年 8 月教育部印发的《关于加强高校有组织科研推动高水平自立自强的若干意见》明确了推进科研评价机制改革，营造良好创新生态。当前高职高专教师科研评价中存在的问题已经非常突出，高职高专院校对其教师科研评价进行改革势在必行。本研究认为可以从丰富评价内容、采取多样评价方法、合理运用评价结果、采用多元评价主体、延长评价周期等方面着手，稳步推动高职高专院校教师科研评价改革。

（一）明确科研评价导向，丰富评价内容

从前面的调查结果我们可以得知，目前各高职高专院校教师科研评价的目的并不明晰，其评价内容和标准都是照搬本科院校。我国高等教育学家潘懋元

曾将中国的高等学校分为三种类型：学术型大学、应用型本科高校、职业技术高校（潘懋元、董立平，2009）。何万国（2015）经过文献总结也将高校分为专科教学型学院、本科教学型学院、教学科研型大学、科研型大学。从专家们的分类我们可以看出，我国高校分为专科层次和本科层次，本科层次高校又根据教学和科研比重进行划分，同时发现专科层次的高校也就是高职高专院校都是以教学型为主，本科院校的科研主要是产出原创性的知识理论和技术，而高职高专院校的科研则是对这种原创性知识理论和技术的应用。本科院校的科研评价目的是一种“学术导向”（郝天聪，2020），而高职高专院校的应用型办学定位、学校研究基础和能力都较差，科研很难作为独立的实体而存在，高职高专院校很难追求以“学术导向”为目的开展科研工作。因此，高职高专院校应该构建有职业教育特色的评价体系而不是照搬本科院校的科研评价体系，如一味地仿照本科院校的科研评价标准，忽视高职高专科研是为解决实践中的实际问题这一本来目的，就会产生“学术漂移”的现象，也就是理论和实践严重脱节的现象。这就导致了教师在科研工作中只注重发表更多的论文，申报更多的项目和经费，而不去考虑实际教学和行业企业生产中的实际问题，背离了职业教育的宗旨，也难以在学术界占有一席之地，甚至会变成本科院校的“夹心饼”。因此，根据高职高专应用型、实践性的科研特点和规律，高职高专教师科研评价目的也应该是一种引导教师追求卓越价值的“应用导向”（郝天聪，2020）。

2021 年 5 月习近平总书记在两院院士大会、中国科协第十次全国代表大会上强调，在人才评价上，要“破四唯”和“立新标”并举，加快建立以创新价值、能力、贡献为导向的科技人才评价体系。“破四唯”就是要在科技人才评价中破除“唯论文、唯职称、唯学历、唯奖项”。因此，高职高专教师科研评价要明确评价的重心为对教育教学改革的促进，科研评价是要评价教师的科研是否促进了教育教学改革，是否促进了人才培养质量提升，是否具有推广和运用价值等。评价的目的是能反哺学校教育教学发展、人才培养、社会服务和教师个人的发展。不能仅仅以论文、项目等的数量来进行评价，高职高专教师科研评价应该根据职业教育和科学研究特点丰富科研评价的内容，不仅要有学术性的指标内容，还要包括教学研究、对人才培养的支撑、服务社会和教师个人科研成长等内容。

（二）采用分层分类评价方法，确保评价的科学性

目前，高职高专院校采用的不考虑学科专业特点的“一刀切”的量化评价方法看似简单易操作且相对客观，其实这种粗放的评价方式也体现了学校对促进教师科研发展的细致性和精细化思考不够。不同学科专业其研究类型和成果产出的程度不同，高职高专院校如果明知学校存在学科专业和研究类型的差异却采用同一套评价标准，就会在客观上造成评价不公，其科研评价工作的公平性、科学性就会受到质疑。

2021 年国务院办公厅印发的《关于完善科技成果评价机制的指导意见》指出，要创新科技成果评价方式，科技成果评价要坚持质量导向。因此，高职高专教师科研评价不仅要注重量的积累，更要注重质的判断，采取定性和定量结合的方法，对科研工作成果进行量化，同时对得分高的部分实行同行专家评价。根据中共中央办公厅、国务院办公厅印发的《关于分类推进人才评价机制改革的指导意见》和《总体方案》的要求，高校科研评价要根据不同学科、不同岗位特点，坚持分类评价。因此，高职高专院校还要根据科研活动的多样性和人才的差异性，对教师的科研评价除了对不同岗位进行分类之外，还要根据不同学校类型、学科专业和不同科研类型等特点进行细分评价，让各种分类都有其侧重点，真正做到分层分类评价。如基础研究要侧重于评价科研工作和成果的创新性和学术性，应用研究要侧重于评价科研工作和成果的实用性和可转化性；对于不同学科专业的教师还需要划分学科专业群，并对不同学科专业群的评价指标赋予不同的权重系数。除此之外，在教师的科研评价过程中不能只注重结果性评价，为促进教师科研的可持续发展，还要看到教师在一段时间内的成长和科研增值，做到科研评价的过程性评价和结果性评价相结合。

（三）合理运用评价结果，充分发挥科研评价的作用

《总体方案》的要求提出高校科研评价“不得将论文数、项目数、课题经费等科研量化指标与绩效工资分配、奖励挂钩”。因此，各高职高专院校在运用教师科研评价结果时首先不能违背《总体方案》的精神和要求，另外还要充分拓宽评价结果的运用范围。20 世纪 50 年代末，赫尔伯格提出了激励 – 保健

双因素（hygiene-motivational factors）理论，他认为一个机构如果给职工提供工资、福利等这一类的保健因素，它只是消除了不满意，并不会导致积极的态度，而如果给予职工成就、成长和发展的机会等，则能带来积极态度、满意度和激励作用等激励因素。那些能满足个人自我实现需要的因素，才能使人们有更好的工作成绩（Herzberg，2016）。根据赫尔伯格双因素理论，高职高专院校中职务职称晋升、岗位聘任、评先选优等关切教师基本物质利益的投入则属于保健因素，它消除了教师的不满意，但是并不会带来教师积极的工作态度，而学校关注教师教学提升、人才培养质量和个人成长等具有成就感和成长机会的投入能够很好地满足教师自我实现的需要，也能让教师产生更好的工作业绩。因此，高职高专院校不能仅仅只将科研评价的结果运用于职务职称晋升、岗位聘任、评先选优等，还需要将评价结果运用到教师的教学改革评价、人才培养质量评价、团队建设评价、人才评价和个人科研成长中，以促进教育教学发展、教师专业发展、科研人才和团队发展、教师个人的发展。

（四）构建多元主体评价，确保科研评价结果公正

目前，高职高专院校主要还是依靠学校行政部门进行科研评价，这样不全面的科研评价主体也会导致科研评价结果缺乏客观性，其科研工作可能无法解决实际问题，因而不具实用性，也无法发挥高职高专院校科研评价的作用。高职高专教师的科研成果用户主要是科研利益相关方：高职高专院校、政府的科研部门、教育主管部门和行业企业。这些科研用户中，高职高专院校希望通过教师科研整体提高学校的科研水平，政府的科研部门和教育主管部门希望高职高专院校的科研工作和成果能够服务于地方的经济社会文化发展，而行业企业期望高职高专院校的科研工作和成果能够带来技术和产品的创新，并由此转化为经济效益（丁帮俊，2017）。《总体方案》中提出高校科研评价要完善同行专家评议机制，注重个人评价与团队评价相结合，因此高职高专教师科研评价的主体除了高职高专院校的行政部门，还需引入科研利益相关方作为评价主体，探索多元主体的评价机制。如在实际科研评价工作中，首先可由同行专家来评价教师科研工作和成果的学术性和创新性，然后再由其他主体（政府的科研部门、教育主管部门和行业企业）来评价科研工作和成果的实用性和可转化率。

除此之外，在实际工作中高职高专教师科研评价的主体还应该纳入学校的

二级单位，因为二级单位对自己所属的教师科研情况最为了解，其参与到科研评价中来更能考察教师科研工作的真实性。同时高职高专院校还要将学校的二级单位纳入考核对象，这不仅是学校内部治理的一个重要内容，还可以通过对二级单位的科研工作评价促进学校的学科专业建设，实现高职高专院校二级科研管理。

（五）尊重科学研究周期规律，延长评价周期

1990 年美国欧内斯特・博耶创造性地将研究分为发现研究、综合研究、应用研究、教学研究。科学研究按照其性质和类别可以分为基础研究、应用研究和技术开发三种类型，以创新探索知识为目标而进行的实验性或理论性研究的基础研究，其研究周期可达 5~10 年甚至更久，这种研究类型在本科研究型高校中开展得比较多，技术开发和应用型研究是将基础研究成果运用到实践再产出成果和成效，其研究周期通常也需要 3~5 年（郝天聪，2020），而教学研究要在教学过程中发现问题、提出改进教学问题的策略及要在实际教学中运用，这个对教学进行研究的过程少则 1 年多则 3 年。而高职高专院校的职业教育宗旨是要培养技术技能型人才，服务教学、产业和地方经济社会发展，因此，高职高专院校的科研更多的是以解决教育教学问题和社会生产实践中的实际问题为目的，主要开展的是应用研究、技术开发研究和教学研究（王雅静，2022）。

正是因为技术开发和应用型研究让教师的科研工作成效在短期内无法显现，所以忽视了高职高专院校应用研究、技术开发研究和教学研究周期规律，且以年度为周期的“职称型”“短平快”短周期评价无法在短时间内评价教师的教科研水平和能力。要破解“职称型”“短平快”的科研现象的难题就要遵循高职高专科研工作特点和教师职业生涯成长的规律，同时要考虑到科研成果的应用和转化可以有效推进高职高专产教融合的进程。《总体方案》提出高校科研评价要探索长周期评价，因此根据高职高专的科研类型和特点，科研评价的周期就得延长，采用 3~5 年的长周期科研评价，避免短周期科研评价，让教师能潜心教学和研究，让高职高专教师科研评价真正起到监测教师科研成长、促进教师教科研发展的作用。

第三节
高职高专教师科研长周期评价的实施研究

一、高职高专教师科研长周期评价实施的思路

本节的任务是利用构建的高职高专教师科研长周期评价体系在高职高专院校中评价教师的科研工作，对评价体系做一个初步的尝试与探索，在实证研究中检验高职高专教师科研长周期评价体系的实际效果，从效果的反馈中发现该指标体系中所存在的不足，从而进一步完善该指标体系。本轮实证研究的时间是 2023 年 6 月—2024 年 6 月。实证研究的内容就是在试验试点学校进行高职高专教师科研评价改革试点，构建高职高专教师科研长周期评价体系，其中就要在试点学校构建三套评价体系，包括高职高专教师科研评价指标体系、高职高专教师科研评价制度体系、高职高专教师科研成长智慧评价体系，并实施高职高专教师科研评价体系，检测之前制定的高职高专教师科研评价体系的科学性和合理性。

（一）明确研究问题

本研究将分别对高职高专教师科研长周期评价指标体系、制度体系和成长智慧评价体系如何支持教师的学术生命周期的发展、如何在高职高专教师科研长周期评价中提高教师的科研能力和激发教师科研工作的积极性进行研究和探讨，具体包含以下三个问题：（1）各试点学校要制定怎样的教师科研长周期评价体系以支持教师科研的发展？（2）如何设计和实施教师科研长周期评价体系，有助于提高教师的科研能力？（3）在教师科研长周期评价体系实施中，是否能提高教师的科研能力和积极性？

（二）确定实施目标

为确保实证研究的有效施行，首先要审慎地确定行动研究的目标。本研究以高职高专院校科研处的科研评价工作为基础，来对行动研究的目标确定、内容确定、评价方式等进行集体审议，并找专家对此进行审核，以确保实证研究的科学性和规范性。

首先，高职高专教师科研长周期评价的实证研究的总体目标是构建一个高职高专教师科研长周期评价体系，其中包含三套科研评价体系：（1）构建高职高专教师科研长周期评价的指标体系；（2）构建高职高专教师科研长周期评价的制度体系；（3）构建高职高专教师科研成长长周期的智慧评价体系。三套体系之间的关系是相辅相成的，其中以指标体系为核心和起点，在评价指标的基础上制定科研评价制度体系，评价制度体系是评价手段，目的是通过实施评价制度检验评价指标的合理性和科学性，同时在制度实施过程中观测教师一年中的科研成长。本研究将采用数字化、智能化的评价形式观测教师的科研成长，通过在科研管理平台输入教师完成的科研指标的原始数据，在科研数据平台上监测教师的科研动向和科研成长，实现对教师科研表现的数字化评价。科研成长智慧评价是评价的呈现方式，目的是通过智慧化、数字化的呈现清晰明了地掌握教师的科研成长程度，并通过评价结果的反馈诊断来持续改进和完善指标体系。三者之间的关系如图 7-5 所示。

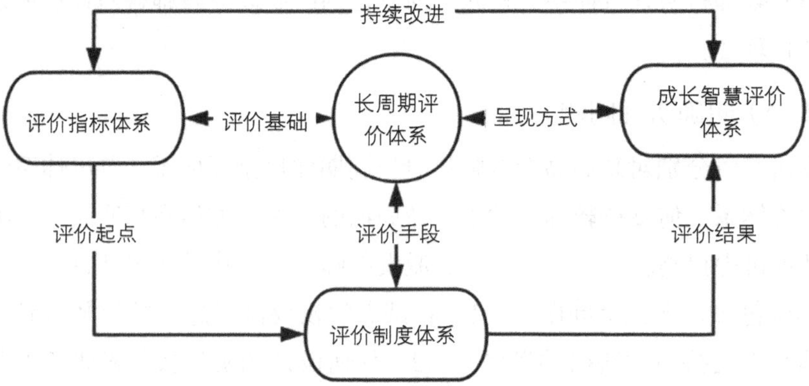

图 7-5　高职高专教师科研长周期评价体系关系示意图

其次，对以上所提到的三套评价体系进行具体的实施。以评价指标体系的制定为起点，将教师的科研活动和行为转化为可以进行测量和量化的指标，再通过制定评价制度将指标体系融入到制度体系中，让指标体系成为能具体操作的制度，再将制度实施后的数据输入成长智慧系统，实时观测教师的科研活动和进展，形成实时的评价结果，并将评价结果反馈作为持续调整和改进评价指标体系的一个依据，在评价体系实施过程中根据评价实施的阶段性效果可以不断调整实施的策略。

最后，通过实证研究，在实证试点研究期限内对评价体系进行不断的改进，最终形成一套比较科学成熟的高职高专教师科研长周期评价的体系和模式。

（三）确定研究对象

本研究的实证研究场域为贵州省毕节市毕节幼儿师范高等专科学校，该校属于师范类（社科类）的专科学校，该校的专业均为社科类专业，95% 的专任教师的专业背景为人文社科类，因此该校的科研工作主要集中在社科类项目和成果上，成果转化大多体现为社会效应，成果转化的经济效益不能很好体现。该校近五年来组织申报各类科研项目 400 余项，立项 155 项，结项 56 项。其中，省级项目立项 47 项，结项 21 项；省、市社科联等市（厅）级项目立项 40 项，结项 40 项。获得贵州省社科联“学术先锋号”称号 2 个，获“学术先锋”称号 3 名，获贵州省科协科普先进集体；获毕节市哲学社会科学研究优秀成果奖 3 项，其中一等奖 1 项，三等奖 2 项；获贵州省教育科学研究优秀成果奖 5 项，其中二等奖 3 项，三等奖 2 项。五年来该校发行的《毕节幼教研究论坛》征集稿件 1 000 余篇，审稿 1 000 余篇，刊用稿件 379 篇，共发行 20 期。学校先后制定了《毕节幼儿师范高等专科学校科研课题管理办法（试行）》《毕节幼儿师范高等专科学校科研经费管理办法（试行）》《毕节幼儿师范高等专科学校关于报告会、研讨会、讲座、论坛等管理办法（试行）》《毕节幼儿师范高等专科学校校级课题管理办法（试行）》《毕节幼儿师范高等专科学校预防与处理学术不端行为办法（试行）》《毕节幼儿师范高等专科学校学术委员会章程》等一系列科研管理办法，制定并实施了《毕节幼儿师范高等专科学校科研工作五年计划（2019—2023）》。

本研究的研究者和研究团队均是该校科研处的科研管理人员及学校科研骨干教师，承担着学校的科研管理工作和学校重要的科研工作。研究者和研究团队由学校统筹，科研处执行实证研究。实施行动研究的对象为该校的 190 名专任教师，该校的专任教师又分成两个类别，一类是兼职行政工作的专任教师，一类是全职从事教学工作的专任教师。研究者通过制定该校的科研评价指标体系和科研管理制度，并在这 190 名专任教师中实施科研管理制度，建立科研档案，关注教师的科研成长。

（四）制定研究步骤

首先，分析研究对象。根据研究对象的科研工作特点调整上一章构建的科研长周期评价指标和权重，在指标体系的基础上制定科研评价制度体系。

其次，实施科研评价制度体系。在研究对象范围内实施评价制度，用评价制度评价上一年教师的科研工作，然后一年之后再用评价制度评价当年教师的科研工作，并对比分析一年中经过实施该科研制度教师的科研成长，以检验评价指标的科学合理性，并在此基础上不断调整评价指标和评价制度。

最后，运用智慧云平台中的科研管理系统。通过将教师的科研工作情况数字化，建立教师的科研档案，通过对比分析教师的科研成长曲线，以此实现教师科研动向和科研评价的可视化实时检测。（具体计划见图 7-6）

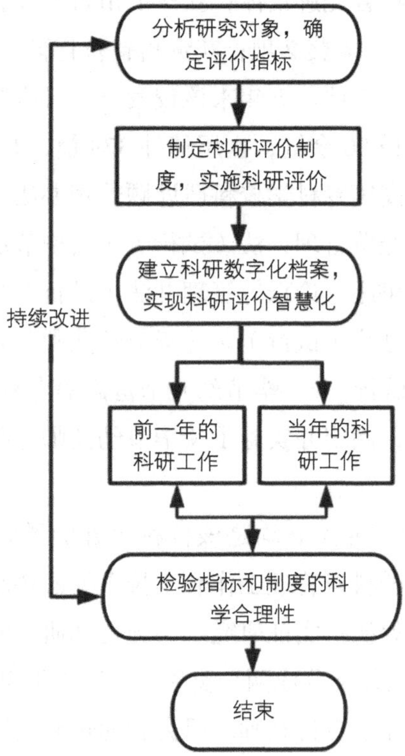

图 7-6　实证研究计划图

二、高职高专教师科研长周期评价实施

在做了充分的前期准备和计划安排之后，研究者开始进行实证研究，并按照研究计划逐步开展项目试点。研究者根据时间顺序具体开展了如下的试点行动。

（一）评价指标的选择

本实证研究在第六章所制定的高职高专教师科研长周期评价指标体系的基础上，结合试点学校的教师科研工作特点对指标体系在具体指标和权重上做了调整。在一级指标、二级指标和三级指标不变动的情况下将三级指标再进一步细化成可量化的标准。

（1）三级指标 A111 教育教学改革与研究项目 / 课题为常规的指标，包括国家级立项、在研、结题，省部级立项、在研、结题，市厅级立项、在研、结题，校级立项、在研、结题。在评价指标体系中为了体现科研评价在长周期和空间上的一个持续性和延续性，也就是在教研项目中通过上一个项目生成下一个项目，实现教师顺着研究方向的在项目上的节点式的上升，也即是教师在此研究方向上的周期式的成长（与之后类似的四级指标的细化理由相同），因此在指标中设置了“在上一项目基础上生成新的项目”的四级指标，包括立项、在研、结题。由于试点学校毕节幼儿师范高等专科学校是一所师范类的专科学校，该校在师资上的一个最大特点是生师比达 32∶1，远超出教育部对高等院校的办学最基本的师生比 18∶1 的要求，因此该校的教师职工长期担负着繁重的教学、科研、学生管理、行政等工作。根据调查发现教师在完成基本的教学工作之余没有过多的时间和精力参加教研工作，虽然学校制定了学科专业的教研工作制度，但是迫于现实情况很难在实施过程中得到落实，根据调查发现专任教师用于教学的时间占了工作时间的 80%，用于学生管理的时间占了 15%，而用于专业提升和教研的时间只占工作时间的 5%，因此为了促使教师能在任职和行动上重视教研活动，设置了“组织和参加教研活动”，包含组织教研活动和参加教研活动。三级指标 A112 教育教学改革与研究项目 / 课题到账经费为常规指标，包括 50 万以上、50 万 ~10 万、10 万以下。以 10 万元为经费到账基准点是因为按目前贵州省的教改项目，资助金额最低为 10 万元。教育教学改革与研究项目 / 课题获奖为常规指标，包含国家级最高奖（特等奖）、一等奖、

二等奖、三等奖，省部级最高奖（特等奖）、一等奖、二等奖、三等奖，市厅级最高奖（特等奖）、一等奖、二等奖、三等奖，校级最高奖（特等奖）、一等奖、二等奖、三等奖。教育教学改革与研究著作为常规指标，包括专著、译著、编著、校注、工具书、点校、古籍整理、教材。教育教学改革与研究论文包括中文社会科学引文索引（CSSCI）、南大核心、北图核心、其他核心期刊、普通学术期刊（2个学术期刊目录）、《毕节幼教研究论坛》。因为试点学校毕节幼儿师范高等专科学校自身办有学报，为鼓励教师在学报上积极发表学术论文，因此设置了《毕节幼教研究论坛》发表的指标。教育教学改革与研究会议出版物为常规指标，包括国际学术会议出版物和国内学术会议出版物。教育教学改革与研究知识产权为常规指标，包括发明专利、实用新型专利、外观设计、软件著作权、教具等。教育教学改革与研究成果获奖为常规指标，包括国家级最高奖（特等奖）、一等奖、二等奖、三等奖，省部级最高奖（特等奖）、一等奖、二等奖、三等奖，市厅级最高奖（特等奖）、一等奖、二等奖、三等奖，校级最高奖（特等奖）、一等奖、二等奖、三等奖。教育教学改革与研究专利转化/许可金额包括1万元及以上、1万元以下，因为目前贵州省下发的对高职院校高质量发展考核的标准中专利转化/许可金额评价起点为1万元。教育教学改革与研究决策咨询/研究报告被党政部门采纳或得到领导批示包括：被国务院各部委、省科研部门或省教育厅采纳，或得到领导肯定性重要批示；被市委、市（厅）政府科研部门或市教育局采纳，或得到领导肯定性批示；高职高专院校、中小学、幼儿园、托育机构等行业企业主要领导作出肯定性批示。因为试点学校毕节幼儿师范高等专科学校是师范类的高职院校，人文社科类的高校科研成果转化主要是向上级的决策咨询和平行行业企业的研究咨询，因此对于毕节幼儿师范高等专科学校来说，相对应的行业企业是中小学、幼儿园、托育机构等，因此在指标中设置了“高职高专院校、中小学、幼儿园、托育机构等行业企业主要领导肯定性批示”。教育教学改革与研究技术服务包括：1万元及以上和1万元以下，因为按照目前贵州省下发的对高职院校高质量发展考核的标准，技术服务金额评价起点为1万元。教育教学改革与研究成果在教育管理中的应用、教育教学改革与研究成果在教学中的应用均是包含1年以上、1年，这也是因为教改成果在教学中应用需要1年及以上才能看到实际效果。

教学团队 / 平台结构完整度和在上一团队基础上形成新的团队都包括团队和平台成员年龄、职称、学历、学科完整度，这是因为一方面强调和引导教师的教研团队组建的合理性，另一方面需要强调教师要在团队基础上组建和衍生教研团队，让教师顺着研究的方向在教研团队上节点式发展，也即是教师在此教研团队上的周期式的成长，以保持教研团队的延续性和可持续发展，从而实现教师教研团队的长周期评价。教学团队 / 平台等级为常规指标，包括国家级、省部级、市厅级、校级。教学团队 / 平台带头人成果等级为常规指标，包括国家级最高奖（特等奖）、一等奖、二等奖、三等奖，省部级最高奖（特等奖）一等奖、二等奖、三等奖，市厅级最高奖（特等奖）、一等奖、二等奖、三等奖，校级最高奖（特等奖）、一等奖、二等奖、三等奖。教学团队 / 平台成员最高成果等级为常规指标，包括国家级最高奖（特等奖）、一等奖、二等奖、三等奖，省部级最高奖（特等奖）一等奖、二等奖、三等奖，市厅级最高奖（特等奖）、一等奖、二等奖、三等奖，校级最高奖（特等奖）、一等奖、二等奖、三等奖。教学团队 / 平台所获荣誉科研为常规指标，包括国家级、省部级、市厅级、校级。参与的教学团队 / 平台成果等级为常规指标，包括国家级最高奖（特等奖）、一等奖、二等奖、三等奖，省部级最高奖（特等奖）、一等奖、二等奖、三等奖，市厅级最高奖（特等奖）、一等奖、二等奖、三等奖，校级最高奖（特等奖）、一等奖、二等奖、三等奖。参与教学团队 / 平台所获科研荣誉为常规指标，包括国家级、省部级、市厅级、校级。

（2）所授学生获得职业资格证书人数占所授学生比例和所授学生获得职业资格等级证书人数都包含 90% 以上（含）、90%~50%、50% 以下。针对高职高专院校的特点，教师在研究工作中要帮助学生获得职业资格证和职业等级证书，所以设置了该指标。学生参与教师科研立项项目人数包括 10 人及以上、10 人以下。指导学生获专利数包括每一个。指导学生公开发表论文包括每一篇。指导学生科技 / 创新创业竞赛获奖为常规指标，包括国家级最高奖（特等奖）、一等奖、二等奖、三等奖，省部级最高奖（特等奖）、一等奖、二等奖、三等奖，市厅级最高奖（特等奖）、一等奖、二等奖、三等奖，校级最高奖（特等奖）、一等奖、二等奖、三等奖。指导学生技能比赛（体育、艺术比赛）获奖为常规指标，包括国家级最高奖（特等奖）、一等奖、二等奖、三等奖，省部级最高奖（特等奖）一等奖、二等奖、三等奖，市厅级最高奖（特等奖）、一等奖、二等奖、三等奖，校级最高奖（特等奖）、一等奖、二等奖、三等奖。

（3）学术研究纵向项目/课题为常规指标，包含国家级立项、在研、结题，省部级立项、在研、结题，市厅级立项、在研、结题，校级立项、在研、结题。学术研究纵向项目到账经费为常规指标，包括5万元以上、5万元及以下。学术研究著作为常规指标，包括专著、译著、编著、校注、工具书、点校、古籍整理。学术研究论文为常规指标，包括中文社会科学引文索引（CSSCI）、南大核心、北图核心及其他核心期刊、普通学术期刊（2个学术期刊目录）、《毕节幼教研究论坛》。学术研究会议出版物为常规指标，包括国际学术会议出版物、国内学术会议出版物。学术研究知识产权为常规指标，包括发明专利、实用新型专利、外观设计、软件著作权、教具等。学术研究成果获奖为常规指标，包括国家级最高奖（特等奖）、一等奖、二等奖、三等奖，省部级最高奖（特等奖）一等奖、二等奖、三等奖，市厅级最高奖（特等奖）、一等奖、二等奖、三等奖，校级最高奖（特等奖）、一等奖、二等奖、三等奖。学术研究专利转化/许可金额包括1万元及以上、1万元以下，因为目前贵州省下发的对高职院校高质量发展考核的标准中专利转化/许可金额评价起点为1万元。学术研究决策咨询/研究报告被党政部门采纳或得到领导批示包括：被国务院各部委、省委、省人民政府采纳或得到省领导肯定性重要批示；被市委、市（厅）政府采纳或得到市委、市政府党政领导肯定性批示；县委、县政府主要领导肯定性批示。学术研究技术咨询服务包括1万元及以上、1万元以下。科研团队/平台结构完整度和在上一团队基础上形成新的团队包括团队和平台成员年龄、职称、学历、学科完整度。团队/平台等级包括国家级、省部级、市厅级、校级。团队/平台带头人成果等级包括国家级最高奖（特等奖）、一等奖、二等奖、三等奖，省部级最高奖（特等奖）一等奖、二等奖、三等奖，市厅级最高奖（特等奖）、一等奖、二等奖、三等奖，校级最高奖（特等奖）、一等奖、二等奖、三等奖。团队/平台成员最高成果等级包括国家级最高奖（特等奖）、一等奖、二等奖、三等奖，省部级最高奖（特等奖）一等奖、二等奖、三等奖，市厅级最高奖（特等奖）、一等奖、二等奖、三等奖，校级最高奖（特等奖）、一等奖、二等奖、三等奖。团队/平台所获科研荣誉包括国家级、省部级、市厅级、校级。参与

的团队 / 平台成果等级包括国家级最高奖（特等奖）、一等奖、二等奖、三等奖，省部级最高奖（特等奖）一等奖、二等奖、三等奖，市厅级最高奖（特等奖）、一等奖、二等奖、三等奖，校级最高奖（特等奖）、一等奖、二等奖、三等奖。本研究的目的是促进教师的科研成长，让教师重视个人的科研发展规划，不仅是科研工作还包括教师个人的成长，因此，还设置了“制定个人三年科研发展规划”。个人科研计划完成程度包括完成 100%、完成 50%、完成 50% 以下。为了了解教师的科研完成程度，实现教师科研工作的周期性成长，设置了“个人科研计划完成程度”指标。对于人文社科类专业的教师，研究工作中还包括对外科研交流，因此设置了作为主讲人在行政部门、行业企业组织的培训、讲座、宣讲等中开展科研交流，根据交流级别不同分为国家级、省部级、市厅级、校级培训、讲座、宣讲。三年科研增值量包括增值 100%、增值 50%、增值 50% 以下。为了促使教师能在科研工作中得到更多成长，体现在一个评价周期中教师的科研成长设置了“三年科研增值量”指标。参加学术活动包括国际学术会议做学术报告、论文会议发言交流、论文书面交流；国家级学术会议做学术报告、论文会议发言交流、论文书面交流；省级学术会议做学术报告、论文会议发言交流、论文书面交流；在校级学术讲座做学术报告。为了鼓励教师积极参加各级各类的学术交流，对于教师在学术会议上做主题报告、交流发言或者书面交流又给予不同的分值。

（4）横向项目与课题为常规指标，包括立项、在研、结题；在上一项目基础上生成新的项目和上文一样体现科研项目的延续性，实现科研项目在空间上评价的周期性；横向项目到账经费为常规指标，包括 10 万元及以上、10 万元~5 万元、5 万元及以下；专业实践报告、论文等发表。行业标准包括国家标准、导则、规程、规范、工法等的编制和地方标准、导则、规程、规范、工法等的编制。实训研发包括发明专利、实用新型专利、外观设计、软件著作权、教具等。实训研发转化金额包括 1 万元及以上和 1 万元以下。实训实践成果采用 / 批示包括得到市级以上政府科研部门、教育主管部门等采用或领导肯定性批示，得到高职高专、中小学、幼儿园和托育机构等行业企业采用。技术咨询包括 1 万元及以上和 1 万元以下。对于高职高专院校来说，实习实训也是教师的研究工作之一，所以设置以上指标。科普项目包括国家级立项、在研、结题，省部级立项、在研、结题，市厅级立项、在研、结题，校级立项、在研、结题。科普的范围包括 100 人及以下、100~200 人、200 人及以上。科普次数包括 5 次及以下、5~10 次、10 次及以上。科普成果包括：音像制品、科普读物、艺术展览等科普成果。

（5）参加科技 / 创新创业竞赛获奖包括国家级最高奖（特等奖）、一等奖、二等奖、三等奖，省部级最高奖（特等奖）、一等奖、二等奖、三等奖，市厅级最高奖（特等奖）、一等奖、二等奖、三等奖，校级最高奖（特等奖）、一等奖、二等奖、三等奖。参加技能或专业类比赛获奖包括国家级最高奖（特等奖）、一等奖、二等奖、三等奖，省部级最高奖（特等奖）、一等奖、二等奖、三等奖，市厅级最高奖（特等奖）、一等奖、二等奖、三等奖，校级最高奖（特等奖）、一等奖、二等奖、三等奖。参加教学比赛获奖包括国家级最高奖（特等奖）、一等奖、二等奖、三等奖，省部级最高奖（特等奖）、一等奖、二等奖、三等奖，市厅级最高奖（特等奖）、一等奖、二等奖、三等奖，校级最高奖（特等奖）、一等奖、二等奖、三等奖。对于高职高专的教师来说，自身参加的各类比赛也是一种广义的研究，因此设置了该指标。

（6）对于各级各类指标的权重的确定，本实证研究根据上一章中确定的权重标准，但是不设置教师个人的最高积分值，也就是教师个人指标积分得分不设上限，只是在指标权重中根据权重，最低分为 1 分，最高分为 4 000 分。

（二）评价制度制定

科研评价制度的制定由毕节幼儿师范高等专科学校科研中心负责起草，由分管科研副校长审核之后，经校长办公会审议和党委会审定，审定完成后，政策就可以颁布和实施。制定的第一个科研评价制度为《毕节幼儿师范高等专科学校教师教学科研任务积分实施办法》，该制度一共分为六章，第一章陈述了管理办法的起草，文件来自于 2019 年《教育部关于加强新时代教育科学研究工作的意见》，2022 年中共中央、国务院出台的《深化新时代教育评价改革总体方案》，以及《贵州省高职院校促进高质量发展绩效考核指标体系》的相关要求。办法针对的是校内的专业技术人员也就是专任教师，教师科研积分核算以教师科研工作定额为基准，各系部、中心科研工作定额根据其教师科研工作定额测算。

第二章就是对教师的科研工作进行定额，其中包括两个部分：第一个是对教师科研工作定额（Ai），指的是当年应该完成的科研工作量（$Ai=Z \cdot K$）。首先是根据专任教师受聘的职称岗位级别定额进行标准定额（Z），正高三级岗为130，四级岗为100；副高五级岗为80，六级岗为70，七级岗为60；中级八级岗为50，九级岗为40，十级岗为30；初级十一级岗为25，十二级岗为20。每一个岗位级别直接和教师职称及到校年数相关，岗位级别越高科研工作定额越高，每个级别之间的差距在5~30分。其次是对不同的专任教师类别做了定额调整（K），因为该校专任教师80%在教学的同时还担任行政工作，因此根据教师工作性质差异，将在学校兼任行政管理工作的专业技术人员的系数调整为0.5，专门从事教学的专任教师的系数就是1。第二个就是对教学单位各个系部、中心科研工作的定额，指的是所属教学单位中专任教师科研工作量的总和。

第三章为科研工作计分标准，计分标准和说明主要参照“毕节幼儿师范高等专科学校教师科研工作任务积分表”。

第四章是管理办法的组织实施。首先由学校各系部、中心对科研任务进行积分考核，每年进行一次，对专业技术人员的科研任务积分考核采用年度考核和任期（三年）考核相结合的方式进行。科研任务积分每年进行一次收集，目的是及时了解一年内教师的科研工作情况，因为高职高专的研究通常为应用研究，其研究成果具有时效性，也要求科研成果在一定时间内完成转化，因此考核年限是三年一次，这样就体现了科研评价要视具体情况而定，要将短周期和长周期评价结合。其次由各系部、中心对本单位科研总积分进行核算并报科研中心、教务处审核，科研中心、教务处根据各系部、中心提交的专业技术人员当年科研成果原件及其他证明材料，认定科研工作总积分。这里就体现了科研评价制度的认定程序和主体是先由个人填报、教学单位核算，再由科研中心和教务处审核来认定。科研积分由各系部、中心负责对本单位教师科研工作进行核算，并报科研中心审核。

第五章是评价结果的运用。各系部、中心科研积分结果（完成系数）作为当年各系部、中心考核的依据之一，这说明该办法不仅针对教师个人，对教学单位也起到管理作用。各系部、中心科研积分结果用完成系数 W 表示，即

W=T_2/T_1。在 $W \geqslant 1$ 的各系部、中心中，分别排名前 30% 的等级可确定为优秀。W<1.0，确定为“不合格”，其他的为合格。每年学校对考核等级为“优秀”的系部、中心授予“年度科研工作先进集体”荣誉称号，并按相应规定实施奖励。对不合格的各系部、中心予以通报，针对不同的考核结果要对教学单位给予评定和奖惩。每年对完成年度科研工作积分 1.5 倍及以上且排名在全校前十的个人授予“年度优秀科研工作者”荣誉称号。对排名靠前的教师个人也给予一定的奖励，将教师个人的最终科研积分结果作为教师职称申报评审、岗位聘用（含小级别晋升）等的依据之一，具体运用按学校相关规定执行。这一条就保障了科研评价结果的运用。

第六章为办法的附则。

（三）评价制度的实施以及评价结果

本项目于 2023 年 6 月开始实施《毕节幼儿师范高等专科学校教师教学科研任务积分实施办法（试行）》，2023 年运用办法对 2022 年教师的科研工作情况进行积分核算，2023 年 12 月和 2024 年 6 月分别对办法实施之后的半年和一年内的科研工作进行积分核算，目的是考察政策实施后教师科研工作的阶段性成长情况，以及来测评已构建的指标体系和政策在使用时有哪些优缺点，以期下一步更好地完善和改进。

1. 数据处理方法介绍

科研评价中，最后确定的指标都是可以定量描述的，我们要用这些定量的指标数据对院系科研工作进行评价。首先应利用数学方法对数据进行适当处理，也就是将描述评价对象不同属性的最终指标，转化为无量纲的评价值，并综合这些评价值以得出对该评价对象的一个整体评价，以此来考察教学单位的科研工作。因而，首先应利用数学合成方法对数据进行适当处理。具体方法如下：

第一步，假定 5 项一级指标的量分别为 X_1，X_2，…，X_m（m=5），各二级指标的量则为：

X_{11}，X_{12}，…，X_{1n}（n=6），

X_{21}，X_{22}，…，X_{2n}（n=7），

……

X_{m1}，X_{m2}，…，X_{mn}（n=2）。

各三级指标的量则为：

X_{111}，X_{112}，…，X_{11k}（k=3），

X_{121}，X_{122}，…，X_{12k}（k=5），

……

X_{1n1}，X_{1n2}，…，X_{1nk}（k=2），

……

X_{mn1}，X_{mn2}，…，X_{mnk}（k=2）。

第二步，分别将各教学单位三级指标量 X_{mnk} 除以学校对应三级指标量 $X\Sigma_{mnk}$，即指标 X_{mnk} 占学校对应指标 $X\Sigma_{mnk}$ 总量的份额，该计算过程是指标的无量纲化过程。再将该比例乘以其相应权重，即为指标 X_{mnk} 所得分值 f_{mnk}，具体如下所示：

$f_{111}=X_{111}/X\Sigma_{111}$，$f_{112}=X_{112}/X\Sigma_{112}$，...，$f_{11K}=X_{11k}/X\Sigma_{11k}$（$k$=3），

$f_{121}=X_{121}/X\Sigma_{121}$，$f_{122}=X_{122}/X\Sigma_{122}$，...，$f_{12K}=X_{12k}/X\Sigma_{12k}$（$k$=5），

……

$f_{1n1}=X_{1n1}/X\Sigma_{1n1}$，$f_{1n2}=X_{1n2}/X\Sigma_{1n2}$，...，$f_{1nK}=X_{1nk}/X\Sigma_{1nk}$（$k$=2），

……

$f_{mn1}=X_{mn1}/X\Sigma_{mn1}$，$f_{mn2}=X_{mn2}/X\Sigma_{mn2}$，...，$f_{mnk}=X_{mnk}/X\Sigma_{mnk}$（$k$=2）。

第三步，将各项三级指标计算所得分值 f_{mnk} 分别相加，即可得到 21 项二级指标的分值 I_{an}：

$f_{111}+f_{121}+...+f_{1nk}=I_{a1}$，

$f_{211}+f_{221}+...+f_{2nk}=I_{a2}$，

……

$f_{mn1}+f_{mn2}+...+f_{mnk}=I_{am}$，

第四步，将第三步前 5 项二级指标所得分值相加，即为教学研究分值 PX_1；其后 7 项二级指标所得分值相加，即为学术研究分值 PX_2；其后 4 项二级指标所得分值相加，即为学生培养分值 PX_3；其后 4 项二级指标所得分值相加，即为实习实训分值 PX_4；后面 1 项二级指标得分值相加，即为比赛竞赛分值 PX_5。PX_1、PX_2、PX_3、PX_4、PX_5 相加得到一级指标分值 Q，即：

$I_{a1}+I_{a2}+I_{a2}+I_{a4}+I_{a5}+I_{a6}=PX_1$

$I_{a7}+I_{a8}+I_{a9}+I_{a10}+I_{a11}+I_{a12}+I_{a13}=PX_2$

$I_{a14}+I_{a15}+I_{a16}+I_{a17}=PX_3$

$I_{a18}+I_{a19}+I_{a20}+I_{a21}=PX_4$

$I_{a22}+I_{a23}=PX_5$

$PX_1+PX_2+PX_3+PX_4+PX_5=Q$

第六步，将各教师指标数据分别根据上述 1~4 个步骤进行处理，即可得到各教师和教学单位各项指标的分值。

2. 数据处理结果及分析

（1）科研积分评估结果分析

①教师个人总体科研积分评估结果分析

本研究对教师个人总体科研积分和教学研究、学术研究、学生培养、实习实训、比赛竞赛五项一级指标进行了描述性统计。从表 7-21 可以看出，毕节幼儿师范高等专科学校 2022 年教师总体科研积分为 617 000（M=337.16，SD=151.72）；教学研究积分为 5 526，所占百分比为 8.96%（M=30.20，SD=14.50）；学术研究积分为 13 703，所占百分比为 22.21%（M=74.88，SD=23.21）；学生培养积分为 32 700，所占百分比为 53.00%（M=178.69，SD=144.74）；实训实践积分为 821，所占百分比为 1.33%（M=4.49，SD=0.90）；比赛竞赛积分为 8 950，所占百分比为 14.50%（M=48.91，SD=37.65）。

表 7-21　教师个人总体科研积分 PX_5 描述性统计 (n=183)

类型	积分	百分比 /%	平均数（M）	标准差（SD）
教学研究	5 526	8.96	30.20	14.50
学术研究	13 703	22.21	74.88	23.21
学生培养	32 700	53.00	178.69	144.74
实训实践	821	1.33	4.49	0.90
比赛竞赛	8 950	14.50	48.91	37.65
合计	61 700	100	337.16	151.72

从表 7-21 可以看出，在五大板块中，学生培养指标所占科研总积分数量最多，为 53%，其次是学术研究所占科研总积分数量，比例为 22.21%，实训实践指标所占科研总积分数量最少，仅为 1.33%。由此可见，教师在科研工作中对学生培养的研究，即指导学生获得相应职业证书、指导学生竞赛、指导学生科技创新创业中获得的成果最多。其次是对专业领域的研究，这也体现了高职高专教师科研工作重心是对人才培养的支撑。相对应的，在五大板块的科研积分得分上，教师在学生培养和比赛竞赛科研积分上的离散程度较大，在实训实践上的离散程度较小，这是因为教师根据所授课类型分为了公共课教师和专业课教师，专业课教师对学生的专业发展助力更多，自然对学生培养的研究及成果就更多，专业课教师在专业领域的比赛竞赛多，对比赛竞赛研究的投入也会较之公共课教师多，因此在学生培养和比赛竞赛板块所获积分也更多，而反之公共课教师则少，因此教师之间在学生培养和比赛竞赛上的科研积分得分差距就较大。因为该所学校属于师范类专科学校，这类学校教师较之理工类、医学类的高职高专教师来说在实训实践方面的研究普遍要少，因此教师在实训实践板块所获积分的差距就不大。

②全校排名前十的教师个人科研积分情况

全校排名前十的教师个人科研积分见下表（表 7-22）。

表 7–22　科研积分排名前十的教师个人科研积分情况

序号	教师	职称	岗位	专业	科研总积分	教学研究	学术研究	学生培养	实训实践	比赛竞赛
1	P1	副教授	行政+专任教师	美术学	4 340			1. 指导学生参加 2022 年贵州省职业技能大赛特色项目获苗绣二等奖 2 项（1 400 分），三等奖 1 项（400）； 2.2022 年指导学生参加挑战杯创新创业大赛获三等奖 1 项（400）； 3.2022 年指导学生参加中国“互联网 +”大学生创新创业大赛获铜奖 5 项（2 000）； 4.2022 年度论文获陈鹤琴诞辰 130 周年征文大赛二等奖（140）		
2	P2	副教授	专任教师	音乐学	4 100			1.2022 年 5 月贵州省职业院校技能比赛指导学生获高职组艺术专业技能声乐表演一等奖（1 000）； 2.2022 年 8 月指导学生参加全国职业院校技能比赛获高职组艺术专业技能声乐表演三等奖（1 500）； 3. 2022 年 8 月指导学生参加第八届中国国际“互联网 +”大学生创新创业大赛贵州省赛，在“职教赛道”中荣获铜奖四项（1 600）		

续表

序号	教师	职称	岗位	专业	科研总积分	教学研究	学术研究	学生培养	实训实践	比赛竞赛
3	P3	讲师	行政+专任教师	英语	2 300		1.2022 年 9 月，以第一作者身份在《畅谈》上发表论文《高职高专高质量英汉翻译教学的策略与路径研究》（50）； 2.2022 年 11 月，以第一作者身份在《高等教育前沿》上发表论文《高职高专高质量英汉翻译教学的策略与路径研究》（50）	1.2022 年 10 月，指导学生参加 2022“中国教育电视台：外研社杯”职场英语挑战写作大赛获（贵州赛区）一等奖（1 500）； 2.2022 年 12 月，指导学生参加 2022“中国教育电视台：外研社杯”职场英语挑战写作大赛获全国决赛三等奖（700）		
4	P4	讲师	行政+专任教师	学前教育	2 204	1. 参与排第三的 2022 年省职教课题立项（60）； 2.2022 年省职教课题结题、参研排第二（50）； 3. 主持省教育科学规划课题 2022 年立项 （200）； 4. 参与排第三的 2022 年省教规课题立项（60）； 5. 省教育科学规划课题结题（2022.12），参与排第三（30）； 6. 主持在研省级精品课程“学前教育学”（150）； 7. 主持的市级联合课题立项（100）； 8. 参与排第二的市级联合课题立项（50）；	1. 制定有个人三年科研发展规划（1）； 2. 个人科研计划完成程度 100% （10）； 3. 作为主讲人在校级培训、讲座中开展科研交流（20）	1. 所授学生获得职业资格证书人数占所授学生比例 90% 以上（50）； 2. 所授学生获得职业资格等级证书人数占所授学生比例 90% 以上（50）	1. 实践成果得到幼儿园采用（100）； 2. 科学普及与推广 200 人及以上（50）； 3. 科学普及与推广 5 次及以下（25）	

续表

序号	教师	职称	岗位	专业	科研总积分	教学研究	学术研究	学生培养	实训实践	比赛竞赛
4	P4	讲师	行政+专任教师	学前教育	2 204	9. 主持的 2022 年度校级课题立项（30）； 10. 参与的 2022 年度校级课题立项，参研排第二（15）； 11. 在研校级课题，参研排第二（10）； 12. 在研校级课题，参研排第三（6）； 13.2022 年度参加教研活动 22 次（22）； 14. 作为第一获奖人，获贵州省教育厅 2022 年度中小学幼儿园教学成果奖二等奖（700）； 15.2022 年作为第一作者公开发表论文 3 篇 （150）； 16.2022 年在《毕节幼教研究论坛》作为第一作者发表论文 2 篇（60）； 17. 教学投影仪专利转化运用 参与排第一，一共 2 人（5）； 18. 教育教学改革与研究的成果获得幼儿园主要领导肯定性批示（100）； 19. 教育教学改革与研究的成果在教学中应用（100）				

续表

序号	教师	职称	岗位	专业	科研总积分	教学研究	学术研究	学生培养	实训实践	比赛竞赛
5	P5	讲师	专任教师	舞蹈学	2 100			2022 年 6 月指导学生参加贵州省第五届学生运动会健美操比赛高职高专组团体总分获得二等奖（第五名）（700）		2022 年 7 月担任导演和指导教师带领学生参加第五届全国高校心理情景剧优秀剧目展演，获得优秀剧目奖（1 400）
6	P6	讲师	行政+专任教师	心理学	1 765	1. 主持贵州省 2020 年教育科学规划课题“在研+结项”（150）； 2. 主持毕节市 2022 年社科理论创新课题“立项+在研+结项”（100）； 3. 作为第一参与者参与毕节市 2022 年社科理论创新课题“立项+在研+结项”（70）； 4. 作为第一参与者参与六盘水市社会科学界联合课题“在研+结项”（35）； 5. 作为主持人获 2022 年贵州省教育科学研究优秀成果奖二等奖（700）	1. 独立出版学术专著《农村留守学生心理资本研究》（独著 34.2 万字）（160）； 2. 作为第一作者发表北大核心期刊 3 篇（450），作为第一作者发表 AMI 核心期刊 1 篇（100）			

续表

序号	教师	职称	岗位	专业	科研总积分	教学研究	学术研究	学生培养	实训实践	比赛竞赛
7	P7	教授	行政+专任教师	汉语语言	1 690	1. 主持教育教学改革与研究项目“毕节市民族地区幼儿教师语言文字能力提升项目 / 课题”到账经费 21 万元（400）； 2. 主持校级精品课程（30）； 3. 主持完成市厅级课题“乡村振兴背景下毕节市民族的地区幼儿教师国家通用语言能力提升策略研究”（100）； 4. 主持完成校级课题“陈鹤琴教育思想指导下毕节试验区准幼儿教师专业成长培养途径研究”（10）； 5. 公开发表论文 3 篇（150）； 6. 在学报《毕节幼教研究论坛》发表论文 2 篇（60）	1. 出版学术专著《现代高职语文教学的多视野探究》（160）； 2. 承担省语委项目培训讲座（80）	指导学生参加全省乡村振兴诗歌朗诵比赛获二等奖（700）		

续表

序号	教师	职称	岗位	专业	科研总积分	教学研究	学术研究	学生培养	实训实践	比赛竞赛
8	P8	讲师	专任教师	美术学	1 550		1. 在《动漫先锋》独立发表论文《绘画色彩与表达——以马奈艺术为例》（50）； 2. 在《河北画报》独立发表论文《伦勃朗绘画中的图像叙事研究》（50）； 3. 在《动漫先锋》独立发表论文《基于早期教育视角的绘本图像叙事教学》（50）； 4. 在《漫动作》独立发表论文《安德鲁·怀斯具象绘画艺术的表现力与感染力》（50）； 5. 在《漫动作》独立发表论文《爱德华·霍珀写实绘画中的孤独意象表现手法》（50）； 6.2022 年在核心期刊《中国高等教育》上发表四件绘画作品（200）	1.2022 年指导学生《画美乡村：农民画数字化创意工作坊》，在第八届中国国际“互联网+”大学生创新创业大赛贵州省赛“职教赛道”中荣获铜奖（400）； 2. 指导和带队在 2022 年全省第三届普通高校美术教育专业大学生基本功展示活动中荣获团体二等奖（700）		
9	P9	讲师	专任教师	英语	1 500			指导学生参加中国教育电视台外研社杯写作大赛获全国二等奖（1 500）		
10	P10	讲师	行政+专任教师	美术学	1 500					2022 贵州省书法临创选拔赛优秀奖（本次展赛优秀奖即最高奖）（1 500）
合计					23 049	3 702	1 532	14 740	175	2 900

从图 7-7 可以看出，排名前十的教师中讲师所占比例最大，其次是副教授、教授、助教，从这个排名可以看出教师们的科研工作的多少并不一定和职称的高低成正比，而讲师所占比例最大是因为近五年来引进了大量的硕士研究生，目前硕士研究生有 108 人，占教师总数比重为 41.8%，这部分具有一定研究经验的年轻教师是学校科研工作的主力军，而这部分教师又大多为副教授以下职称，因此所占比例最大。

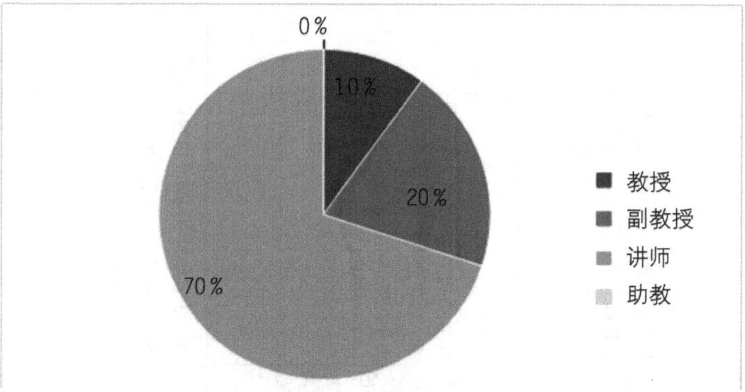

图 7-7　科研积分排名前十的教师的职称分布情况

从图 7-8 可以看出，科研积分排名前十的教师的岗位类型中有 43% 是专任教师兼行政管理（俗称“双肩挑”），这和其他学校的情况正好相反，其他学校主要是专任教师从事研究工作。通过对该校专任教师的岗位任职情况进行调查发现，出现这种现象的原因主要是该校有教师在担任专业技术职务的同时还兼行政管理工作，这也是这所学校教职工人数太少导致的，而往往是各个方面都比较优秀的教师越有可能被挑选至行政岗位担任工作，被给予更多的行政职务晋升的机会，因此这种双肩挑专任教师也是学校研究工作的主力军，所占比例也最大。

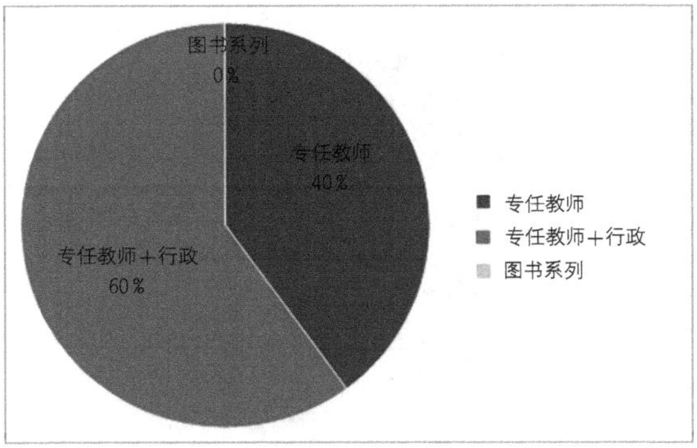

图 7-8　科研积分排名前十的教师的岗位类型分布情况

从图 7-9 可以看出，科研积分排名前十的教师的专业类型所占比例最多的是美术学，其次是英语、音乐、舞蹈、学前教育、心理学、汉语言文学。其中，艺术学类的占总数的一半，这跟该校的学校性质和类型有关，该校属于师范类高等专科学校，这种类型学校的学生能够参加的艺术类职业技能比赛非常多，因此教师指导学生参加比赛的研究工作相较于其他研究工作所占比例大。

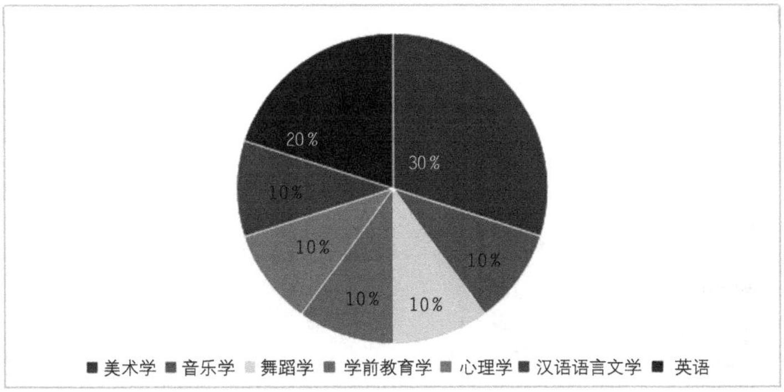

图 7-9　科研积分排名前十的教师的岗位类型分布情况

从图 7-10、图 7-11 可以看出，该校排名前十的教师中的科研积分分布类型和该校全体教师总体积分分布类型是一致的，学生培养所占比例最大，其次是教学研究、学术研究、比赛竞赛、实训实践。

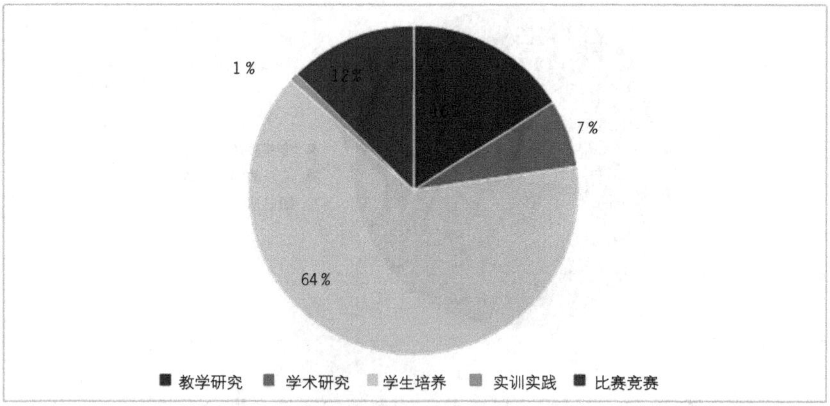

图 7-10 科研积分排名前十的教师的科研积分类型分布情况

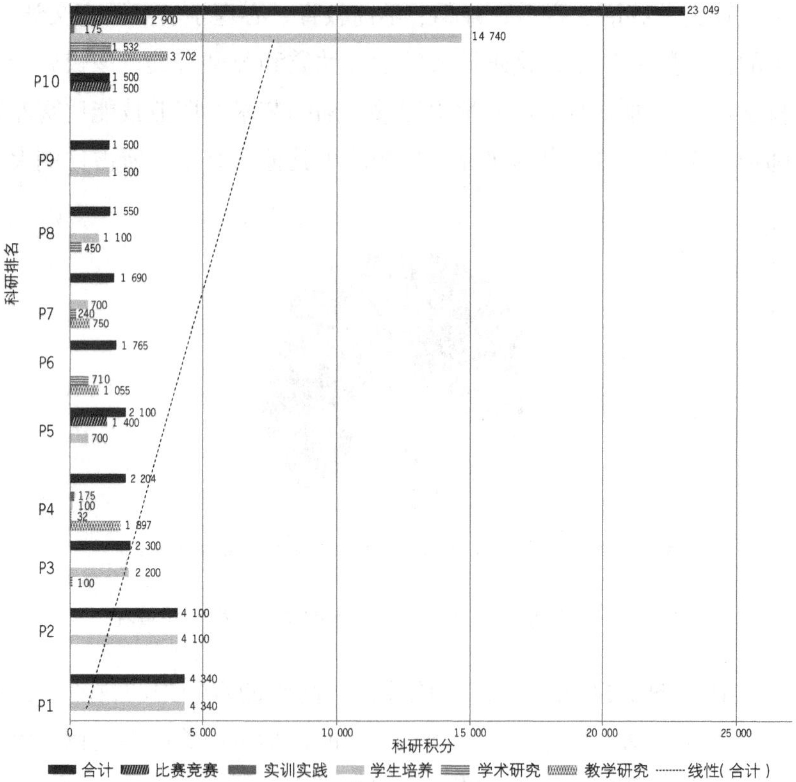

图 7-11 科研积分排名前十的教师的科研积分分布及趋势情况

③学校组织科研积分评估结果分析

本研究对学校组织总体科研积分和教学研究、学术研究、学生培养、实训实践、比赛竞赛五项一级指标进行了描述性统计。从表 7-23 可以看出，毕节幼儿师范高等专科学校英语系总体科研积分为 12 817，占学校总积分百分比为 20.77%（*M*=582.59，*SD*=238.86）；小教系总体积分为 5 150，占学校总积分百分比为 8.34%（*M*=156.06，*SD*=54.62）；早教系总体积分为 10 639，占学校总积分百分比为 17.24%（*M*=394.03，*SD*=30.03）；艺术系总体积分为 18 263，占学校总积分百分比为 29.59%（*M*=608.76，*SD*=371.34）；学前系总体积分为 13 422，占学校总积分百分比为 21.75%（*M*=169.89，*SD*=64.56）；信息与网络中心总体积分为 271，占学校总积分百分比为 0.35%（*M*=20.84，*SD*=13.54）；基础教育部总体积分为 830，占学校总积分百分比为 1.34%（*M*=55.33，*SD*=27.66）；图书馆总体积分为 308，占学校总积分百分比为 0.49%（*M*=61.60，*SD*=58.52）。

通过表 7-23 可以看出，在学校科研总积分中，8 个系部中的艺术系积分所占比例最高，为 29.59%；其次是学前系，占全校总积分比例为 21.75%；另外是英语系，占比为 20.77%。各系部占学校总积分的比例高低和教师人数的多少成正比，通常教师数量多则总积分相应要高，因此所占积分比例并不一定能成为各系部科研工作排名的体现。而各系部的教师的平均积分则可以体现各系部科研工作的强弱，各系部教师的科研积分平均值中最高的为艺术系，平均分达 608.76；其次是英语系，平均分为 582.59；另外分别是早教系 394.03、学前系 169.89、小教系 156.06、图书馆 61.60、基础教育部 55.33、信息与网络中心 20.84。在总积分中，学前系和英语系所占比例差距为 0.98%，但是在平均分上学前系和英语系之间体现了较大的差距，为 412.7，这是因为英语系教师为 30 人，学前系教师为 79 人，这说明虽然学前系总积分比英语系多 605，但是英语系教师均值比学前系教师的均值明显要高，英语系实力要强于学前系。在所有有学生的教学系中，学生培养的科研分值在各系部总科研积分分值中所占比例均大于 30%，在五大板块中所占比例最高，其中，英语系高达 85.82%，其次是比赛竞赛、学术研究、教学研究、实训实践，实训实践在所有系部中所占比例最高为 4%。各个系部在五大板块中积分的离散程度都普遍较大，在 40%~60% 之间，这说明各个系部在科研工作中的中心都放在研究学生培养和研究学科竞赛及教学上，对学科学术研究、教学研究和实训实践的研究较少。

表 7–23　学校组织总体科研积分 px_5 描述性统计

组织名称	教师人数 / 人	占学校总积分百分比 /%	类型	积分	百分比 /%	平均数（M）	标准差（SD）
英语系	22	20.77	教学研究	526	4.10	23.91	9.56
			学术研究	421	3.29	19.14	5.93
			学生培养	11 000	85.82	500	105.00
			实习实训	40	0.31	1.82	0.33
			比赛竞赛	830	6.48	37.73	9.05
			合计	12 817	100	582.59	238.86
小教系	33	8.34	教学研究	1 088	21.12	32.97	6.59
			学术研究	536	10.41	16.24	5.03
			学生培养	2 270	44.08	68.79	17.20
			实习实训	206	4.00	6.24	0.87
			比赛竞赛	1 050	20.39	31.81	6.04
			合计	5 150	100	156.06	54.62
早教系	27	17.24	教学研究	2 024	19.02	74.96	14.99
			学术研究	5 335	50.15	197.59	61.25
			学生培养	410	3.85	15.18	3.49
			实习实训	120	1.13	4.44	0.79
			比赛竞赛	2 750	25.85	101.85	34.62
			合计	10 639	100	394.03	130.03

续表

组织名称	教师人数/人	占学校总积分百分比/%	类型	积分	百分比/%	平均数（M）	标准差（SD）
艺术系	30	29.59	教学研究	458	2.50	15.26	5.03
			学术研究	885	4.85	29.50	12.09
			学生培养	14 940	81.80	498.00	54.78
			实习实训	200	1.09	6.66	0.66
			比赛竞赛	1 780	9.75	59.33	31.35
			合计	18 263	100	608.76	371.34
学前系	79	21.75	教学研究	1 424	10.61	18.02	5.94
			学术研究	5 783	43.09	73.20	18.30
			学生培养	4 080	30.39	51.64	12.91
			实习实训	255	0.01	3.22	0.38
			比赛竞赛	1 880	14.00	23.79	9.28
			合计	13 422	100	169.89	64.56
信息与网络中心	13	0.35	教学研究	6	2.21	0.46	0.04
			学术研究	205	75.65	15.76	7.09
			学生培养	0	0	0	0
			实习实训	0	0	0	0
			比赛竞赛	60	22.14	4.61	2.58
			合计	271	100	20.84	13.54
基础教育部	15	1.34	教学研究	0	0	0	0
			学术研究	230	27.71	15.33	6.89
			学生培养	0	0	0	0
			实习实训	0	0	0	0
			比赛竞赛	600	72.29	40.00	14.00
			合计	830	100	55.33	27.66

续表

组织名称	教师人数/人	占学校总积分百分比/%	类型	积分	百分比/%	平均数（M）	标准差（SD）
图书馆	5	0.49	教学研究	0	0	0	0
			学术研究	308	100	61.60	58.52
			学生培养	0	0	0	0
			实习实训	0	0	0	0
			比赛竞赛	0	0	0	0
			合计	308	100	61.60	58.52
全校积分合计				617 000	100	7 712.50	6 170.00

由表 7-24 可知，就专任教师而言，各系部中学前系专任教师人数最多，有 65 人，T1 定额为 1 750，T2 定额为 13 886，但是完成系数 w 只有 7.93；图书馆专任教师人数最少，为 2 人，T1 定额为 120，T2 定额为 308，完成系数 w 高达 15.4。这可以看出各系部的科研积分完成情况与所在单位的专任教师人数并不成正比，专任教师人数多的单位专任教师得分的离散程度更大，在单位内部教师之间的研究工作完成情况差距较大。就完成系数 w 而言，学校组织中各系部最高的是艺术系，高达 36.81；其次是英语系 31.31；另外分别是图书馆 15.4，早教系 10.63，基础部 8.63，学前系 7.93，小教系 4.06，信息与网络中心 1.95。各单位的完成系数 w 均大于 1，说明各单位能够完成学校首次最基本的科研定额，而艺术系的完成系数高达 36.81，这说明学校首次制定的科研定额过低，而定额过低对各单位的研究工作的督促和激励作用不大，为促进全校科研水平的提高的工作也就不能很好地发挥。因此根据对这一年的数据的分析得出，需要考虑下一年的科研定额基础的提高，以达到激励各单位科研工作的目的。

表 7–24　学校组织总体科研积分定额 w 数据表

系部	专业等级（行政人员）	人数 / 人	分数定额	专业等级（专任教师）	人数 / 人	分数定额	w
艺术系	7（30）	4	120	7（60）	1	60	36.81
	10（15）	4	60	9（40）	1	40	
				10（30）	6	180	
	人数总和	16	T1	460	T2	16 933	
英语系	7（30）	1	30	7（60）	1	60	31.31
	9（20）	3	60	9（40）	2	80	
	10（15）	6	90	10（30）	1	30	
	12（10）	2	20				
	未定级（10）	2	20				
	人数总和	18	T1	390	T2	12 211	
图书馆	12（10）	2	20				15.4
	人数总和		T1	20	T2	308	
早教系	7（30）	4	120	5（80）	1	80	10.63
	9（20）	4	80	7（60）	2	120	
	10（15）	6	90	10（30）	5	150	
	12（10）	2	20				
	未定级（10）	6	60				
	人数总和	30	T1	720	T2	7 655	
基础部	7（30）	3	90	10（30）	2	60	8.62
	9（20）	2	40				
	10（15）	4	60				
	未定级（10）	7	70				
	人数总和	18	T1	320	T2	2 759	

续表

系部	专业等级（行政人员）	人数 / 人	分数定额	专业等级（专任教师）	人数 / 人	分数定额	w
学前教育系	5（40）	1	40	7（60）	7	420	7.93
	6（35）	1	35	9（40）	3	120	
	7（30）	8	240	10（30）	17	510	
	9（20）	3	60	12（20）	1	20	
	10（15）	13	195				
	12（10）	4	40				
	未定级（10）	7	70				
	人数总和	65	T1	1 750	T2	13 886	
小教系	5（40）	1	40	7（60）	3	180	4.06
	7（30）	6	180	10（30）	5	150	
	9（20）	1	20				
	10（15）	4	670				
	12（10）	2	20				
	未定级（10）	4	40				
	人数总和	26	T1	1 300	T2	5 280	
信息与网络中心	7（30）	4	120	12（20）	1	20	1.95
	9（20）	1	20				
	未定级（10）	2	20				
	人数总和	8	T1	180	T2	351	

④学校各组织各板块分值分析

对各系部中心在教学研究、学生培养、学术研究、实训实践、比赛竞赛五个方面的积分情况进行了统计，如图 7-12—图 7-19 所示。

从图 7-12 可以看到，英语系的优势在学生培养这一板块，其原因在于两个方面：英语系教师有着超强的指导学生参加各级各类英语技能比赛的能力，英语系学生的英语学科素养深厚。根本原因则是英语系从管理层到一线教师上下齐心，从管理到教学科研都尽心尽责，一切为了学生的发展。但是必须清醒地认识到英语系在教学研究、学术研究、实训实践以及比赛竞赛上仍然需要加强。其原因是错综复杂的：一方面是英语系师资力量薄弱，教师分身乏术；另一方面则是英语系青年教师科研能力不足，这是制约英语系教学科研发展的重要因素。英语系可以从以下两个方面入手，增强其教学科研能力：第一，在科研工作中，英语系要有意识地引导青年教师，让青年教师在做好教育教学工作的同时，也能积极投入到科研工作中。比如，可以结合青年教师兴趣，组织“科研选题竞赛”，提供一些与青年教师生活息息相关的科研选题，激发青年教师科研热情。第二，在科研工作中，对于热情有余、能力不足的青年教师，要多鼓励、多培训，为青年教师畅通培训渠道。比如，可以开展“青年教师科研项目研讨会”，让年长的教师与青年教师多沟通，丰富青年教师的科研经验。

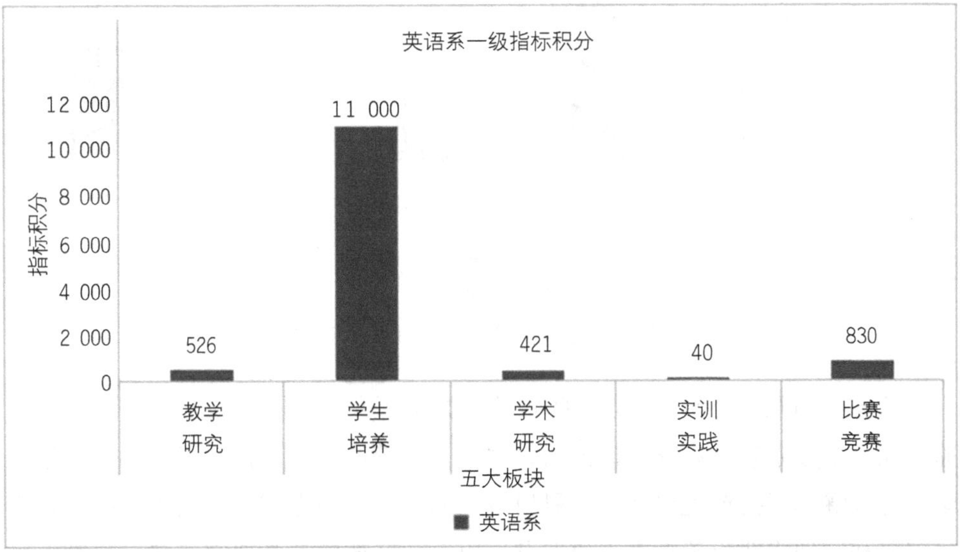

图 7-12　英语系各大板块分值情况

从图 7-13 可以看到，小学教育系在教学研究、学生培养和比赛竞赛上均呈现平稳发展的态势，原因在于小学教育系师资布局结构合理，包括了体育学、教育学、汉语言文学、数学、思想政治教育等专业，各个教研室均能均衡发展。但是，在学术研究、实训实践上小学教育系仍然需要加强。小学教育系教师自我发展意识较强，在教学工作中能够主动接触新知识，在不断学习中提高自己的教学能力，追求更高目标，这既是教师提高自己的教科研能力的动力，也是教师提高自己教科研能力的过程。对于部分专业能力和科研能力较弱的教师，小学教育系要组织一对一的教师辅导工作，针对教师在教科研工作中存在的问题进行分析，寻找提升策略。在教师之间的帮扶和带领下，在多种教学资源的支持下，在多种形式的教学模式中提高教师的教学科研能力，促进教师队伍整体质量的提升。

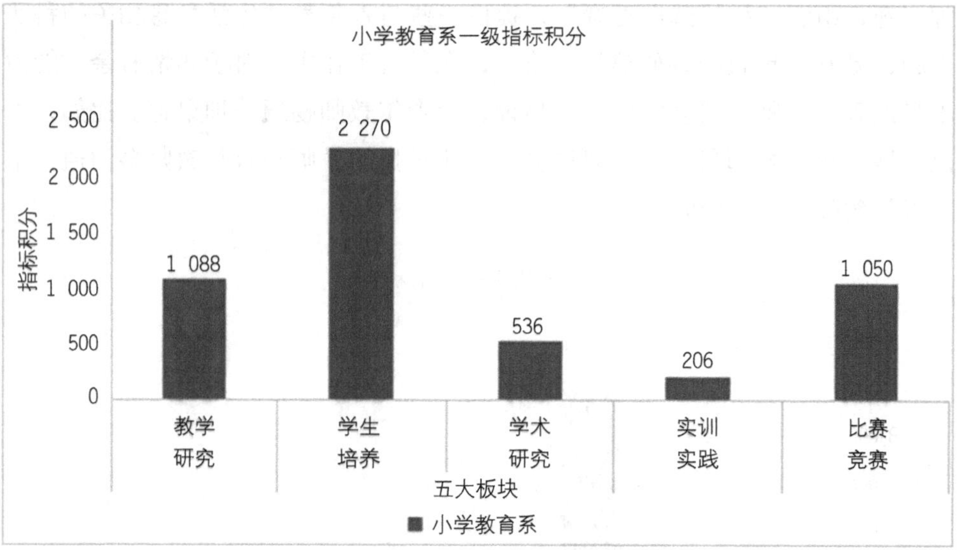

图 7-13　小学教育系各大板块分值情况

从图 7-14 可以看到，早教系的强项在教学研究、学术研究以及比赛竞赛上，原因在于早教系教师教学科研能力较强，基本都能以教学促教研，以教研带教学，应该继续保持该优势并且将科研骨干的科研潜力全部激发出来，同时在学生培养和实训实践上下功夫，争取营造出百花齐放的科学研究态势。早教系可以从以下几个方面进行科研改革：第一，增强教师的教学业务能力，教师业务能力精进之后，在各大类型的技能比赛中才能游刃有余地指导学生；第二，加强教学改革的力度，以教学改革促进科研改革，进一步增强早教系以教学促教研、以教研带教学的能力。

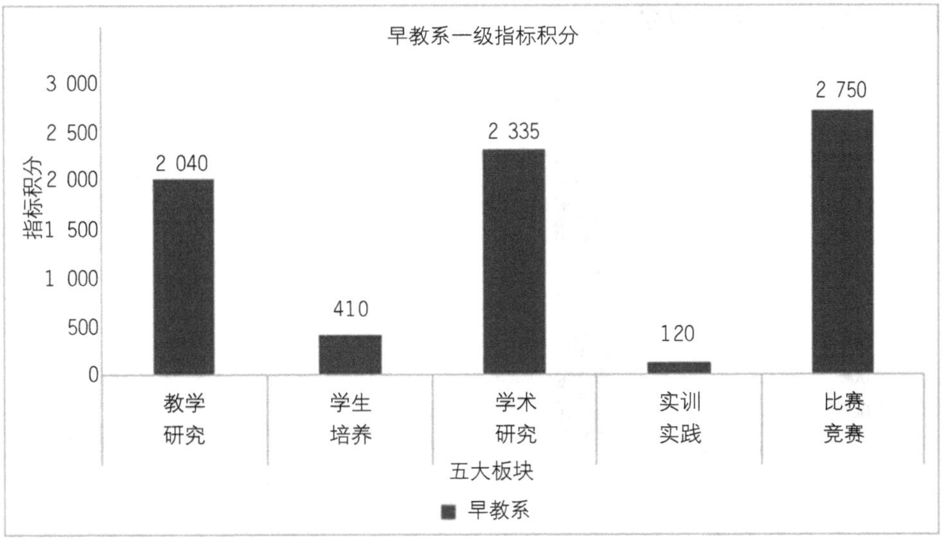

图 7-14　早教系各大板块分值情况

从图 7-15 可以看到，艺术系的优势在学生培养这一板块，在教学研究、学术研究、实训实践以及比赛竞赛上需要加强。艺术系的优势在学生培养这一板块，其原因在于两个方面：一方面艺术系同英语系一样，教师有着超强的指导学生参加各级各类英语技能比赛的能力，且艺术系学生艺术素养深厚；另一方面则是艺术系的内涵建设优于其他教学系，艺术系性质为校企合作，企业带来了优厚的办学资金，为艺术系的发展带来了强有力的经济保障。但也必须认识到艺术系在教学研究、学术研究、实训实践以及比赛竞赛上仍然需要加强。究其原因，一方面是艺术系外聘教师较多，很多老师并未真正将身心投入科研工作中；另一方面则是艺术系青年教师科研能力不足，科研热情不高，这是制约艺术系教学科研发展的重要因素。艺术系可以从以下两个方面入手，增强其教师的教学科研能力：第一，在科研工作中要有意识地引导青年教师，让青年教师在做好教育教学工作的同时，也能积极投入到科研工作中。比如，可以结合舞蹈、音乐、美术教师的兴趣，组织相关的科研选题竞赛，激发艺术类青年教师的科研热情。第二，在科研工作中，对于热情有余、能力不足的青年教师，要多鼓励、多培训，为青年教师畅通培训渠道。比如，可以开展“青年教师科研项目研讨会”，让年长的教师与青年教师多沟通，丰富青年教师科研经验。

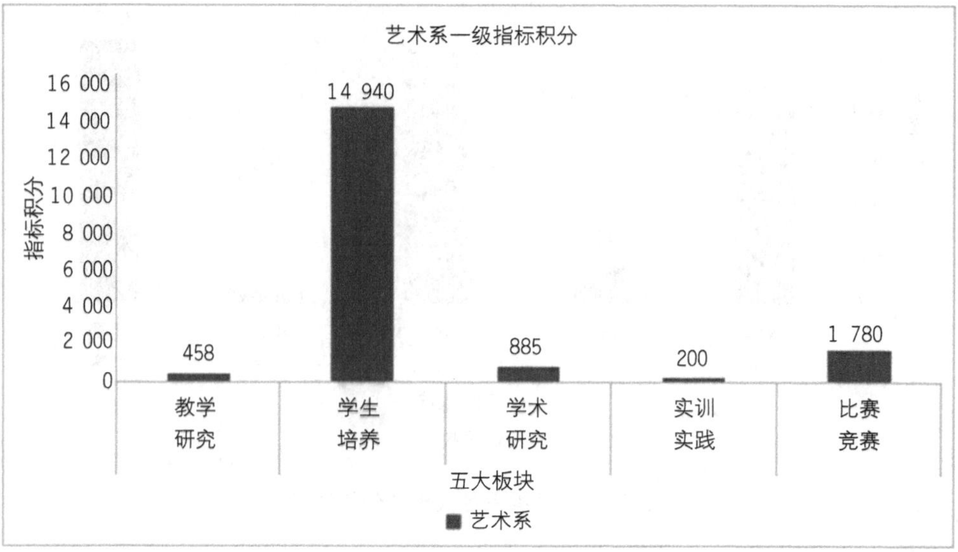

图 7-15　艺术系各大板块分值情况

从图 7-16 可以看到，学前教育系的优势在学生培养和学术研究两个方面，其在教学研究、实训实践以及比赛竞赛上需要加强。学前教育系学生起点不一，中职学生与高职学生相比，在学习积极性、学习能力和基础知识等方面存在较大差异，学前教育系教师在教学中便需要付出更多精力和时间。如果教师不能采用有效的教学策略和教学方式，学生的学习水平不会明显提高，教师的教学热情也会持续下降，教育研究工作也会失去动力。学前教育系可以采取以下策略进行教学科研改革：第一，重视教师发展，为了适应社会发展对人才的需求，学前教育系要重视学前教育专业教师队伍的教学能力和专业素养，促使教师在教学中关注自我能力的提升，促使教师适应当前形势下的发展趋势。第二，依据教师需要，开展转型培训。学前教育系有很大一批教师不管是教学还是科研上，其教学科研意识还停留在中职阶段，他们对提升自我教学能力的需求是十分旺盛的，他们渴望了解并且学习最新的教学经验和教学成果，需要通过对专业指导的具体内容进行探究，进而确定教学方向和教学内容。

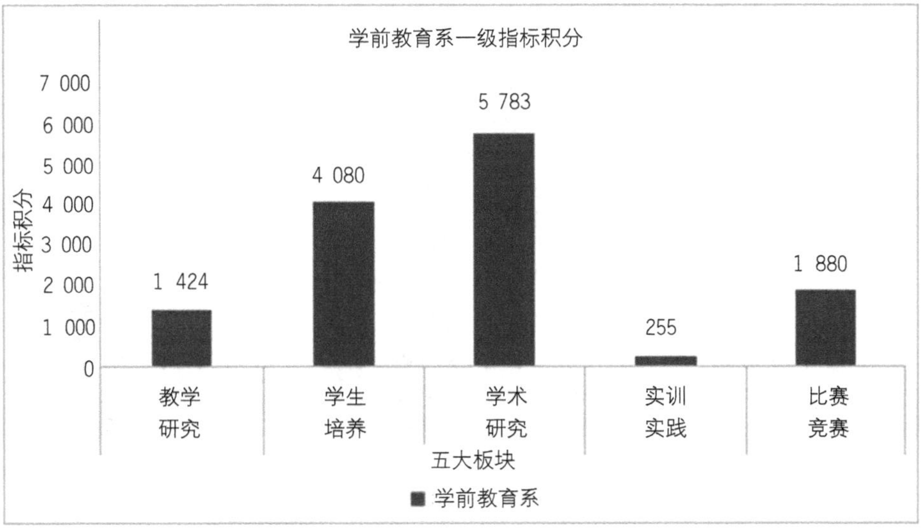

图 7-16　学前教育系各大板块分值情况

从图 7-17 可以看到，信息和网络中心在科研方面较为薄弱，需要全中心上下同心，一起攻克科研难关。究其原因：第一，信息和网络中心师资力量薄弱，教师被分配到各个综合部门兼职行政工作，分身乏术；第二，信息和网络中心教师的科研能力有待提升。信息和网络中心可以从以下两方面进行教学科研改革：信息和网络中心和小学教育系一样，需要组织一对一教师辅导工作，针对教师在教学科研工作中存在的问题进行分析，寻找提升策略。在教师之间的帮扶和带领下，在多种教学资源的支持下，在多种形式的教学模式中提高教师的教学科研能力，促进教师队伍整体质量的提升。

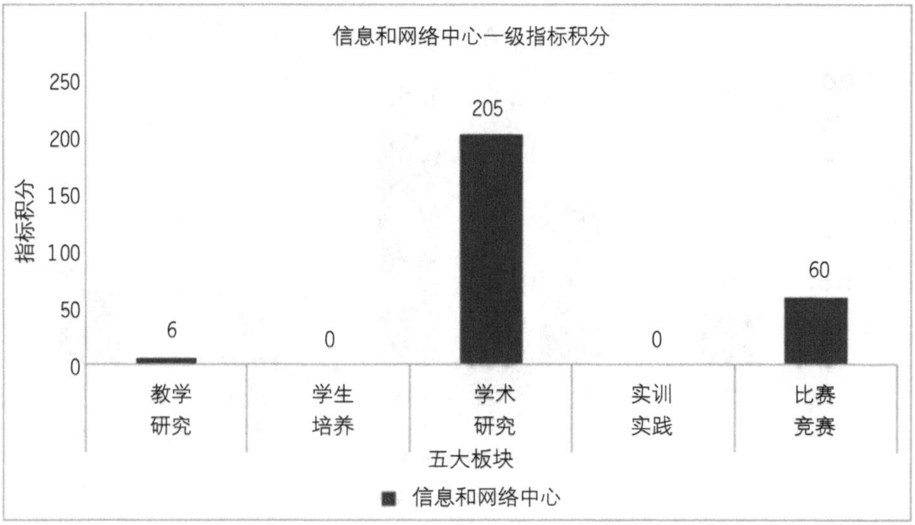

图 7-17　信息和网络中心各大板块分值情况

从图 7-18 可以看到，基础教育部在科研方面较为薄弱，需要基础教育部上下同心，一起攻克科研难关。基础教育部可以从以下几个方面入手，促进教学科研改革：第一，强化科研意识，制定合理的科研规划。教师尤其是青年教师一定要明确，没有科研支撑的课堂教学，不可能达到高质量的教学效果。讲好课不仅需要教师有良好的表达能力，而且需要教师有扎实的科研做支撑。第二，结合教学改革，不断加强科研训练。教师在开展科研活动时，需要破除科研与教学二元对立的错误观点或科研支撑教学的单向思维，应树立科研与教学相向而行、相辅相成的理念。

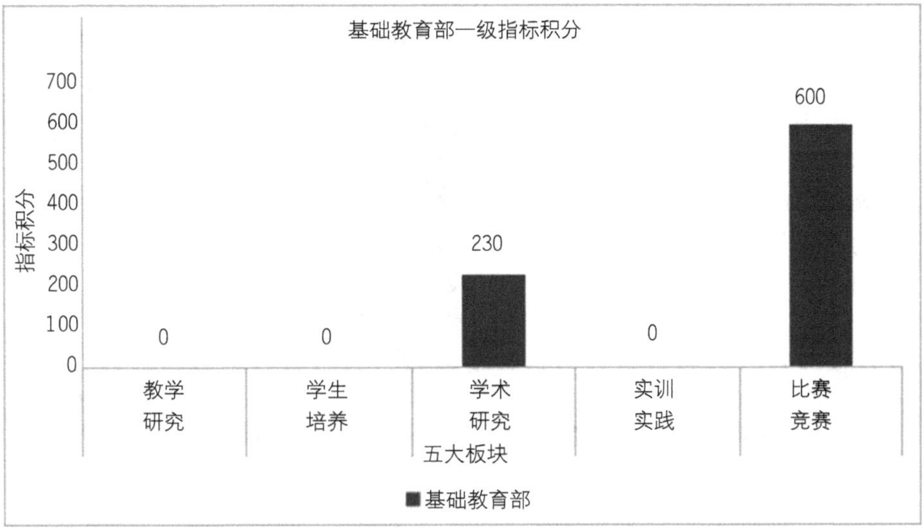

图 7-18　基础教育部各大板块分值情况

图书馆人才稀缺，仅两名专业技术岗教师，其中一名教师 0 积分，另外一名教师在学术研究方面积分为 308 分（图 7-19）。图书馆可以从以下几个方面入手，进行科研改革：第一，围绕教学科研需求，优化馆藏文献资源体系。馆藏是图书馆一切服务和保障工作的物质基础，起着基础性作用。因此，图书馆馆藏建设必须与学校学科设置、教学和科研需求相一致。发挥图书馆自身优势，提升服务教学科研水平。第二，从体制机制上理顺图书馆与各系部、中心的关系。进一步明确图书馆与系部、中心的关系，在文献资源建设、书目数据交流、业务工作指导、数字资源共建共享等方面都按照各级各类制度运行，形成联建共享的制度体系。

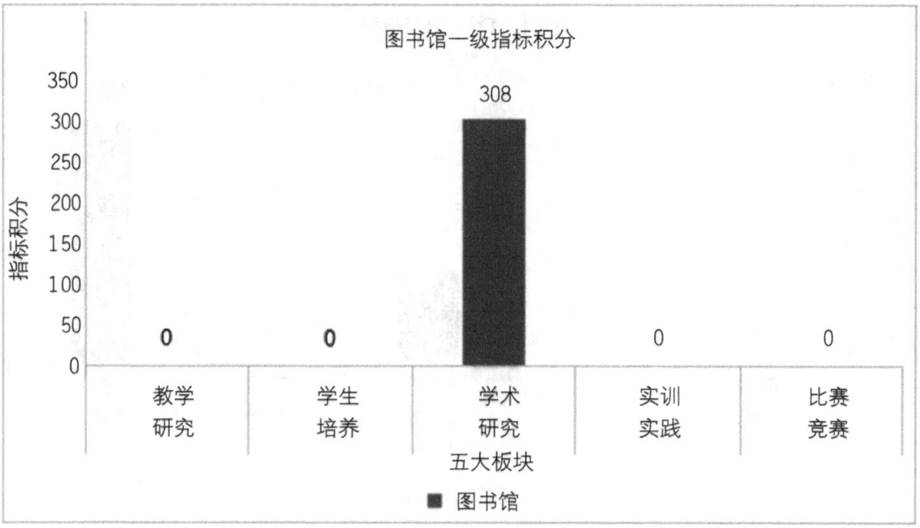

图 7-19　图书馆各大板块分值情况

三、高职高专教师科研长周期评价实证结论及对策

（一）评价主体应多元化和综合化

在本研究中发现试点学校的评价主体就是该校的科研行政单位，也就是科研处，对于高职高专院校内部的科研是一种广泛意义上的研究，也就是只要是教师探索未知事物和事物规律的实践活动，均可称为研究活动，对于教师的科研评价也就是教师研究活动和行为的一种综合评价，因此高职高专科研的评价主体也是综合的。高职高专院校应该要形成一个多元评价主体的综合网络，在行政部门中还应联合人事、教务等部门进行综合评价。

（二）评价程序应加强组织监督

在试点学校的一年的科研评价实施过程中，科研评价的程序是学校下发了科研评价的制度文件后，由各教学单位组织本单位的专任教师对照评价指标进行自评，教学单位收集各专任教师的自评材料并进行审核，之后提交至学校的科研处，科研处再会同其他行政部门审核各教学单位提交上来的相关材料并进行复审，最后评价的结果经过分管科研副校长审核后提交校长办公会议审定并公布最后评价结果。再次评价过程中科研管理部门缺少对教学单位的评价，因此各教学单位在评价过程中并不重视评价过程的公正性，各二级单位只是起到了一个材料收集的作用，并没有进行初审，这样就加重了科研管理部门和其他审核部门的复审工作。因此，在实际开展科研评价工作时，还应加入对教学单位的组织监督及对教学单位在此项工作中的评价。

（三）评价方法应将定量和定性评价相结合

在评价实施中，试点学校更多采用的是定量评价的方法，也就是只对教师的科研工作进行量的评价，而对教师科研工作的质量没有体现，特别是对一些难以测量的研究工作和成果没有使用同行评价的方法。众所周知，要体现评价结果的公平性和合理性，应该要将定量评价和定性评价相结合，因此，在今后的评价工作中不仅要有对教师科研工作量的评价，还要对教师科研工作进行质的评价，在一些难以测量质量的成果上要引入同行评价或者第三方评价的方法，以确保评价工作的科学性和合理性。

（四）评价体系还需不断完善

根据试点学校毕节幼儿师范高等专科学校教师科研工作特点，构建“教”“研”“学”“训”“赛”五位一体的指标体系的目的是促进教师研究成长和学校科研发展有机结合，建构实现教师科研能力和学校科研水平持续提升的长周期评价指标体系。通过实证发现指标体系太过宽泛，在四级指标中有一些指标出现重叠，有的指标在以人文社科为主专业的高等专科学校可能很难量化，如实训实践指标中的横向课题及到账金额、专利转化等指标在社科类学校的研究中很难实现。因此，此类指标的设定权重值和以理工农医为主专业的高等职业学校这类比起来，就不具优势，指标整体没有根据学校类型和学科专业不同做细分，因此，此类指标还不具有普适性，还需要根据学科和学校类型进一步细化。

（五）评价制度体系还需健全

在指标体系的基础上制定了学校的《教师科研积分管理办法》，目前该管理办法已实施了一年，通过制定和实施评价制度，检验了指标体系和管理办法的合理性，但是通过实施之后发现评价制度体系还没有真正构建完成。一方面制定的相关制度在数量上还不够，后续的科研团队管理办法、科研奖励办法等和科研评价密切相关的制度还未制定出台；另一方面虽然制定了管理办法，但是该办法是以科研处为主体，人事管理和教研管理还未真正参与其中，和科研评价相关的部门合力没有得到运用和发挥，没有真正打通其他部门，也没有形成一个很好的联动机制。

（六）评价结果还没得到充分运用

本实证研究意欲通过智慧云平台实行科研日常和科研评价的数字化管理，通过该科研管理系统构建每一个教师的科研档案和科研数字画像，实时观测教师的科研动向和工作进展，实现了教师科研成长评估的智能化和数字化。项目开展至今虽已构建指标体系和评价制度，并试图通过智慧云平台实现科研智慧化评价，但是目前的科研管理系统只能服务于基本的科研日常管理，对于进一步的智慧化评价的系统功能还没有开发上线，而且评价结果的运用并不理想，由于各部门之间没有形成很好的联动，因此科研评价的结果没有得到有效的发挥，特别是在人事管理和教研评价管理中还没有发挥作用。

上一章构建了高职高专教师科研长周期评价体系，为检验该体系在高职高专院校教师科研评价中的有效性，进一步改进、完善指标体系，本章研究以第二章至第四章的内容，即以高职高专教师科研评价的理论基础、内涵原则、目的作用、特点方法为实证研究的理论参照，并利用第六章的内容“高职高专教师科研长周期评价指标体系建构”开展了基于 DEA 方法的西部地区高校科研绩效评价，调查了贵州省 4 所高职高专院校教师科研评价的现状，分析了目前的高职高专科研评价存在的问题，最后选择贵州省毕节幼儿师范高等专科学校作为试点学校，在该校实施高职高专教师科研长周期评价体系，构建了该校的科研长周期评价指标，制定了评价制度，并通过科研管理平台实现智慧化评价，通过一年的实证研究实施得出了科研评价主体、程序、方法、评价体系、评价制度和评价结果运用上存在的问题、结论和对策。

第八章

高职高专教师科研长周期评价改革的问题、对策与反思

《《《 第一节 》》》 主要问题

通过对高职高专教师科研评价指标体系、评价流程、评价方法、评价现状等的研究，发现了我国目前高职高专教师科研长周期评价改革的主要问题。

一、科研评价理念偏差

目前，高职高专院校的科研评价大多是参考本科院校的评价标准制定，所以在制定评价指标时以论文、专著、高层次项目获取等的数量和级别来进行评价，以希望能提高学校的学术影响力，占领学术高地，获得更多的资金资助。在这样的科研导向下，教师的科研意识也产生了偏差，认为做科研是为了职称晋升，形成了高职高专“职称型”科研现象，科研评价的功利导向严重。而这种科研评价严重背离了高等职业教育科研的价值理念，高职高专院校的科研应更多地改进教育教学，提升教育教学质量，促进人才培养，为地方行业企业和经济社会发展发挥应用价值和推广效用。

二、科研评价结构缺失

高职高专的科研评价方法中，普遍存在以终结性评价为主的问题，也就是

只注重教师取得的科研工作的结果，高职高专科研评价忽略了对教师科研的诊断性评价和工作的过程性评价。我国大多数高职高专都是从中专、技校升格而来，学校的发展基础较弱，教师科研素养不高，科研参与意愿不强，如果一味关注教师的科研结果而忽视教师科研工作的态度和行为，会造成大部分教师谈科研色变，而科研也会变成小部分教师的“小众游戏”，会减弱其他老师的科研热情，更不利于培养教师科研的意识和能力。

三、科研评价内容片面单一

当下高职高专院校对教师进行科研评价时，大多是将论文、课题、著作等成果指标作为评价的内容，过分关注科研成果的数量、等级和短期的科研成效，而忽视了教师在科研工作中态度与行为、科研工作的周期规律和高职高专本身的科研职责，且大多数高职高专院校都没有针对不同学科和不同研究类型来进行分类评价，而是全部都采用一套评价标准来评价不同学科和不同研究类型的教师。这种单一化的科研评价体系忽视了教师的个体差异、不同学科的科研规律，以及高职高专院校应用性特点，就科研管理而言是缺乏对教师的人文关怀，在这样的评价标准下难以实现科研评价的公平公正，会形成教师的抵触情绪，不仅不能促进教师的发展，还会影响高职高专院校科研的长期发展。

四、科研评价目的模糊

目前，高职高专院校的科研评价的目的首先是为教师职称评定而进行评价，这也是造成高职高专“职称型”科研的一个直接原因，当教师评上最高级别职称后，就不会有意愿和热情再做科研；其次是为了完成教师科研工作量的考核与获得奖励，教师为了完成考核而出现了追求科研数量的急功近利的科研行为，这样的科研评价往往是“为了评价而评价”，违背了高等职业教育的科研规律，没有起到科研评价的正向引导作用，甚至有些高职高专院校把教师科研发展看作是教师自主发展的过程与活动，这种对科研工作的不作为甚至是推诿责任的认识对高职高专院校科研的可持续发展是极其不利的。

第二节 对策建议

新时代背景下高职高专院校面临着从规模化扩张到提质培优内涵式发展的过渡，高职高专院校的高质量发展离不开教师的科研发展，高职高专应该充分认识到教师科研评价对促进教师发展的重要作用，借鉴高校教师发展理论，从目前高职高专科研评价的现状出发，有必要对高职高专教师科研评价进行革新。

一、树立“教师为本”的科研评价理念

高校科研评价的对象毋庸置疑是高校教师，高职高专起到一个主导作用。同样，作为机构的高职高专院校和作为个体的高职高专教师都承担着科研发展的使命，高职高专院校及组织机构需要按照高职高专的办学目标和发展特点为教师科研发展营造良好的科研组织环境与宽松的科研制度环境，而不是盲目生抄硬搬本科院校的科研评价制度体系，要求教师自主发展科研。高校教师发展的核心理念是教师的终身教育、自主发展、全面发展、全体发展，那么，教师科研评价要把教师的发展放在首位，以“教师为本”。高职高专教师科研评价树立以“教师为本”的理念，就是要把作为科研主体的教师的全面发展作为评价的宗旨，充分尊重教师的主体地位和追求真理的学术权利，不断为教师开展科研营造宽松的学术氛围，注重教师学术研究的创造性和个性。虽然高职高专科研发展也是高职高专院校教师的科研发展，学校在这里面的功能定位就是开展对教师的科研发展予以保障、予以鼓励的科研评价活动。同时要尽量避免高校行政权力过分干预学术权力而产生的许多弊端及由行政化倾向所导致的学术浮躁、急功近利等不良现象。

二、校准全面提升的科研评价方式

高校教师发展理论中强调教师发展是一种动态的成长过程，是要实现高校教师在知识、技能、态度、行为等方面全面提升的教育过程。因为高职高专院校大多是从中专或技校升格而来，教师的科研素质和能力都较低，随着高等职

业教育办学规模的扩张，在招聘教师时也会像本科院校一样要求新进教师的学历，一般均要求在硕士以上。这一部分老师因为在校期间接受过系统的研究训练，其作为高职高专院校的新进教师，科研优势就比较明显，高职高专科研就很容易成为少部分人的“小众游戏”，因此，高职高专院校如果只对教师的科研活动进行终结性评价，那么其科研活动的态度、行为和成长就无法体现，因此，有必要让广大教师参与到评价活动中来。教师对评价的预期目标、内容等的制定享有充分的发言权，评价后的信息不仅要为高校的科研管理提供依据，更要为教师的发展提供有效信息。

三、锚定全面发展的科研评价内容

现有的高职高专科研评价内容主要是以论文、著作、项目获取量为主要评价内容，忽略了科研成果在改进教育教学模式、提升教育教学质量中发挥的应用价值和推广效用,所以全面发展的高校教师发展理念对于高职高专院校来说,其科研评价应该也是以专业学科内的科研发展为基点，重心应该聚焦于科研对教育教学的促进，因为高职高专院校的主要职能是培养高质量的应用型人才，其科研评价聚焦点应该是评价其研究的教育教学理念、模式、方式问题是否提高了技能型人才的培养质量,科研成果是否有推广的价值以及是否得到推广等。除此之外，教师在科研过程中对学校组织和科研团队的贡献和相互促进，以及对个人职业生涯成长的影响也是科研评价的内容之一。

四、确定目标导向的科研评价目的

促进高校教师发展的活动和对教师进行的科研评价都是为了让教师作为教学者、研究者、组织成员在个人成长上得到持久的发展，其目的和出发点应该都是一样的。高职高专科研的目的是解决教育教学理念、模式、方式等实践创新,提升教师职业素质,提升学校整体科研实力,培养高质量的应用型、技术性人才的问题，以及科研成果转化促进地方经济社会发展的问题。如前所述，高职高专教师科研发展应该包括高职高专教师的科研发展和高职高专院校的教师科研发展，科研评价就要围绕学校科研发展的目标，最大限度地发挥出诊断、督促、激励等“指挥棒”的正面导向功能，引导教师持续投入科研工作中。通过科研评价的引导祛除浓重的“为评价而评价”的评价目的，要将科研工作放在国家、社会、学校、个人的立体多维发展角度进行思考，进而实现学校内部的教师在科研工作上的知识、技能、态度与行为等方面的结构性发展和高职高专院校人才培养和科研实力的整体发展的核心使命。

五、确保分类评价的科研评价标准

高职高专院校中从事科研工作的人员主要是专任教师、科研人员、辅导员等，而专任教师又根据教学任务的轻重分为以教学为主的教师和以科研为主的教师。专任教师也可以根据学科背景不同分为社会科学学科的教师和自然科学学科的教师；科研人员又包括从事社会科学研究的科研人员和从事自然科学研究的科研人员；从事科研工作的教师又因为年龄不同和从事教师工作的年限不同，其职业生涯也分为新进教师、成熟教师等；根据教师在高职高专院校中的职称等级不同分为初级、中级、高级教师。因为高职高专院校大多从中专或者技校升格而来，高职高专院校中教师的学历背景也不尽相同，既有专科、本科学历的教师，也有硕士、博士学历的教师。因此，鉴于高职高专院校教师群体的复杂性，针对不同工种、不同学科、不同职称级别、不同学历、不同年限等差别开展科研的分层、分类评价就非常有必要，这就需要高职高专院校在科研评价工作中秉持分类评价的标准，这也是实现高职高专院校科研评价目的的理想选择，可以在一定程度上确保科研评价的客观性、公平性和科学性，当然这对高职高专院校的科研管理部门制定科研评价标准也是一大挑战。

六、遵循成长规律的科研评价原则

高职高专院校在开展科研评价工作时首先要遵循教师作为学术人的发展规律，要认识到教师的学术发展也要经过初期、发展期、成熟期等阶段，在制定科研评价标准时就要根据教师作为学术人的不同阶段而采用不同的分类评价标准，更加重要的是要促进教师从下一阶段向上一阶段发展，正如苏联教育家维果茨基提出的“最近发展区”概念中要求的要把握好学生现有的发展水平和学生可能达到的水平，采取一定的教育方法和内容让学生从现有水平到达可能的水平（俗称“跳一跳摘桃子”）。同样，在高职高专院校的教师科研评价工作中，科研管理部门也要掌握教师现有的科研水平和教师可能达到的科研水平，制定科研评价的标准，使用科研考核的各种方式让教师能从现有的科研水平到达能够达到的科研水平，在促进教师科研水平提高的同时实现高职高专院校整体科研水平提高的目的。

《《《 第三节 》》》
研究反思

面对高职高专院校教师科研长周期评价改革这一选题，笔者一直试图通过混合研究来探讨高职高专院校和本科院校在科研评价工作中的不同之处，以及做出对于科研长周期评价的合理阐释来构建高职高专教师科研长周期评价体系，但碍于研究视野、研究能力等有限，虽然竭尽全力去探寻，但仍有不尽如人意之处。鉴于此，笔者也希望通过进一步的研究反思，找到本研究仍旧存在的不足之处，也为后续研究和探究留下新的出口。

一、研究不足之处

（一）研究方法内部整合的挑战性

为了能够更为全面深刻地了解高职高专院校科研现状，本研究在设计之初选定了定量和定性相结合的混合研究方法，即在定量研究阶段，借助德尔菲法、层次分析法、问卷调查法等来了解高职高专院校科研评价的现状及其可能存在的差异；在定性研究阶段，结合定量研究的结果，本研究选择了毕节幼儿师范高等专科学校作为试点展开深入的实证研究，旨在了解科研长周期评价体系的合理性、科学性和可行性。以上是本研究在设计之初所拟定的基本思路，并计划尽量沿着这一思路开展。然而，在实际的研究过程中，笔者愈益觉察到混合研究方法内部整合的挑战性。尤其是在实证研究具体学校、具体专业教师的选择上，尽管笔者竭力严格根据前期所发现的研究结果来选择接下来的研究对象，但由于两种方法背后的哲学基础逻辑存在较大差异，由此很难保持两个研究阶段高度的连贯性。为了尽可能真实地反映高职高专院校科研生态，笔者在进入定性研究阶段之后适当调整了思路，以事实为先，而不拘泥于方法本身。除此之外，所采用的德尔菲专家咨询法有利有弊，虽邀请专家均为科研评价经验丰富、知识渊博的权威，但还是不能排除主观评价与看法的影响，需要改进研究方法以达到更加客观科学的调研目的。

（二）研究样本的局限性

在定量研究阶段，结合研究主题，本研究选定了贵州省高职高专教师作为主要研究对象，就高职高专院校科研领域而言，依托不同学科所开展的科研差异极大，因此，依据定量研究数据做推论时，需要注意研究结论的可推广性。由于研究主题的宏大，笔者设计了较多的背景变量，但这也增加了研究抽样的复杂性。由于研究精力和能力有限，很难严格依据大规模分层抽样的原则有针对性地发放问卷。在实证研究阶段，由于需要涉及评价制度的制定和实施等内容，无法对不同层次的学校进行差异选择，所以选择毕节幼儿师范高等专科学校作为试点单位进行研究，这也导致了部分量化研究阶段结论很难在案例研究阶段得到进一步探索，在以后的研究中会弥补这一遗憾。

（三）研究内容的聚焦性不足

高职高专院校教师科研长周期评价改革是本研究的主题，本研究基本沿着“高职高专院校科研的特点和科研长周期评价的内涵是什么—高职高专院校教师科研长周期评价指标体系如何构建—高职高专院校教师科研长周期评价的制度体系如何构建—高职高专院校教师科研成长体系如何评估”这一问题主线展开。但在实际的研究过程中，笔者却发现仍旧面临很大的挑战，尤其是难以始终将研究主题仅仅聚焦在科研上。

首先是在阐释高职高专教师科研工作特点和长周期评价内涵过程中，尽管笔者力图尽量浏览所有有价值的相关文献，但是由于这一领域与该主题密切相关的文献实在有限，因此，只能以研究问题为核心搜寻相关文献。

其次是在指标体系的构建上，由于科研评价工作本身的复杂性和烦琐性，搜集数据必然具有难度且有一定的工作量，需要协调高校内部多个单位和部门共同配合。在指标权重方面，不能一蹴而就，需要不断地进行实证研究和修正，在真正评价的过程中进行反复的校正和完善，最终才能正式地投入使用；针对指标积分描述中的数据区间，在结合实际情况和科研发展、时代发展的具体情况下，也需要随着时间进行改善；针对本指标的区分度，可在后续加入大量的实证研究后进行区间的细化，将层级的区分度提高。

另外是在科研评价制度体系的建构上，由于科研评价工作的主体由多部门组成，在政策制定上需要和教务、人事等部门通力合作。由于研究时间和实证研究的局限性，目前还只制定了科研评价的考核办法，评价制度体系还没有真正构建完成，一方面制定的制度还不够，后续的科研团队管理办法、科研奖励办法等和评价密切相关的制度还未制定出台；另一方面虽然制定了管理办法，但是该办法是以科研处为主体，人事管理和教研管理还未真正参与其中，和科研评价相关的部门合力没有得到运用和发挥，以至于评价结果的运用并不理想，特别是在人事管理和教研评价管理中还没有发挥作用。

最后就是教师科研成长的评价体系建构欲通过智慧云平台实行科研日常和科研评价的数字化管理，通过该科研管理系统构建每一个教师的科研档案和科研数字画像，实时观测教师的科研动向和工作进展，实现了教师科研成长评估的智能化和数字化。但是在实证研究阶段，由于受到研究经费的影响，目前智慧评价系统无法得到开发，只能通过科研管理的日常系统建立教师的科研档案，还无法实现数字化评价和实时检测。

二、研究展望

一是研究对象的拓展。在本研究中，由于研究精力的有限性和研究对象的复杂性，笔者将主要研究对象限定为贵州省高职高专院校教师，并根据研究需要在定性研究阶段同时访谈了部分高职院校科研管理人员。在实证研究阶段只针对毕节幼儿师范高等专科学校开展试点研究，这并非意味着其他类型的学校不重要，而更多的是出于研究可行性的考虑。基于对上述研究对象的问卷调查和案例研究，基本上完成了本研究所设定的目标。在后续的研究过程中，笔者打算进一步拓展实证研究对象：一方面，将实证研究对象拓展到高职社会科学相关专业以外的其他专业和自然科学专业领域，了解其科研开展情况以及存在的突出问题等，并可将研究结果与本阶段研究结果进行对比分析，寻找其异同点；另一方面，将研究对象拓展到高职高专院校科研场域中的其他利益相关者，包括教育主管部门人员、行业协会人员、企业相关人员等，进而从更加多元的视角重新审视高职高专院校科研定位与实践逻辑问题。

二是研究内容的深入。首先是本研究所构建的高校科研评价指标体系是否具有很强的适用性，对于同类高校之间的互相比较是否具有统一标准，还有待实践的进一步检验。本研究使用五个指标体系模块来评价高职高专教师科研工作，评分主要依据文献及数据分析定制，仍然有缺陷，需要不断完善其合理性与科学性，也需要在将来实际使用之后继续改进。今后将对指标体系进行高职高专教师科研评价实证研究，通过对本指标体系的持续测试与评价，不断修改补充完善，使本指标体系逐步趋于成熟。其次是根据实证研究的实际情况对《科研考核办法》进一步完善和充实，将继续制定和科研评价相关的《科研奖励办法》《科研团队管理办法》《人才选拔办法》等制度，围绕教师科研长周期评价制定系列评价制度，并实施相关制度，以及对评价结果进行合理运用，将评价制度体系建设和评价结果有机结合。最后是进一步筹措资金开发出教师科研成长的智慧评价体系，实现科研评价的数字化和智能化。

至此，本研究虽已暂时告一段落，但也是一个新的开始！

参考文献

中文文献：

[1]李全生．布迪厄场域理论简析[J].烟台大学学报：哲学社会科学版，2002(2)：146-150.

[2]李艳培．布尔迪厄场域理论研究综述[J].决策与信息：财经观察，2008(6)：137-138.

[3]王海峰，罗长富，李思经．关于青年科技创新人才成长的思考与对策[J].中国科技论坛，2014(3)：131-135.

[4]林立达，马莉婷．基于教师职业生命周期理论的高校教师专业发展路径思考[J].武夷学院学报，2018(8)：83-87.

[5]朱婷婷．组织生命周期综述[J].人力资源管理，2016(1)：17-18.

[6]李艳双，于树江．基于组织生命周期的企业战略及企业家角色探讨[J].现代管理科学，2005(7)：74-75.

[7]王磊．大学创新学术团队生命周期初探[J].高等教育研究，2007(5)：38-42.

[8]臧琰琰．大学教师评价的理论遵循和应然选择[J].黑龙江高教研究，2021(4)：85-90.

[9]俞建文．提升高职院校科研工作水平的思考[J].中国高教研究，2010(7)：78-79.

[10]官海滨，武德昆，王兴起．基于“2011计划”的高校科研绩效评价改进研究[J].大学(学术版)，2013(4)：26-33.

[11]田在兰．优化中国高校教师的科研绩效评估体系研究[J].经济研究导刊，2009(18)：238-239.

[12] 卢苇．国内外高校科研绩效评价体系比较研究 [J]. 南京财经大学学报，2014（6）：73-77.

[13] 田在兰．优化中国高校教师的科研绩效评估体系研究 [J]. 经济研究导刊，2009，18：238-239.

[14] 周光礼．大学教师评价改革的逻辑 [J]. 中国高教研究，2022（6）：26-33.

[15] 孟溦，张群．科研评价“五唯”何以难破：制度分析的视角 [J]. 中国高教研究，2021（9）：51-58.

[16] 张应强．中国高校教师评价理念的反思与改革 [J]. 高等教育评论，2022，10(2)：20-32.

[17] 余波，陈仕吉，赵嘉懿．中国高校科技人才评价的影响因素及指标体系构建研究 [J]. 农业图书情报学报，2023，35（7）：63-74.

[18] 唐慧，王继平，刘锦．我国技能人才评价制度的历史演进、当下构建及逻辑发展 [J]. 职业技术教育，2022，43（13）：6-13.

[19] 袁景蒂．高校科研人才评价理论・反思・重构：基于工具理性与对话理性的视角 [J]. 中国科技论坛，2022（3）：25-32.

[20] 杨月坤，查椰．国外科技人才评价经验的启示与借鉴：基于英国、美国与德国的研究 [J]. 科学管理研究，2020，38（1）：160-165.

[21] 马景惠．高校人才培养质量跟踪评价体系的信息化建设探析：以吉林大学为例 [J]. 科技管理研究，2021，41（8）：180-185.

[22] 刘颖．构建多元化创新科技人才评价体系 [J]. 中国行政管理，2019（5）：90-95.

[23] 高岩. REF 评价模式在职业教育科研评价中的应用研究 [J]. 中国管理信息化，2020（18）：211-212.

[24] 丁帮俊．基于质量与贡献导向的高职院校科研分类评价研究［J］. 职业技术教育，2017（35）：12-16.

[25] 吴冬梅．教师科研“代表性成果”评价机制探讨［J］. 重庆科技学院学报（社会科学版），2020（1）：116-118.

[26] 张富利，蔡跃龙．科研分类管理评价问题研究［J］. 知识经济，2019（12）：89-90.

[27] 郝天聪，石伟平．知识论视角下的高职院校科研定位探析 [J]. 江苏高教，2021（6）：25-30.

[28] 王雅静．我国职业教育管辖权的演变格局：历史沿革、现实与展望[J]. 苏州大学学报（教育科学版），2021（1）：71-81
[29] 史娜. 高职院校科研评价存在的问题与对策[J]. 潍坊工程职业学院学报，2021，34（4）：30-33.
[30] 周衍安．高职院校教师科研绩效评价探析[J]. 黑龙江高教研究，2010（6）：68-70.
[31] 黄小平，陈洋子．双一流大学科技创新能力评价国际经验及启示：基于对英、法、美、澳科研评价体系的考查[J]. 评价与管理，2017，15（1）：4.
[32] 曾荣华，吴洁颖．高职院校教师科研绩效评价初探[J]. 现代交际，2016（9）：138-139.
[33] 李晴．高职院校教师科研绩效评估初探[J]. 烟台职业学院学报，2011，17(3)：6-9.
[34] 潘西明．高职院校教师科研绩效考核改革方向的探究[J]. 武汉船舶职业技术学院学报，2018（4）：76-79.
[35] 项目管理协会．项目管理知识体系指南（PMBOKR 指南）[M]. 4 版．王勇，张斌，译．北京：电子工业出版社，2009.
[36] 戚安邦，等．项目管理学[M]. 北京：科学出版社，2007.
[37] 爱迪思．企业生命周期[M]. 北京：中国社会科学出版社，1997.
[38] 徐延宇．高校教师发展：基于美国高等教育的经验[M]. 北京：教育科学出版社，2009.
[39] 熊小刚．国家科技奖励制度运行绩效评价研究[D]. 武汉：华中科技大学博士学位论文，2011.
[40] 国务院．国务院关于印发国家职业教育改革实施方案的通知[EB/OL].（2019-2-13）[2024-10-15].http://www.gov.cn/zhengce/content/2019-02/13/content_5365341.htm.
[41] 教育部．中华人民共和国职业教育法[EB/OL].（2004-07-13）[2024-10-15].http://old.moe.gov.cn/publicfiles/business/htmlfiles/moe/moe619/200407/1312.html.
[42] 教育部，财政部．教育部 财政部关于实施中国特色高水平高职学校和专业建设计划的意见[EB/OL].（2019-04-02）[2024-10-15]. http://www.moe.gov.cn/srcsite/A07/moe_737/s3876_qt/201904/t20190402_376471.html.

[43] 新华社 . 中共中央、国务院印发《深化新时代教育评价改革总体方案》[EB/OL]. (2020-10-14) [2024-10-15]. http://www.xinhuanet.com/mrdx/2020-10/14/c_139439004.htm.

[44] 教育部 . 关于深化高等学校科技评价改革的意见 [EB/OL]. (2015-12-14) [2024-10-15]. https://www.gov.cn/zhuanti/2015-12/14/content_5023426.htm.

[45] 中共中央, 国务院 . 关于全面深化新时代教师队伍建设改革的意见 [EB/OL]. (2018-1-20) [2024-10-15]. https://www.gov.cn/gongbao/content/2018/content_5266234.htm.

[46] 教育部, 中央组织部, 财政部, 等 . 教育部等六部门关于加强新时代高校教师队伍建设改革的指导意见[EB/OL]. (2020-01-27) [2024-10-15].https://www.gov.cn/zhengce/zhengceku/2021-01/27/content_5583070.htm.

[47] 国务院办公厅 . 国务院办公厅关于深化产教融合的若干意见 [EB/OL]. (2017-12-19) [2024-10-15].http://www.gov.cn/zhengce/content/2017-12/19/content_5248564.htm.

[48] 国务院 . 国务院关于印发国家职业教育改革实施方案的通知 [EB/OL]. (2019-02-13) [2024-10-15].http://www.gov.cn/zhengce/content/2019-02/13/content_5365341.htm.

[49] 教育部发展规划司 . 高等教育学校 (机构) 数 [DB/OL]. (2019-08-12) [2024-10-15].http://www.moe.gov.cn/s78/A03/moe_560/jytjsj_2018/gd/201908/t20190812_394204.html.

英文文献:

[1] DREYFUS S E. The five-stage model of adult skill acquisition[J]. Bulletin of Science,Technology and Society, 2004, 24 (3) : 177-181.

[2] BEDDIE F M, Simon L. VET applied research: Driving VET's role in the innovation system[R]. Australia: National Centre for Vocational Education Research, 2017.

[3] LI J. What does it mean to be vocational teachers in China-Results from a survey among Chinese vocational teachers [M] // Pilz M. Vocational education and training in times of economic crisis: lessons from around the world. Berlin: Springer, 2017.

[4] LI Z, QI Z. Identifcation of scientifc research evaluation indicators of college teachers based on wireless communication network[J].Mobile Information Systems, 2022: 11.
[5] SENARATH D, ALWATHTHE S, TENNAKOON S. Evaluation of the quality of life among undergraduates of faculty of allied health sciences, university of peradeniya[J].International Journal of Sciences: Basic and Applied Research, 2021, 8 (2): 1-10.
[6] LUND B D, MAURYA S K. Research productivity of library and information science faculty in India and the United States: a comparison based on publications, citations and h-index[J].Collnet Journal of Scientometrics and Information Management, 2021, 15 (1): 89-105.
[7] SHAHI M, MOHAMMADNEJAD D, KARIMIPOUR M, et al. Evaluation of the effect of hyaluronic acid-based biomaterial enriched with tenascin-C on the behavior of the neural stem cells[J].International Journal of Toxicology, 2021, 40 (3): 218-225.

附录

表 1　贵州省高职高专院校名单

序号	学校名称
1	黔南民族医学高等专科学校
2	贵州交通职业技术学院
3	贵州航天职业技术学院
4	贵州电子信息职业技术学院
5	安顺职业技术学院
6	黔东南民族职业技术学院
7	黔南民族职业技术学院
8	遵义职业技术学院
9	贵州城市职业学院
10	贵州工业职业技术学院
11	贵州电力职业技术学院
12	六盘水职业技术学院
13	铜仁职业技术学院
14	黔西南民族职业技术学院
15	贵州轻工职业技术学院
16	遵义医药高等专科学校
17	贵阳职业技术学院
18	毕节职业技术学院

续表

序号	学校名称
19	贵州职业技术学院
20	贵州盛华职业学院
21	贵州工商职业学院
22	贵阳幼儿师范高等专科学校
23	铜仁幼儿师范高等专科学校
24	黔南民族幼儿师范高等专科学校
25	毕节医学高等专科学校
26	贵州建设职业技术学院
27	毕节幼儿师范高等专科学校
28	贵州农业职业学院
29	贵州工程职业学院
30	贵州工贸职业学院
31	贵州水利水电职业技术学院
32	贵州电子商务职业技术学院
33	贵州应用技术职业学院
34	贵州电子科技职业学院
35	贵州装备制造职业学院
36	贵州健康职业学院
37	贵州食品工程职业学院
38	贵州经贸职业技术学院
39	贵州护理职业技术学院
40	六盘水幼儿师范高等专科学校
41	毕节工业职业技术学院
42	贵州机电职业技术学院
43	贵州财经职业学院
44	贵州民用航空职业学院
45	贵州文化旅游职业学院
46	贵州航空职业技术学院

表 2　贵州省高水平高职学校和高水平专业群建设学校名单

年份	序号	学校名称	专业群名称
2020 年	1	贵州电子信息职业技术学院	大数据技术与应用、机电一体化
	2	黔东南民族职业技术学院	临床医学、旅游管理
	3	贵州水利水电职业技术学院	水利水电建筑工程、发电厂及电力系统
	4	贵州职业技术学院	民航安全技术管理、电子商务
	5	贵阳护理职业学院	康养药学
	6	贵州工业职业技术学院	应用化工技术、机械制造与自动化
	7	贵州建设职业技术学院	建筑工程技术、建筑设备
	8	遵义职业技术学院	畜牧兽医、园艺技术
	9	贵阳幼儿师范高等专科学校	学前教育、老年服务与管理
	10	遵义医药高等专科学校	中医学、护理
2021 年	1	贵阳职业技术学院	铁道机车运用与维护、机电一体化技术
	2	安顺职业技术学院	旅游管理、健康服务技术
	3	贵州装备制造职业学院	机械制造及自动化、机电一体化技术
	4	黔南民族职业技术学院	茶叶生产与加工技术、建筑室内设计
	5	毕节职业技术学院	建筑工程技术、农产品加工与质量检测
	6	贵州农业职业学院	畜牧兽医、生态农业技术
2023 年	1	贵州电子科技职业学院	
	2	黔南民族医学高等专科学校	
2024 年	1	贵州航天职业技术学院	
	2	贵州护理职业技术学院	
	3	铜仁幼儿师范高等专科学校	
	4	贵州电子商务职业技术学院	
2020 年	1	黔南民族职业技术学院	茶树栽培与茶叶加工
	2	毕节职业技术学院	农产品加工与质量检测
	3	铜仁幼儿师范高等专科学校	学前教育
	4	贵州农业职业学院	生态农业技术

续表

年份	序号	学校名称	专业群名称
2020 年	5	贵州电子商务职业技术学院	电子商务
2021 年	1	贵州电子科技职业学院	大数据技术
	2	六盘水职业技术学院	煤矿智能开采技术
2023 年	1	黔南民族幼儿师范高等专科学校	
	2	贵州经贸职业技术学院	
	3	贵州工商职业学院	
2024 年	1	贵州健康职业学院	智慧健康养老服务与管理
	2	黔西南民族职业技术学院	旅游管理
	3	贵州城市职业学院	汽车制造与试验技术

注：资料来源于贵州省教育厅网站。